인터넷법학

리걸플러스 37⁺

이제는 모두가 알아야 할

인터넷 법학

백윤철 · 김상겸 · 고기복 지음

한국학술정보㈜

머리말

　최근 스마트폰이 대중화되면서 인터넷 인프라가 폭발적으로 증가하고 있다. 또한 인터넷 사용자의 증가와 더불어 인터넷을 이용한 전자거래가 오프라인 거래와 함께 보편화되고 있다. 하지만 전자거래에서 발생할 수 있는 개인정보 노출에 따른 사기, 위ㆍ변조의 위험이 항상 도사리고 있어 커다란 걸림돌로 지적되고 있다. 이러한 상황에서 인터넷상에서 전자거래의 보호와 활성화를 위하여 인터넷 환경에 맞는 제도와 법률의 구축이 항상 요구되고 있다. 이러한 시기에 법과 인터넷이라는 매체를 연결하여 연구하는 인터넷법학 분야도 법학의 중요한 분야로 급속하게 발전하고 있다.

　현재의 법학공부가 오프라인상 인쇄매체 중심으로 이루어지고 있다면 앞으로의 법학공부는 인터넷이라는 온라인을 통하여 이루어질 것이다. 즉 온라인으로 교육을 하고 대학의 학위취득도 하게 되며, 사이버상에서 변호사도 만나고 재판이 원격으로 이루어지는 세상이 도래하고 있는 것이다. 이러한 새로운 법적 환경인 인터넷상에서 법률정보를 취득하고 활용하는 것은 앞으로 법률생활을 하는 데 있어서 필수불가결하게 될 것이다. 본서는 이러한 새로운 법적 환경에 대응하여 인터넷상에서 발생할 수 있는 각종의 법률문제에 대하여 기존의 법 원리와 함께 정리하였다. 즉, 인터넷에서는 어떠한 법률정보를 어디서 얻을 수 있는지, 그리고 그 활용방법은 무엇인지에 대하여 서술하였다.

본서에서 논의하는 인터넷법학이란 인터넷을 기반으로 발생하는 제 법률문제를 연구하는 분야이다. 즉, 인터넷과 헌법, 인터넷과 형법, 인터넷과 전자상거래, 인터넷과 저작권, 전자정부, 인터넷과 개인정보보호 등이 인터넷을 기반으로 하여서 발생하는 제반 법률문제들이라고 할 수 있다. 그러나 아직은 인터넷법학이 낯설고, 저자의 능력 또한 미흡하여 두려움이 앞서지만, 본서를 통하여 법을 공부하는 학생은 물론이고 조금이라도 인터넷에 관심을 갖고 있는 사람들이 인터넷법학의 윤곽이나마 이해하길 바란다.

현대사회는 고도의 정보사회를 구현하면서 모든 정보가 한 곳에서 집적(集積)되고 처리되는 유비쿼터스의 사회로 발전하고 있다. 앞으로 IT기술의 비약적인 발전으로 이러한 흐름이 확산되고 빨라질 것은 틀림없다. 그래서 이러한 흐름이 어느 방향으로 발전하면서 변화하고 있는지, 독자 스스로 문제를 의식하면서 그 해결을 목표로 행동에 옮기는 것이야말로 가장 중요한 일일 것이다. 그렇지 않으면 이 거대한 흐름에서 낙오되어 뭔가(그것은 나라, 기업, 혹은 자기 자신일지도 모른다)에 휘둘리고 자신을 상실하게 될 것이다.

물론 저자의 원 집필의도와 달리 본서가 이 같은 의도를 충분히 살리지 못한 것 같아 독자 여러분에게 송구하고 두려운 심정을 감출 수 없다. 독자 여러분의 애정 어린 충고와 질책을 통하여 미진하고 빠진 부분은 앞으로 보완해 나갈 것을 다짐한다. 본서는 개론서이기 때문에 법학의 깊은 내용을 담고 있지는 않으나, 내용을 최대한 자세하게 담으려는 욕심으로 필진이 나름대로 최선을 다하였다. 그럼에도 인터넷법학의 발전 내용을 다 담지 못한 아쉬움은 여전히 남는다. 그래서 본서의 부족한 부분은 독자들의 채찍과 격려를 통하여 앞으로 보충할 계획이다.

저자 일동

차 례

제5장 인터넷과 저작권

제 1 장
인터넷법학

제1절 인터넷법학 일반론

Ⅰ. 인터넷법학의 의의와 인터넷법의 필요성

1. 인터넷법학의 의의

근래 우리 생활의 가장 큰 변화는 인터넷의 급속한 보급에 그 바탕을 두고 있다. 생활관계의 기본적인 약속은 법규범이라 할 수 있지만, 이러한 변화에 법적인 대응이 제대로 따라가지 못하는 것 같다. 실제로 인터넷과 관련해서는 이미 다양한 법률문제가 발생하고 있다. 인터넷상의 표현행위와 명예훼손 또는 외설적 표현의 관계나 그 규제가능성, 저작권의 보호에 관한 문제, 그리고 이른바 전자상거래를 둘러싼 여러 문제점들에 관한 규제방안과 분쟁의 해결책 등등은 인터넷에 관하여 발생하는 법률문제의 일단에 지나지 않는다.[1]

본서에서 논의하는 인터넷법학이란 인터넷을 기반으로 발생하는 여러 법률문제를 연구하는 분야이다. 즉, 이하에서 논의하는 인터넷

---

[1] 졸고, 법률정보학이란 무엇인가?, 로앤비즈, 2001. 3., 5면 참조.

과 해킹, 인터넷과 표현의 자유, 인터넷과 개인정보보호, 인터넷과 범죄행위, 인터넷과 전자상거래, 인터넷과 저작권, 인터넷과 재판관할 등이 인터넷을 기반으로 하여 발생하는 제반 법률문제들이라고 할 수 있다.

2. 인터넷법의 필요성

인터넷세계에서는 다음과 같은 이유로 별도의 법률이 필요하다. 첫째, 전자상거래나 전자화폐, 이를 위한 전자서명, 전자인증 등의 도구를 사용하여, 예컨대, 자동차나 부동산을 매매한다고 하여, 그 대금을 은행에 입금하는 경우(e-banking)는 무엇을 신청으로 하고, 무엇을 승낙으로 하는 것인지, 상대방이나 물건에 대한 착오는 없었는지 등, 인터넷 이전 세계에는 존재하지 않았던 법률문제가 발생한다. 이는 인터넷 거래가 인터넷 이전 세계에서의 거래장면과 다른 점에서, 지금까지의 법률을 그대로 적용할 수는 없는 것이다. 그러나 전자상거래나 전자화폐는 만인이 이용하게 되고, 그 법률문제도 일부의 사람들만의 문제가 아니다. 이러한 이유로 인하여 인터넷에서 새로운 법률이 필요하게 된다. 세계 각국은 이러한 필요성으로 인하여 인터넷에서도 적용될 수 있는 새로운 법을 제정하고 있다. 특히 미국에서는 1999년 7월에 NCCUSL(법조에서 만든 민간의 임의단체)이 전자계약을 위한 2개의 통일주법안2)을 만들고, 각 주에 제안하였다. 아시아

---

2) Uniform Electronic Transactions Act(UETA)와 Uniform Computer Information Transactions Act(UCITA)이다. UETA는 인터넷세계에서의 물건의 매매나 리스, 역무제공 등, 광범한 분야에서 법적 인프라가 되는 법이다. UCITA에는 컴퓨터라는 단어가 들어 있는데, 이것은 널리 정보의 이용계약('라이선스')에 관계되는 법안으로, 획기적인 성문법화의 시도이다.

중에서도 싱가포르나 우리나라의 경우 인터넷세계의 다양한 생활관계에 적절히 대응하기 위하여 일찍 법률의 정비를 진행하고 있다. 그래서 유엔국제상거래위원회(UNCITRAL)가 1996년에 전자거래에 관계된 모델법(Model Law on Electronic Commerce)을 만들어, 공표하였는데, 양국 모두 이 법에 입각하여 싱가포르는 1998년에, 한국은 1999년에 각각 법률을 제정함으로써 인터넷세계의 법적 인프라구축에 있어서 아시아는 물론 세계적으로도 앞서가고 있다.

3. 공법과 사법 등의 구분

법률관계 대부분은 사법(私法) 관계이지만, 인터넷세계에서 법률의 흠결이 생길 가능성이 있고, 신법이나 현행법의 응용·개정법이 필요하게 되는 것은 단지 사법의 영역에서만은 아닐 것이다. 인터넷 세계는 단순히 사인 간의 인간관계, 생활관계를 포섭할 뿐만 아니라, 정부나 국가까지 포함한다. 국민에 의한 공적 정보 이용의 정도도, 또 반대로 국가나 지방자치체에 의한 국민 한 사람 한 사람에 관계되는 정보 파악의 정도도, 인터넷 이전 세계와는 비교가 되지 않는다. 인터넷을 배경으로 한 시민(citizen) 대 정부, 시민 대 국가의 관계가 인터넷 이전 세계와 같다고 하는 것은 생각하기 어려운 일이다. 점차 강해지는 것은, 국가라든가 정부에 의한 권력행사가 법률에 근거해서만 행하여져야 한다는 법정주의의 요청이다. 동시에 공법, 사법이라는 구별이나 양자 간의 경계도 희미해질 것이다. 이러한 취지에서 오프라인에서 논의되는 헌법, 민법, 형법 등의 문제는 인터넷세계에서는 그 경계가 모호하게 되든지, 무너져 버릴 것이다.

Ⅱ. 인터넷과 해킹

1. 사이버테러의 의의

사이버 테러[3]는 경찰이 대항할 주요 범죄는 물론 국가적으로 대처 방법을 모색해야 할 정도로 위험이 커지고 있는 실정이다. 해킹과 바이러스 등 사이버 테러는 주요 사회 기반시설을 일순간 무용지물로 만들고 최악의 경우 국가 기능 자체를 마비시킬 수 있다는 점에서 사생활 침해나 명예훼손 등의 사이버테러와는 차원이 또 다르다.[4]

2. 해킹의 의의와 유형

(1) 해킹[5]의 의의

최광의의 해킹은 현행 정보통신기반보호법에서 규정하고 있는 전자적 침해[6]와 동일한 의미이고, 광의의 해킹은 긍정적인 의미로 우수한 소프트웨어 기술자, 경험이 풍부한 네트워크 관리자가 네트워크를

---

3) 주요정보통신기반설의 정보시스템에 대하여, 정보통신 네트워크나 정보시스템을 이용한 전자적인 공격을 일반적으로 '사이버공격' 내지 '사이버테러'라 한다. 현행 정보통신기반보호법에서는 이를 '전자적 침해'라는 표현을 사용하고 있다. 본 논문에서는 사이버테러와 전자적 침해를 문맥을 보아서 혼용하기로 한다. 그리고 혹자에 의하면 사이버테러는 정치적·사회적 목적을 가진 해커, 범죄조직 또는 적성국가 등이 컴퓨터와 정보통신망을 이용한 전자적 공격 방법에 의해 국가 주요기반구조의 정보시스템을 교란·마비·파괴시키는 새로운 형태의 정보시스템 공격행위로서 일명 정보전이라고도 한다.

4) 졸고, 제14회 정보보호와 암호에 관한 학술대회 논문집, '國家主要情報通信基盤施設 保護를 위한 法的 對應', 국가보안기술연구소, 2002, 739-742면 참조.

5) 해커라는 단어는 60년대 미국 M.I.T 대학생들을 시작으로 전파되기 시작하였고, 그들은 컴퓨터를 광적으로 좋아했고, 밤낮으로 컴퓨터에 매달려 새로운 프로그램을 만들고, '정보의 공유화'에 앞장을 섰던 이들을 의미했다. 그러나 지금에 와서는 이들은 '정보 엿보는 사람' 내지 '시스템 파괴자'라는 의미로 변질되었다.

6) 현행 정보통신기반보호법 제2조 제2호에서 규정한 "전자적 침해행위"라 함은 정보통신기반시설을 대상으로 해킹, 컴퓨터바이러스, 논리·메일폭탄, 서비스거부 또는 고출력 전자기파 등에 의하여 정보통신기반시설을 공격하는 행위를 말한다.

관리하거나 수리하기 위하여 시스템에 들어가는 행위와 부정적인 의미로 권한 없이 다른 시스템에 침입하는 행위를 포함하는 의미를 갖는다. 그리고 최협의의 해킹은 권한 없이 다른 시스템에 침입하는 행위를 의미한다.[7] 현행 정보통신기반보호법에서 규정하고 있는 해킹이란 컴퓨터 통신망을 통하여 다른 사람의 컴퓨터시스템에 침입하는 행위는 물론, 침입하지 않고도 그곳의 시스템 운영을 정지시키거나 그곳의 파일에 담긴 정보들을 절취, 파괴하는 등의 침해행위까지도 포함하는 개념으로 이해된다. 특히 동법에서는 무권한 자가 인터넷 등을 통해 주요정보통신기반시설의 컴퓨터에 침입하여 그 운영을 침해하는 행위를 말한다.[8] 이를 정리하면 해킹이란 정보 시스템의 취약성을 이용하거나 기존에 알려진 공격 방법을 활용하여 정보 시스템에 해를 끼치는 새로운 기능을 만들어 내는 행위를 의미하거나, 접근을 허가받지 않은 정보 시스템에 불법으로 침투하거나 허가되지 않

---

7) 해킹은 주로 어떤 시스템에 침입하는 것을 말하고 크래킹은 락을 깨거나 프로그램을 변형하는 행위를 의미한다. 물론 크래킹은 해킹에 포함되는 개념이지만 구분해서 인식하는 것이 좋을 것이다. 이러한 의미에서 보게 되면 일설에 의하면 크래킹과 크래커란 소위 권한이 없는 사람이 네트워크에 접근하여, 파일을 바꿔놓는 등의 하는 행위를 크래킹이라고 하고 그러한 행위를 하는 사람을 크래커라고 한다. 이러한 의미에서 보게 되면 크래킹은 협의의 해킹과 같은 의미라고 한다.

8) 해커라는 용어는 1950년대 미국 MIT공과대학 내 '테크모델철도클럽'이라는 동아리의 '신호기와 동력분과'라는 분과모임의 학생들이 철도분기점 입체화 설계에 따르는 난문제들을 해결하기 위해 악착같은 노력으로 대학 내 제26동 건물에 밤마다 몰래 들어가서 IBM704 컴퓨터시스템을 사용하여 어려운 문제를 해결해 내자 이들 집념 어린 노력가들을 핵(Hack)이라 불렀고, 이때부터 '산출된 결과'를 통해 '집념과 악착같은 노력'을 나타내는 '결과산출자(Producer)'를 Hacker라고도 부르게 되었다. 해커라는 말뜻에는 집념과 악착같은 노력 기술수준 높은 결과를 산출하는 기술연마자라는 뜻을 의미하였다(Hack+Producer→Hacker). 그 후 컴퓨터에 강한 흥미를 가지고 있으면서 이에 몰두하는 사람을 해커라 부르기도 하다가 네트워크의 까다로운 침입 방어 시스템을 뚫는 데서 성취감 또는 쾌감이나 기쁨을 찾는 일에 열중하는 사람이 출현하면서 "해커=컴퓨터 침입자"라는 어감이 퍼졌고 컴퓨터를 이용한 범죄의 증가로 급기야는 장난기나 범죄를 목적으로 단말기나 통신회선을 통해 컴퓨터에 침입하여 정보를 빼내거나 혼란을 일으키는 범죄자라는 의미로 변질되었다. 그러나 미국, 유럽 등을 비롯한 선진국에서는 해커보다는 시스템 불법침입자는 intruder, attacker, 파괴자는 cracker로 부르며 해커와는 구분하여 사용하고 있으나 국내에서는 혼용 사용되고 있다. 국내에 네트워크 환경이 본격 보급되기 이전에는 대중들이 크래커라는 개념을 이해하지 못해 해커라는 용어를 사용하였으나 현재 우리나라의 수준에서 볼 때 이제는 해커와 크래커 등을 구분하여야 된다고 생각한다. 일본에서는 해커라는 표현보다는 크래커라는 표현이 더 일반적으로 사용되고 있다.

은 권한을 불법으로 갖는 행위를 의미하기도 한다.[9]

(2) 해킹의 유형

1) 최협의 해킹

이는 권한 없이 다른 시스템에 침입하는 행위를 의미한다.

2) 바이러스

컴퓨터바이러스란 인간의 명령 없이도 스스로 자기 자신을 복제하는 특징을 갖는 프로그램을 의미하며, 컴퓨터나 그 안에 담긴 정보를 변형시키거나 파괴하는 등의 작동을 해서 피해를 입히는 것이 대부분이다. 바이러스란 자기 자신을 복제할 수 있는 기능을 가지고 있으며 컴퓨터 프로그램이나 실행 가능한 부분을 변형시키고 그곳에 자신 또는 자신의 변형을 복사해 넣는 명령어들의 조합을 의미한다.

3) 논리폭탄

논리폭탄(logic bomb)이란 보통의 프로그램에 오류를 발생시키는 프로그램 루틴을 무단으로 삽입하여 특정한 조건의 발생이나 특정한 데이터의 입력을 기폭제로 컴퓨터에 부정한 행위를 실행시키는 것 혹은 특정한 시기나 일정한 조건이 충족되는 경우 프로그램이 스스로 작동하여 컴퓨터나 데이터를 침해하는 프로그램을 말한다. '13일의 금요일'과 같이 일정조건이 만족되면 자동적으로 시스템 파괴활

---

9) 해킹을 하려고 할 때는 해킹할 서버에 접속해야 하는데, id와 pass를 알아내는 방법에는 1. 확률해킹법: 이는 임의의 단어를 아이디로 입력하고 임의의 패스워드를 입력하는 방법이다. 2. 친구나 주변 사람의 아이디를 도용하는 방법, 3. 쓰레기통을 뒤지는 방법, 4. 백도어: 이는 자신이 만든 시스템에 백도어(뒷구멍)를 만들어 놓고 자신만이 출입할 수 있는 통로를 만들어 놓는 방법, 5. 이 외에 Sniffing(소프트웨어 도청) 등이 있다.

동을 시작하는 일종의 컴퓨터바이러스로서 귀중한 정보와 프로그램을 무차별 삭제하거나 컴퓨터에 의해 작동·통제되는 시설 및 장비를 파괴시키는 수법이다. 프로그램이 전혀 예상하지 못한 파국적인 오류를 범하게 한다. 오류를 발생시키는 부호의 삽입에는 일반적으로 트로이 목마(Trojan horse)[10]를 응용한다. 논리폭탄이 바이러스와 구별되는 점은 자기복제의 기능이 없다는 점이다.

4) 기타

이 외 해킹의 유형에는 메일폭탄,[11] 서비스거부(denial of service),[12] 고출력 전자기파[13] 등이 있다.

3. 해킹에 대한 법적 대처

전자적 침해 내지 해킹이 발생시, 이를 대처하기 위하여[14] 정보통

---

10) 트로이 목마(Trojan horse)란 다른 사람에게서 빌린 프로그램이 트로이 목마와 같은 역할을 하여 빌린 사람이 파일을 훔치거나 변경함으로써 프로그램에 결함을 가져오게 하는 것을 말한다. 트로이목마는 자기복제 기능은 없으나 정상적인 프로그램 내에 비밀번호 유출 등 악의적 기능을 포함시킨 후 이를 동작하게 하는 악성 프로그램이다. 운영 체계에 대한 일반적인 침투 유형의 하나로, 계속적인 불법 침투가 가능하도록 시스템 내에 부호를 만들어 놓음으로써 영구적으로 시스템 내에 상주할 수도 있고, 소기의 목적을 달성한 후에 그 자취를 모두 지워 버릴 수도 있다.

11) 메일폭탄이란 상대방 컴퓨터의 처리 용량을 넘어서는 양의 이메일을 보내는 방법으로 컴퓨터의 정상적인 동작을 방해하는 행위를 말한다.

12) 서비스거부란 정보 시스템의 데이터나 자원을 정당한 사용자가 적절한 대기 시간 내에 사용하는 것을 방해하는 행위를 의미하고, 주로 시스템에 과도한 부하를 일으켜 정보 시스템의 사용을 방해하는 공격 방식이다.

13) 고출력의 전자기파를 이용하여 정보시스템의 기능을 마비시키는 것으로서, 정보시스템 및 통신망의 오작동, 마비, 파괴 등을 야기한다.

14) 일본의 경우, 1999년에 부정액세스금지법이 제정되어, 부정접근이나 ID 번호의 부정한 제공이 금지되었다. 그러나 과연 이것이 어느 정도 실효성을 갖는지는 금후의 운용을 기다리지 않으면 판단할 수 없다. 부정액세스금지법은 부정액세스행위 등을 금지하고 처벌한다라는 행위자 측으로의 규제와 부정액세스행위를 받는 입장에 있는 액세스관리자에게 일정한 방어조치를 요구하고, 액세스관리자가 그 방어조치를 정확하게 도모하도록 행정이 원조한다라는 방어자 측으로의 대책이라는 두 가지의 측면에서 부정액세스의 방지를 도모할 수 있도록 한 것이다.

신기반보호법 제8조의 규정에 의하여 지정된 주요정보통신기반시설의 보호에 관한 사항을 심의하기 위하여 국무총리 소속 하에 정보통신기반보호위원회를 두고, 동법의 본 법의 적용대상은 국가의 안전과 국민 생활의 안정에 중대한 영향을 미치는 행정·국방·금융·통신·운송·에너지 등의 업무와 관련된 정보통신기반시설(제어·통제시스템, 정보시스템, 통신시스템 등)이다. 각 중앙행정기관은 소관분야의 정보통신기반시설 중 전자적 침해행위로부터의 보호가 필요하다고 인정되는 정보통신기반시설을 정보통신기반보호위원회의 심의를 거쳐 주요정보통신기반시설로 지정할 수 있다(동법 제8조).[15]

그리고 주요정보통신기반시설의 관리기관의 장은 소관 주요정보통신기반시설을 보호하는 주체로서, 정기적으로 소관시설에 대한 취약점을 분석·평가하여야 한다. 여기서 취약성분석이란 정보자산에 큰 영향을 주는 위험들을 파악하고, 이러한 위협과 관련된 조직의 취약성을 분석하는 것을 의미한다. 그리고 이러한 취약성에 대해 각급 행정기관이 전자적 침해에 대해 최저한으로 행하여야 할 대책과 보안에 대하여 준수해야 할 행위 및 판단기준을 방침 내지 보안 방침이라고 한다. 주요정보통신기반시설 관리기관의 장은 소관 시설의 취약점 분석·평가의 결과에 따라 동 시설을 안전하게 보호하기 위한 물리적·기술적 대책을 포함한 관리대책을 매년 3월 말까지 수립하여 이를 관할 중앙행정기관의 장에게 제출한다(동법 제9조).

해킹 내지 전자적 침해에 대한 주요정보통신기반시설을 교란, 마

---

15) 최근 정보통신기반 보호위원회는 2002년 9월 12일 4개 정부 부처와 국회의 66개 주요정보통신기반시설 지정(안)을 심의·확정하고 이를 해당 부처에 통보했다. 이번 위원회에서 지정한 시설은 재정경제부 19개, 금융감독위원회 39개, 산업자원부 3개, 건설교통부 4개, 국회 1개 등 모두 54개 기관, 66개이며, 이로써 주요정보통신기반시설은 지난 1월 지정된 23개 시설을 포함, 89곳으로 늘어났다.

비, 파괴한 자는 현재의 형법 등 일반법에 비해 가중 처벌(10년 이하의 징역 또는 1억 원 이하의 벌금)하며, 미수범도 처벌한다.

4. 현행 정보통신기반보호법의 문제점

이 법은 특히 전자적 침해로부터 국가기관의 정보통신망을 보호하기 위하여 제정된 것이다. 그런데 정보통신기반보호법은 정보보호업체를 양성하기 위한 각종 제도와 절차 등이 정보보호전문업체 지정제도, 정보 공유, 분석센터 설치 등에 대하여 규정하고 있는데, 이는 본 법의 제정 취지와도 합당하지 않다. 따라서 이에 대한 규정은 삭제하거나, 다른 법 예컨대 전기통신사업법과 같은 법에 편입시키는 것이 합당하다고 생각한다.[16)

그리고 사이버상의 문제는 실시간으로 일어나는 것이므로 상황발생이 즉각적으로 일어나고 상황종료도 눈 깜짝할 사이에 일어나므로 이에 대한 신속한 대처 내지 조치가 필요한바, 이에 대한 가이드라인이 필요하다고 생각한다. 또한 주요정보통신기반시설의 경우, 해당 행정기관뿐만 아니라 그 외 기관이나 여타 기관들이 서로 정보를 공유해서 전자적 침해에 대해 종합적이고 조직적인 대응과 조치 및 관리가 필요하다. 우리의 정보통신기반보호법에는 이에 관한 규정이 없는데, 이에 대한 대책이 필요하다. 또한 주요정보통신기반시설에 대한 기본적인 관리와 지정 및 취약점 분석과 평가에 관하여, 이를 정통부가 주관하는 것은 무방하지만, 사실상의 실무와 권한은 기반보호

---

16) 양근원, 정보화시대의 사회변동과 행정, 단국대학교 행정법무대학원 학술 대회 자료, 2002. 5. 25. 72-73면 참조.

시설의 담당부서에게 그 권한을 주는 것이 바람직하다고 생각한다.[17] 취약점 분석과 평가를 하는 기관이 주요정보통신기반시설의 취약점 분석과 평가를 통하여 일정한 정보를 얻은 때, 이에 대하여 비밀유지가 적절히 이루어지지 않을 위험성이 존재한다는 것도 문제점이다. 이에 대한 대비책은 동법 제27조에서 규정은 하고 있지만, 분석과 평가를 하는 기관은 내부적으로 지침 내지 규칙을 만들어서 비밀유지 체제를 엄격히 유지할 필요성이 있다.[18]

결론적으로 먼저, 중요 정보통신기반구조의 통신환경 변화를 수용하고 새로운 기술환경, 정책환경 등에 부응하는 보안대책을 수립하기 위하여, 정보통신망의 생존성을 제고할 수 있는 정보보증 차원의 기술개발을 유도하고, 중요 정보통신기반시설을 보호하기 위하여, 사이버 침해에 대비하고, 그 침해에 대한 공격탐지와 대응 그리고 복구에 대한 주요정보통신기반시설에 대한 보호모델을 개발하여야 할 것이다. 또한 더욱 중요한 것은 정보시스템 보안기술개발에 우선적으로 투자하고, 이러한 기술을 정보통신망을 보호하는 기초적 수단으로 활용하여야 할 것이다. 그리고 취약점 분석과 평가는 일반적으로 그 분

---

17) cf. CIRCULAR NO. A-130 Security of Federal Automated Information Resources
http://www.whitehouse.gov/OMB/circulars/a130/a130.html.

18) 또한 주요정보통신기반시설은 다음과 같이 중요한 공통적인 취약성을 지니고 있는 것으로 판단된다. 즉, 내·외부자에 의한 고의적인 물리적·사이버 공격, 무선 및 위성통신망의 본질적인(전파방해, 도청) 취약성, 정보통신망의 상호연결 증가로 인한 많은 정보통신망 접근점의 존재, 정보시스템 및 정보통신망 운영 프로토콜의 자체적인 결함, 구형 정보통신 장비의 오류, 도입되는 신기술보다 사용되는 보안제품 기술의 낙후 등으로 인하여 주요정보통신기반시설은 다양한 취약점을 가지게 된다. 따라서 주요정보통신기반시설에 대한 취약점 분석과 평가는 전자적·물리적·자연적 침해에 대해서도 실시하고, 그에 대한 대책을 강구해야 된다고 생각한다. 이러한 대책과 더불어 다음과 같은 부수적인 대책도 중요하다. 즉, 정보통신기반시설은 국가뿐 아니라 민간이 운영 유지하는 경우도 많을 뿐 아니라, 향후 주요정보통신기반의 대부분이 민간에 이양될 것에 대비하여, 주요정보통신기반시설 침해사고의 공동 대응을 위한 민·관 협력체 구성을 추진하고, 주요정보통신기반구조를 보호하기 위하여 무엇보다도 필요한 것은 양질의 인력이라는 점을 인식하고, 정보통신기반시설 침해 대비 전문 인력의 양성 및 대국민, 대정부 관련 공무원에 대한 인식제고 프로그램을 운영하여야 한다.

석과 대책은 수동적이나, 수많은 네트워크와 시스템 장비에 대한 취약점 분석을 수행할 수 없기 때문에 자동화 도구의 연구 개발도 이루어져야 하며, 이러한 자동화 도구는 네트워크와 시스템 장비의 취약점을 분석할 뿐 아니라 위험분석 기능으로 확대하고 더 나아가 차세대 자동화 도구의 형태인 시뮬레이션 기능이 추가된 형태로 제공될 것이다. 또한 주요정보통신기반시설에 대한 기본적인 관리와 지정 및 취약점 분석과 평가는 정통부가 주관을 하는 것이 바람직한데, 사실상이 실무와 권한이 정통부로 집중되어 있다. 즉, 기반보호시설의 담당부서를 관계 기관에게 권한을 적절히 골고루 분산시키는 것이 바람직하다. 또한 취약점 분석과 평가를 정통부장관이 일방적으로 고시하는 것이 문제로 제기되는데, 이에 대한 보완방법으로 관계 기관 간의 협의를 통하여 취약성 분석과 평가 기준을 만드는 것이 필요하다고 생각한다. 이 또한 주요정보통신기반시설을 지정하는 경우에도 관계기관의 협의가 필요하다고 생각한다. 그리고 동법 시행령 제25조 제4항에 있어 과태료 징수 절차도 지식경제부령으로 된다면 타 기관장의 역량을 초과할 수 있는 문제가 생길 수도 있다.

제2절 인터넷과 헌법

Ⅰ. 인터넷과 표현의 자유

1. 인터넷시대에서 표현의 자유

(1) 정보주권, 정보기본권 그리고 헌법

18세기 말부터 인간의 기본적 권리는 기본권(fundamental human rights)이란 이름으로 국가의 최고규범인 헌법에 명문화되었다. 그리고 19세기를 풍미한 자유주의는 인간의 자유(freedom)를 보장하기 위한 사상적 기초가 되어 근대법의 이념이 되었다. 이렇게 구체화된 인간의 권리는 20세기를 거치면서 더욱 구체적으로 실정법에 담겨졌고, 이러한 경향은 21세기 인터넷시대에 정보주권자로서 개인의 법적 지위를 정립하는 데 중요한 지도원리가 될 것이다. 인터넷세계에서는 '소비자'라는 의미는 그 자체가 정보관계적으로 발전하면서 있어야 할 모습으로서 정보주권자(informational sovereign)가 되는 것이다. 이는 인터넷세계에 있어서 정보의 홍수현상이 더욱 빈번해지면서 그 가운데 효율적으로 정확하고 필요한 정보에 접근하여 취득·전달하는 능력이 사람에 따라 크게 달라지기 때문에, 이념으로서 정보주권자인 사람들이 현실적으로는 정보처리능력에서 열등한 정보약자가 될 수 있다는 것을 의미한다. 정보의 홍수현상은 인터넷세계의 시민이라 할 수 있는 네티즌(netizen)을 삼켜 버리고, 일방적인 방향으로 네티즌을 몰아넣을 위험이 있다. 여기서 정보처리능력이라 함은 정보의 홍수현상에 저항할 만큼의 지력과 자율성을 의미한다. 개인의 인권존중에 필요한 것은 정보의 홍수현상 속에서도 개인이 필요로 하는 정확하고 적절한 정보를 알고, 제어할 수 있는 것이다. 모든 시민(netizen)이 이러한 의미의 '정보기본권(fundamental right to information)'을 갖기 위해서는 각자가 올바른 정보처리능력을 익숙하게 할 권리가 필요하다. 그 의미에서 소비자교육과는 다른 인터넷 시민적 교육(netizen education), 정보주권자[information sovereign, holder of (fundamental human) rights to information]에 적합한 자율성이 중요하다. 그와 같이 자율성·주체성을 갖는 인터넷세계의 주민이, 네트워크상에서 적극적으로 발언하고, 주장하며 행동한다면, 그곳에 원시성운과 같은 대단한 에너지를 갖는 정보사회가 창조될 것이다. 모든 발신의 근원을 포함시킨 네트워크상의 정보량은 진정 천문학적인 규모에 달하는 것이다. 네트워크에서 정보에 관한 자유의 정도는 정말 '폭발'이라고 하여도 좋을 것이다.

그리고 인터넷과 헌법의 문제에서 논의되고 있는 주제는 다음과 같다. 우선 사이버공간이 영토, 영해, 영공에 이은 제4의 영역이 될 수 있느냐는 문제이다. 이러한 문제는 관할권 문제가 제기된다. 특히 인터넷은 국경이 없는 공간이기 때문에 이러한 문제를 해결하는 것은 쉽지가 않다. 그리고 인터넷과 기본권 문제로서 제기되는 것은 표현의 자유, 개인정보자기결정권 문제, 교육권, 소비자의 권리, 재판청구권문제, 그리고 전자적 민주주의라는 주제로 논의되는 정치적 표현과 선거운동의 자유 및 인터넷투표가 실시되는 경우에는 선거권과 국민투표권, 인터넷정당 등이 문제로 제기된다.[19] 일반적으로 전자민주주의(teledemocracy)란 전자매체나 인터넷을 통한 국민의 직접·간접 민주주의를 의미한다. 최근에 이러한 전자민주주의는 인터넷선거 내지 사이버선거나 전자투표 등의 형태로 나타나고 있다. 여기서 인터넷선거란 인터넷 통한 선거프로그램을 통하여 투·개표를 하는 등 일련의 선거절차를 말한다. 이러한 인터넷선거의 장점으로는 시간·장소의 한계 극복, 인적·물적 선거관리비용의 절감, 투표참여의 제고, 장애인 등 소외계층의 투표편의 제공, 해외부재자(재외국민 포함) 투표용이, 개표의 신속·정확 등이 있는 반면에, 보안성(해킹), 사용자 확인 작업의 정확성, 개인정보보호, 초기 비용의 과다 등의 문제를 안고 있다. 우리는 이에 대하여 순차적 도입과 법·제도의 개혁을 시급하게 추진하여야 한다.[20] 그리고 인터넷과 통치권의 문제는 새로운 통치권 행사라는 인터넷거버넌스의 문제가 제기된다. 과거의 헌법과 통치권의 문제는 현실국가를 기초에 두고 있지만, 인터넷과 통치권의 문제는 새로운 논의를 제기하게 된다. 이하에서는 인터넷과 헌법 중에 가장 문제가 되는 인터넷과 표현의 자유를 중심으로 논의를 전개하고자 한다.

(2) 인터넷과 표현의 자유

전통적 의미의 표현의 자유란 "인간의 내심에 있어서 정신작용을

---

19) 윤명선, 인터넷시대의 헌법학, 대명출판사, 2004, 267-276면 참조.
20) 박기수, 사이버헌법론, '사이버 선거에 관한 소고', 조세통람사, 2001, 183-223면 참조.

방법의 여하를 불문하고 외부에 공표할 정신활동의 자유를 말한다."
고 해석되고 있다. 표현되는 것은 엄밀한 의미에서 사상에 한정되지
않고, "표현자의 의견·주장은 물론 생각하고 있는 것이나 느끼고 있
는 것 모두를 포함한다."고 되어 있다.[21]

고전적인 표현의 자유의 법리는 구두의 표현인 언론과 인쇄에 의
한 표현인 출판을 전제로 구성되었다. 그리고 실제로는 표현의 자유
의 중심적인 문제는 신문, 잡지, 서적 등의 인쇄미디어를 둘러싸고 다
투어져 왔다고 할 수 있을 것이다.[22]

인터넷상의 표현행위는 과연 신문 등 고전적인 미디어에 가까운
것인가, 그렇지 않으면 무선에 의해 방송에 가까운 것인가 아니면, 인
터넷은 신문도 방송도 아닌 독자의 미디어로서 위치하여야만 하는가
가 문제이다.[23]

원래 케이블 텔레비전이나 위성방송의 보급과 디지털화에 의해 무
선, 즉 지상파의 주파수의 유한성 내지 희소성은 무의미하게 되어, 현
재 신문과 지상파의 방송과 구별하는 논거가 있는가 하는 의문은 있
으나, 적어도 인터넷에는 주파수의 유한성이 없는 이상 인터넷을 방
송과 동일하게 취급하여야만 할 이유는 없다. 즉, 인터넷상의 표현행

---

21) 표현의 자유에 대한 일반 논의는 졸저, 헌법학개론, 고시계, 2000, 214-216면 참조; 박용상, 언론과 개
   인 법인, 조선일보사, 1997; 박용상, 표현의 자유, 현암사, 2002, 참조.

22) 졸고, 사이버空間과 表現의 自由, 고시계, 2002. 9., 110-123면 참조.

23) 이 점에 관하여 대법원은 아직 판단을 내리고 있지 않다. 학설에 의해서도 명확한 결론을 엿볼 수 없다.
   그러나 미연방대법원은 레니 대 미국자유인권협회사건판결에서 전통적인 신문과 방송의 구별은 유지하고
   인터넷에는 주파수의 희소성은 타당하지 않아 방송으로서의 법리는 타당하지 않다고 판단하고 있다. 게다
   가 신문의 경우 다수의 국민은 단지 독자로서의 지위, 즉 표현의 수령자로서의 지위밖에 갖고 있지 않지
   만 인터넷의 경우 국민은 쉽게 액세스하여, 표현활동을 행하는 것이 가능하다. 이 의미에서는 고전적인
   표현의 자유의 법리가 전제된 사상의 자유시장이라고 생각이 보다 강하게 나타난다고 말할 수 있을 것이
   다. 미연방대법원은 이러한 인터넷의 특색을 고려하여, 인터넷상의 표현행위에 고전적인 표현의 자유의
   법리를 그대로 적용하였다.

위에 관해서는 헌법 제21조의 표현의 자유의 고전적인 법리가 그대로 적용되어야 하고, 경우에 따라서는 신문의 경우보다도 강하게 보호를 부여하는 것을 인정하여야만 할 것이다.

2. 인터넷과 표현행위의 규제

(1) 전기통신사업법상 불온통신의 규제

전통적인 전신, 전화 등의 통신은 통신의 비밀보장과 관련하여 전달되는 정보의 내용에 대한 개입은 원칙적으로 허용되지 아니하였다. 그러나 통신산업의 기술적 발전으로 전신, 전화 등이 사적인 커뮤니케이션을 담는 데 그치지 않고 불특정다수인에 대한 정보전달매체로서의 기능을 갖게 됨에 따라 그 영향력에 대한 규제가 불가피하게 되었다 하지 아니할 수 없다. 따라서 전기통신사업법상 불온통신에 대한 방송통신위원장의 취급거부·정지·제한명령제도는 전통적인 통신수단인 유선전화 내지 무선전화를 통해 유통되는 정보뿐만 아니라, 이른바 피시(PC)통신이나 인터넷 등 '온라인매체'를 통해서 유통되는 정보를 규제하는 주요 수단으로 기능하고 있었다.[24]

표현의 자유에 대한 제한은 사후적 통제가 원칙이다. 또한 제한을 하는 경우에도 과잉금지 원칙에 따라 필요 최소한의 제한만이 허용되고 명백하고 현존하는 위험에 처하는 경우만 가능하다. 또한 명확성의 원칙이 지켜져야 한다. 표현의 자유는 애매·불명확한 법률에 의해서 규제를 가하면 위축적 효과[25]가 생기기 때문에 법문상 불명

---

24) 헌재 2002. 6. 27. 99헌마480 결정 참조.

25) '위축적 효과'라는 것은 영어의 chilling effect에서 나온 말로 어떤 행위를 하면 표현의 자유를 규제하는 법률

확한 법률은 원칙적으로 무효가 된다. 명확성의 이론은 형벌법규에 대해서 저용되는 것만은 아니고, 표현의 자유에 사전억제를 가하는 입법에 대해서도 중요한 의미를 가지고 있다.[26]

이러한 표현의 자유에 대한 규제원리에 비추어 보게 되면 불온통신을 규제했던 전기통신사업법 제53조, 같은 법 시행령 제16조는 명확성의 원칙과 과잉금지의 원칙을 침해하는 것으로 볼 수 있다. 이러한 취지에서 헌법재판소도 공공의 안녕질서 또는 미풍양속을 해하는 내용의 전기통신을 금하고 전기통신에 대하여 방송통신위원장장관이 전기통신사업자에게 그 취급을 거부, 정지 또는 제한할 수 있도록 한 전기통신사업법 제53조, 같은 법 시행령 제16조는 명확성의 원칙, 과잉금지원칙, 포괄위임입법금지원칙에 위배하여 표현의 자유를 침해함으로써 헌법에 위반된다는 결정을 선고하였고, 또한 헌법재판소는 공공의 안녕질서, 미풍양속이라는 것은 매우 추상적인 개념이어서 어떠한 표현행위가 과연 이를 해하는 것인지 여부가 명확하지 않고, 법집행자의 통상적 해석을 통하여 그 의미내용을 객관적으로 확정하기도 어려워 이러한 불온통신의 개념을 전제로 하여 규제를 가하는 것은 필연적으로 규제되지 않아야 할 표현까지 다 함께 규제하게 되어 과잉금지원칙에도 위배된다고 한다.[27]

에 저촉되는가 하는 것이 불명확하다면 국민 측은 자신의 의견을 발표하는 것을 기다리다 끝나 버리고, 그러한 상태에서 표현활동이 폐쇄상태에 빠져 민주주의의 붕괴를 초래할 위험성이 있다고 하는 것이다.

26) 헌법재판소는 국가보안법 제7조에 대한 위헌심판(헌재 1990. 4. 2.자 89헌가113결정), 국가보안법 제9조 제2항에 대한 헌법소원(헌재 1992. 4. 14.자 89헌가113결정), 군사기밀보호법 제6조 등에 대한 위헌심판(헌재 1992. 9. 25.자 89헌가104결정) 등에서 이를 채택하고 있다.

27) 헌법재판소 2002. 6. 27. 99헌마480 결정 참조.

(2) 외설적 표현과 음란물

외설적 표현은 인터넷상에서 약간 다른 문제를 제기한다. 먼저, 외설적인 표현을 타인의 홈페이지에 마음대로 써 넣은 것과 같은 경우 이것이 기업의 홈페이지라면 전자기록등손괴업무방해죄[28]의 성립 가능성이 있다. 실제 일본의 조일방송의 날씨예보화상을 외설적 화상으로 바꾸어 놓아서 유죄로 된 사례가 있다. 우리나라의 경우에도 정보제공업체의 로그파일 등을 삭제하여 입건된 사례가 있다.[29]

이에 반하여 개인의 개인적인 홈페이지의 경우에는 외설적 표현을 써 넣은 것을 업무방해죄로 묻는 것은 곤란하다. 그러나 기입을 행한 것을 후술하는 음화전시죄로 물을 가능성이 있다.[30] 또한 마음대로 표현이 기입되어진 사람은 현저한 고통을 느낄지도 모른다. 그 때문에 경우에 따라서는 불법행위로서, 민법 제750조에 의해, 외설적인 표현을 한 사람에 대하여 손해배상을 구하는 것도 생각할 수 있다.

다음으로, 자신의 홈페이지에 외설적인 화상을 게재하여, 다른 사람으로부터 액세스를 인용한 경우, 이 행위는 형법 제175조에 음화전시죄에 해당할 가능성이 있다. 또한 정보통신망이용촉진및정보보호에관한법률 제65조는 정보통신망을 통하여 음란한 부호·문언·음향·화상 또는 영상을 배포·판매·임대하거나 공연히 전시한 자를 처벌하고 있다. 현재 정보통신망이용촉진및정보보호에관한법률이 제정되었다 하더라도 정보통신망을 통한 경우라는 요건만 다를 뿐 나머지 요건은 같아 해석상의 문제가 제기된다.

---

28) 형법 제314조.

29) 연합뉴스, 2000. 8. 23.

30) 朝日新聞 1998년 11월 6일.

실제 인터넷을 통하여, 국내에 있는 서버에 홈페이지용의 데이터와 음란한 영상을 축적하여 제3자로부터의 액세스를 인용하고 있었던 데 대하여 음화전시죄로 적발된 사례가 있다.[31]

그리고 국내 서버에 음란한 영상을 축적하여 제3자로부터의 액세스를 허용한 경우에는 그 음란한 영상과 함께 컴퓨터하드디스크 자체를 음란물이라 하는 것이 가능하지만 그 행위가 공연전시에 해당하는가 어떤가가 문제가 된다. 이 점에 관하여는 아직 대법원의 판단은 나타나지 않고 하급심의 경우에도 형법상 음화전시죄의 성립을 인정하지 아니하는 판례가 보인다.[32] 일본의 경우에는 하급심의 경우에는 이를 인정하는 입장이 일반적이다.[33]

인터넷상의 외설적인 표현에 형법 제243조의 적용이 있는 경우 이 적용은 헌법 제21조의 표현의 자유보장에 반하지 않는가의 문제가 생길 수 있다. 우리나라의 경우 이에 관한 헌법재판소의 판례는 없지만 일본 최고재판소는 일본 형법 제175조의 음란한 표현의 금지는 최소한도의 성도덕을 유지한다는 공공복리를 위한 것으로서, 헌법 제21조에 반하는 것은 아니라고 하고 있다.[34] 이 판례의 입장에서 본다면 인터넷상의 음란한 표현에 형법 제243조나 정보통신망법을 적용하여도 전혀 헌법 제21조에 반하는 것은 아니한 것으로 된다.

인터넷상의 음란한 표현이 유통되는 경우, ISP[35]도 책임을 물을 가

---

31) 인터넷상이 이승희 누드사진을 게재한 사건으로 음화전시죄는 무죄판결을 받았고, 전기통신기본법상 처벌을 받았다. 서울지법 1999. 7. 22. 98노10222.

32) 서울지법 1999. 7. 22. 98노10222.

33) 예를 들면 베크아메사건 東京地判 1996(平成8年) 4月 22日 判例タイムズ 929호 226面 등.

34) 챠타레부인의 애인사건 · 最高裁判所1957(昭和32)年 3月 13日 刑集 11권 3호 997面.

35) ISP(Internet Service Provider, 인터넷 서비스 제공사업자)란 개인이나 기업체에게 인터넷 접속 서비스, 웹사이트 구축 및 웹호스팅 서비스 등을 제공하는 회사를 말한다. 때로는 IAP(Internet Access Provider)라고

능성이 있다. 음란한 표현에 액세스할 수 있는 것을 영업상 적극적으로 이용하였던 것과 같은 경우에는 ISP 자신이 음화전시죄에 문제될 가능성이 있으며 음란한 표현이 있는 것을 알고도 방치한 경우에는 방조죄로 문제될 가능성도 있다.

음란한 표현에 관해서는 형법 제243조 및 정보통신망법 제65조의 구성요건의 해당성을 둘러싸고 중대한 문제가 있지만 표현의 자유의 입장에서 본다면 원래 형법 제243조가 헌법 제21조에 반하는가 어떤가 하는 문제가 제기된다.[36] 이것은 동조의 금지를 정당화하는 이익과 이를 위한 수단이라는 양자 사이에 의문이 있기 때문이다.

확실히 음란한 표현을 수령하고 싶지 않는 사람을 보호하는 것, 청소년을 음란한 표현으로부터 보호하는 것은 피할 수 없는 정부이익으로서 이 범위에서 음란한 표현을 규제하는 것은 허용된다. 실제 미국에서도 통신품위유지법의 18세 미만의 상대방에 대하여 외설적 메시지의 송신금지규정의 합헌성은 문제되지 않았다. 그러나 외설적인 표현이 성범죄를 일으킨다는 충분한 증거는 아니므로 음란한 표현 전부를 성범죄로 가져오는 것이라고는 할 수 없다. 즉, 성범죄의 조장을 이유로 외설적 표현 전부를 금지할 수 없다. 최고재판소에서 말하는 것과 같이 성도덕을 유지한다는 것은 표현의 자유의 제약을 정당화하지 않는다고 하여야 한다.

그 때문에 인터넷상의 외설적인 표현에 관해서도 수신을 희망하지 않는 이용자에 외설적인 화상을 보내는 행위 등이 있다면 금지하는

부르기도 한다. 한국에 대표적인 ISP는 아이네트 · 채널아이 · 넷츠고 · 네띠앙 등이 있다.

36) 이에 대한 상세한 내용은 졸고, 인터넷과 음란물의 규제, 현대공법학의 과제, 최송화교수화갑기념논문집, 2002, 358–381면 참조.

것이 가능하고, 외설적인 표현을 청소년에게 송신하는 것을 금지하는 것까지도 가능할지도 모르지만 이것을 초월하여 외설적인 표현 자체를 금지하는 것은 헌법 제21조에 반하는 것이라 할 것이다. 이 점에서 인터넷상의 외설적인 표현에의 형법 제243조의 적용에는 문제가 있고 정보통신망이용촉진법 제65조도 같은 문제점이 제기된다 할 것이다.

역시 아동포르노에 관해서는 미국에서도 금지의 합헌성이 지지되고 있다.[37] 한국에서도 자녀 등을 보호하기 위해 필요불가결한 범위에서의 금지가 있다면 헌법상 허용되어져야만 할 것이다. 이에 따라 우리나라에서는 청소년보호법, 풍속영업법 등의 법률을 통하여 청소년을 보호하고는 있으나 아동에 관한 특별 보호는 없는 실정이다.

(3) 청소년보호

미성년자도 국민인 이상 표현의 자유를 향수하며, 헌법상 읽고 싶은 것을 읽고, 보고 싶은 것을 볼 권리를 가지고 있다고 생각한다. 그러나 성인과 비교하여 판단능력이 미숙한 청소년에 관하여는 이 발달을 저해하는 것과 같은 표현에의 액세스를 규제하는 것도 허용되어져야 한다고 생각된다. 그래서 우리나라는 청소년보호법을 제정하여 '청소년유해매체물'을 규제하고 있다. 동법은 인터넷상에 있어서의 청소년보호를 위하여 제정된 것이다. 이 경우 형법 제243조의 음란한 표현에 해당되지 아니하여도 규제가 인정된다. 일본의 경우 각 지방단체가 청소년보호조례를 제정하고 있고 일본최고재판소는 이러한 청소년보호조례에 의한 유해도서의 규제는 헌법 제21조에 반한 것은 아니라고

---

37) 1998년 10월에 제정된 아이들을 성적 침해자로부터 보호하는 법률도 아동포르노로부터 자녀들을 보호하기 위해 규제를 가하고 있다.

하고 있다.[38] 인터넷상에 청소년의 건전한 육성을 저해하는 정보를 유통시킨 것으로 이 청소년보호법으로 된 사례가 발생하고 있다. 서울지법 형사11단독은 16일 인터넷 성인방송국을 개설, 음란동영상을 내보낸 혐의로 구속기소돼 징역 2년 6월이 구형된 모 인터넷TV 대표 고모 씨(30)에 대해 청소년보호법 위반죄 등을 적용, 징역 1년에 집행유예 3년을 선고하고 120시간의 사회봉사명령을 내렸다. 또한 일본에서도 여성이 옷을 벗는 게임소프트에 관하여 이 플로피를 유해도서로 지정한 것을 지지하는 하급심판결[39]이 있고, 이러한 정보 그 자체에 관하여도 조례의 적용이 주장될 가능성이 있다.

인터넷상의 표현에 관해서도 판단능력의 미숙한 청소년을 보호하기 위해서 일정규제를 가하는 것은 헌법 제21조에 반하지 않는다. 현재 제정되어 있는 청소년보호법에 의해 유해도서규제에는 각종의 문제점이 있어 이것을 그대로 인터넷상에 적용하는 것은 매우 의문이다. 설사 청소년의 보호를 위하여 규제가 필요하여도, 그 때 기본으로 해야 할 것은 보호자에게 결정권을 맡기는 규제를 행하여야만 한다. 예를 들자면 성인화상을 수신하는 것에 있어서 보호자가 그것을 막을 수 있는 시스템을 작성하는 것 이를 위하여 인터넷상에서 제공되는 정보에 대상연령설정이나 과격도의 순위를 붙일 것을 요구하는 것 등이 그 예이다.

---

38) 最3小判 1989년 9월 19일 刑集 43권 8호 785면.

39) 융기지판 1994(평성6)년 1월 24일 판례시보 1495호 57면.

3. 표현행위와 명예훼손

(1) 인터넷상 표현의 자유와 명예훼손

근래 들어 인터넷 게시판에 타인의 명예를 훼손한다든지, 심한 욕설을 게시하는 글은 줄어들고 있으나, 자신과 견해를 달리하는 사람을 지나치게 모욕하는 일은 계속·증가하고 있다.[40] 이런 시기에 ISP업체가 명예를 훼손하는 글에 대해 책임져야 한다면 큰 부담이 아닐 수 없고, 이를 우려한 ISP업체가 게시물 관리 차원에서 게시된 글을 삭제하여 그 권한을 남용해, 결과적으로 표현의 자유를 위축할 수도 있다. 이러한 시기에 다음과 같이 사례가 서울지방법원에서 나왔다. 인기가수 모 연예인의 팬클럽 회원인 갑은 H사의 전자게시판에서 모 연예인을 험담한 A씨를 상대로 지난 99년 1월 '더 이상 이런 글을 올리면 고소하겠다 등' 자제를 요청하는 반박하는 글을 게시한 데 대해, A씨가 오히려 "갑은 저질 스토커 경향이 다분하다. 자기 영웅적 심리에 도취, 병적 열광상태에 있다." 등 인신공격성 글을 계속 올렸다. 그러나 H사는 A씨에게 경고메일을 보냈을 뿐 5개월 동안 A씨의 글을 그대로 방치했다. 이에 갑은 A씨와 H사를 상대로 각각 소송을 냈다. 원심에서 갑은 A씨와 H사를 상대로 손해배상 소송을 내 A씨에 대해서는 200만 원의 손해배상 확정판결을 받아냈고, H사에 대해서는 "ISP사의 책임까지 인정되지는 않는다."는 이유로[41] 패소했다. 이러한 원심판결에 대하여 2심 법원[42]은 판결문에서 "플라자에 게재된

---

40) 이에 대한 상세한 것은 졸고, 사이버헌법론, '사이버공간과 법률에 관한 제문제', 조세통람사, 2001., 363-397면 참조.

41) 서울지방법원 동부지원 1999. 8. 18. 선고 99가소83281.

42) 서울지방법원 2001. 4. 27. 99나74113 손해배상.

소외 A의 글들은 위 정보서비스이용약관 제21조 소정의 '다른 이용자 또는 제3자를 비방하거나 중상모략으로 명예를 손상시키는 내용인 경우'에 해당하고, H사로서는 갑과 정보통신윤리위원회의 시정조치 요구에 따라 그러한 글들이 플라자에 게재된 것을 알았거나 충분히 알 수 있었다고 할 것인데, 그럼에도 불구하고 무려 5~6개월가량이나 이를 삭제하는 등의 적절한 조치를 취하지 아니한 채 그대로 방치하여 둠으로써 갑으로 하여금 상당한 정신적 고통을 겪게 하였을 것임은 경험칙상 명백하므로, H사는 특별한 사정이 없는 한 갑에게 위와 같은 전자게시판 관리의무 위반행위로 인한 손해배상책임을 진다."고 밝혔다.[43]

(2) 법원판단의 해설

본 판결은 ISP업체에 첫 배상책임을 인정한 사례로, 비방성 글이 통신망에 오른 것을 알고도 삭제하지 않은 통신회사에 대해 법원이 처음으로 손배배상 책임을 인정한 판결이다. 이 판결에서 ISP에게 책임을 지우게 하기 위해서는 ISP업체가 얼마나 주의의무를 다했느냐를 보고 책임을 지우게 한다. 즉, 즉시 문제된 게시물을 삭제하거나 폐쇄하는 등 적절한 조치를 취한 경우에는 주의의무를 다했다고 볼 수 있을 것이다. 또한 대법원은 더 나아가 타인을 비방하고 중상모략하거나 명예를 훼손하는 컴퓨터통신 게시물을 삭제하거나 전용게시판 서비스를 일시 중지시킨 ISP업자의 행위가 불법행위로 되지 않는다고 본다.[44]

---

43) 상세한 것은 졸고, 표현의 자유와 인터넷상 명예훼손과 ISP업체의 책임, 고시계 2001. 8., 58면 이하 참조.
44) 대체로 타인을 비방하고 중상 모략하거나 명예를 훼손하며 불법적인 노조활동을 선동하거나 교사하는 등 사

(3) 각국의 상황

인터넷상의 이른바 유해한 표현 내지 명예훼손에 관하여 한국과 일본에서는 이것을 포괄적으로 규제하는 법률은 존재하지 않는다. 여러 외국에서도 마찬가지 문제를 안고 있으며, 독일에서는 1997년에 이른바 멀티미디어법(정보서비스 및 통신서비스를 위한 대체적인 조건의 규율을 위한 법률)이 성립되어 전자상거래와 함께 표현행위에 관하여도 규제가 이루어지게 되었다. 이에 대하여 미국에서는 품위를 잃은 표현이나 명백하게 불쾌한 표현을 청소년에게 송신하는 것을 금지하는 통신품위유지법(CDA)이 제정되었는데, 연방대법원에 의하여 표현의 자유를 보장한 수정 제1조에 반한다고 하여 무효가 되었고, 현재에는 자주규제에 의한 방향으로 향하고 있다.[45] 그리고 통신품위유지법은 ISP의 명예훼손 책임을 면제하는 근거조항을 마련했고 이에 따라 인터넷 사업자의 책임을 전면 부인한 '제란(Zeran)' 판결 등이 나왔다. 그러나 98년 제정된 '디지털 밀레니엄 저작권법'은 저작권 침해 행위를 통보할 경우 ISP는 적절한 조치를 취하도록 의무화하고 있다.

일본에서도 우정성은 포괄적인 법규제를 구상하여 왔는데, 통산성은 민간주도의 발전을 주장하여 관청 간에 의견이 조율되지 않았고, 결국 자주규제 노선을 취하게 되었다. 그 때문에 현재에는 업계단체인 텔레콤서비스협회가 작성한 가이드라인 등에 의한 자주규제에 크게 의존하고 있다.[46]

회질서를 해하는 내용과 건전한 미풍양속을 해할 염려가 많은 상스럽고 저질스러운 표현을 담고 있는, 노조활동과 관련된 컴퓨터통신 게시물을 삭제하거나 그 전용게시판 서비스를 일시 중지시킨 컴퓨터통신 사업자의 행위가 채무불이행 또는 불법행위가 되지 않는다고 본다(대법원 1998. 2. 13. 선고 97다37210 판결).

45) 다만, 1998년 10월에 어린이를 온라인상 보호하는 법률(COPA)이 제정되어 다시 법적 규제가 이루어지고 있다.

46) 또한 일본은 1998년에 개정된 풍속영업법은 성인 영상을 인터넷을 통하여 송신하는 것에 대하여 규제를 강화하고 있다.

(4) ISP의 법적 책임과 소결

현행법제 아래에서 ISP는 전기통신사업법의 적용을 받는 '전기통신
사업자'로 되어 있다. 전기통신사업법은 주로 전신 · 전화를 중심으로
하는 커먼 캐리어[47]를 염두에 두고 만들어진 법률이다. 그렇다면 ISP
도 이 법률의 적용을 받는 것으로서 커먼 캐리어의 성질을 갖는다고
이해하여야 할까? ISP가 제공하는 이메일 서비스는 우편과 유사하며,
그 내용에 관계없이 어떠한 정보든 운반(전달)한다는 점에서 커먼 캐
리어로서의 성질을 갖는다는 것은 분명하다. 이와 마찬가지로, 인터넷
에의 접속 서비스의 경우에도, 업자는 그곳을 흐르는 정보의 내용에는
전혀 관여하지 않으므로, 커먼 캐리어의 성질을 갖는다고 생각할 수
있을 것이다. 그러나, ISP가 제공하는 서비스는 이메일 또는 인터넷상
의 접속에 한하지 않고, 그 밖에 게시판, 리얼 타임 콘퍼런스, 데이터
베이스 이용, 홈페이지용 서버 등등 다양한 형태의 서비스가 존재하
며, 그들 대부분은 커먼 캐리어와는 다른 성격을 갖고 있다.[48]

ISP가 게시판이나 홈페이지에 관하여 표현내용에 대하여 편집권을

---

47) common carrier란 운수 및 통신산업에서 불특정한 일반 공중에 대한 운송전송 서비스의 제공을 업으로
하고 합리적인 요금과 고객에 대한 차별적 취급을 인정받지 못하고 있는 사설 운송업을 의미한다. 이에
대치되는 개념은 컨트렉트 캐리어(contract carrier)로서 특정한 고객과의 개별 계약에 의하여 운송업무 등
을 행하는 것이다. 커먼 캐리어는 영국, 미국에서 1516세기 이후 확립되었다.

48) ISP가 게시판이나 홈페이지에 관하여 커먼 캐리어와는 달리 표현내용에 대하여 편집권을 갖는다고 이해
하더라도, 인쇄미디어나 방송미디어의 경우와 같이 항상 표현자 본인과 동일한 책임을 진다고 이해하여서
는 안 된다. 현실적인 문제로서, 다수의 이용자(회원)를 가지고 있는 ISP의 경우, 포럼에 기입된 양도 방대
하고, 그 모두에 항상 주의를 기울여서 부적절한 내용을 검토하여야 한다고 하면, 많은 업자에 있어 비용
이 증대되어 채산이 맞지 않을 것이다. 그리하여, 만약 다수의 업자가 공존하여 이용자의 수요에 따른 다
양한 서비스를 제공하면서 서로 경쟁하는 상태가 바람직한 모습이라면, 그것을 가능하게 하기 위하여 ISP
의 법적 책임을 어느 정도 경감할 필요가 있을 것이다. 물론, 어느 정도 경감하는 것이 적절한지를 정책적
으로 판단하는 것은 곤란한 문제이다. 지나치게 가벼우면 피해자의 보호가 희생되는 일이 될 것이다. 피
해자 측에서 보면, 표현자보다는 재력에서 우월한 ISP를 상대로 하는 편이 구제를 쉽게 받을 수 있는 경
우도 많을 것이기 때문이다. 게다가, 책임이 경감되면, ISP로 하여금 위법한 내용을 보다 용이하게 조절할
수 있는 시스템이나 소프트웨어의 개발을 행하게 하는 인센티브를 잃게 하여, 통신제도 전체의 발전에 있
어 득보다는 오히려 실이 된다는 지적도 있다.

갖는다고 이해하더라도, 인쇄미디어나 방송미디어의 경우와 같이 항상 표현자 본인과 동일한 책임을 진다고 이해하여서는 안 된다. 현실적인 문제로서, 다수의 이용자(회원)를 가지고 있는 ISP의 경우, 포럼에 기입된 양도 방대하고, 그 모두에 항상 주의를 기울여서 부적절한 내용을 검토하여야 한다고 하면, 많은 업자에 있어 비용이 증대되어 채산이 맞지 않을 것이다. 그리하여, 만약 다수의 업자가 공존하여 이용자의 수요에 따른 다양한 서비스를 제공하면서 서로 경쟁하는 상태가 바람직한 모습이라면, 그것을 가능하게 하기 위하여 ISP의 법적 책임을 어느 정도 경감할 필요가 있을 것이다. 물론, 어느 정도 경감하는 것이 적절한지를 정책적으로 판단하는 것은 곤란한 문제이다. 지나치게 가벼우면 피해자의 보호가 희생되는 일이 될 것이다. 피해자 측에서 보면, 표현자보다는 재력에서 우월한 ISP를 상대로 하는 편이 구제를 쉽게 받을 수 있는 경우도 많을 것이기 때문이다. 게다가, 책임이 경감되면, ISP로 하여금 위법한 내용을 보다 용이하게 조절할 수 있는 시스템이나 소프트웨어의 개발을 행하게 하는 인센티브를 잃게 하여, 통신제도 전체의 발전에 있어 득보다는 오히려 실이 된다는 지적도 있다. 따라서, 인터넷의 현상과 장래 목표의 방향을 고려하면서 미묘한 밸런스를 유지하여 갈 것이 필요하다. 어떻든, 현행법상 ISP의 책임을 규정하고 있는 특별한 명문의 규정은 없으므로, 저작권법·형법·민법의 일반적인 법원칙의 테두리 안에서 해석에 따라 대응하여 나갈 수밖에 없다. 즉, 행위의 작위·부작위 여부를 두고, 작위인 경우에는 저작권법 제93조와 민법 제760조에 의한 공동불법행위 책임에 따라 그 책임을 묻고, 부작위인 경우에는 민법 제750조에 근거하여 위험방자의무로 그 책임 등을 추궁할 수 있다.

그리고 인터넷상에서 명예훼손으로 침해를 받은 개인과 ISP사업자 간의 재판은 사전에 정보통신윤리위원회의 심의를 거치고, 이러한 과정에서 개인과 ISP사업자 간에 화해를 할 수 있도록 위 위원회는 유도하고, ISP사업자는 위 위원회의 심의결과를 반영할 수 있는 시간적 여유를 갖도록 한다든지 등, 이에 대한 조치를 할 수 있도록 제도화하는 방안이 필요하다고 생각한다.

결론적으로 인터넷상에서 한 개인의 명예훼손하는 글을 게시하는 일이 없도록 하기 위해서는, 사전적으로 국민에게 사이버상에서 윤리의식에 대한 교육이 철저히 이루어져야 하고, 사후적으로는 기술한 제도와 법정비가 필요하다고 생각한다. 통신 인프라에서 이용자 간 공평의 확보나 표현의 자유 및 통신비밀의 확보는 물론이고, 소비자 보호적인 발상에서의 규율이 필요하다고 본다. 그리고 그러한 규율 내지 책임을 논하는 경우, 통신사업자에 대하여 이른바 커먼 캐리어로서의 성격이 정면으로 대두되지 않을 수 없다. 한편으로는 양질·염가의 다양한 서비스를 확보함과 동시에, 다른 한편으로는 카르텔적인 상황(이러한 상황과 이를 온상으로 하여 발생하는 사회적 압제)을 단절하여야 한다. 이를 위해서는 가능한 한 많은 공급자의 참여를 촉진할 필요성도 있고, 적절한 인센티브를 확보할 필요성도 생긴다. 게다가, 더 나아가 사업자의 경영판단의 여지를 남기고, 판단이 곤란한 사례에 관하여는 일정한 요건 하에 면책을 인정함으로써 경영상의 위험을 회피시켜 줄 필요성도 생기는 것이다.

Ⅱ. 인터넷과 개인정보보호

1. 개인정보보호제도의 유형

최근에 이루어진 컴퓨터의 발달로 개인의 다양한 정보가 컴퓨터에 저장되게 되었다. 축척될 수 있는 데이터량이나 그것을 인출하기 위한 속도도 비약적으로 향상되어 전 국민의 데이터를 관리하는 것도 기술적으로 가능하게 되었다. 이러한 시대적 배경을 기초로 원래 혼자 있을 권리라는 소극적인 권리였던 프라이버시권은 자기정보 내지 개인정보에 관한 정보의 흐름을 통제하는 개인의 권리라는 적극적인 위치를 갖게 되었다. 이러한 상황에서 자신에 관한 정보가 자유로이 인출되어 악용될 수 있다는 걱정을 많은 사람들이 갖게 되어 왔다. 이와 같이 개인정보의 누설·악용을 방지하기 위하여 프라이버시권은 보다 넓은 의미를 가지게 되는 것으로 확대되어 왔다. 이 확대된 권리는 자신과 관계된 정보의 흐름을 통제하는 권리(individual right to control the circulation of information relating to oneself)로 정의되고, 이것이 바로 개인정보자기통제관리권, 개인정보자기지배권, 개인정보관리권, 또는 개인정보자기통제권, 개인정보자기결정권[49] 등으로 불리게 되었다.[50] 이러한 헌법상 개인정보자기결정권을 기초로 하여 우리나라의 개인정보 보호현황은 다른 나라에 비하여 상당히 앞서가는 면도 있고, 늦은 면도 있다. 따라서 세계적인 조류로서의 전자정부 하

---

49) 이하에서는 이를 '개인정보자기결정권'이라 한다.

50) 개인정보자기결정권의 헌법상 근거에 대하여 학설이 헌법 제10조설, 제17조설 등으로 분류되나, 헌법 제10조, 제16조, 제17조, 제18조를 통합적으로 해석하여 그 근거를 도출하는 것이 합리적이라고 생각한다. 상세한 것은 졸고, 헌법상 개인정보자기결정권에 관한 연구, 법조, 2002. 5. 참조.

에서 개인정보 보호를 위한 제도를 구축하기 위해서는 다른 나라 제도를 검토하는 것은 중요한 과제이다. 또한 컴퓨터를 이용한 대규모의 정보처리가 일상적으로 행하여짐으로써 네트워크를 통해 대량의 개인정보가 유통되고 있는 현실에서 보면, 개인정보 보호의 문제는 국내뿐만 아니라 국제적으로도 통일성 있게 다루는 것이 불가결하게 되었다. 개인정보 보호를 둘러싼 다른 나라의 대응방법을 각국의 개인정보 보호제도를 유형화시켜 국제기관에 의한 대응방법, EU 각국의 대응방법과 EU와 미국 간에 있어서의 대응방법을 검토하기로 한다.[51]

개인정보의 보호를 목적으로 하는 법률에는 다양한 규제방법이 있기 때문에 다른 나라의 개인정보 보호제도를 이해하기 위해서는 이들의 방식에 대한 이해가 선행되어야 한다.

개인정보 보호를 목적으로 하는 법령의 입법방식은 ① 통합방식(omnibus방식), ② 분할방식(segment방식)과 ③ 개별방식으로 나눌 수 있다. 통합방식은 공적부문 및 민간부문을 하나의 법률에 의해 포괄적인 규제의 대상으로 하는 방식이고, 분할방식은 공적부문과 민간부문을 각각 별개의 법률에 의해 규제의 대상으로 하는 방식이며, 개별방식은 규제의 대상을 한정해서 개별영역 별로 규제를 행하는 방식이다.

개인정보의 보호를 목적으로 하는 법률의 대부분은 '통합방식'을 취하고 있다. 한국과 일본을 포함하여, 이하에서 소개하는 다른 나라의 법령도 이 방식을 채택하는 것이 주류를 이루고 있다. 그 이유로는 ① 전자상거래의 촉진, ② EU의 개인데이터 보호지침에의 대응, ③ EU 가맹에 대한 대응의 일환, ④ 과거의 불법행위에 대한 구제 등

---

51) 상세한 것은 졸저, 인터넷과 개인정보보호, 신영사, 2002. 참조.

의 사정이 있기 때문이다.[52]

2. OECD이사회의 가이드라인

국제기관에 의한 개인정보 보호의 대응방법으로 지침적인 역할을 하고 있는 것이 경제협력개발기구(OECD)가 1980년 9월 23일에 채택한 '프라이버시 보호와 개인데이터의 국제유통에 관한 가이드라인에 대한 이사회권고'[53]이다. OECD 가이드라인과 같은 국제적인 개인정보 보호를 위한 가이드라인이 요구되는 이유는 컴퓨터에 의해 대량의 개인정보가 처리됨에 따라 이들의 자유로운 유통을 확보하면서도 적절한 보호가 필요하게 되었는데, 이를 위해 각국의 법제도의 통일성이 필요하게 되었기 때문이다. 이와 같이 각국은 개인정보의 보호에 관하여 다른 법률이나 가이드라인을 갖고 있으므로 자유로운 데이터의 교환이 이루어지지 않는 등 상거래에 장해가 된다. 그리하여 개인정보의 보호와 자유로운 상거래가 균형을 이루도록 OECD 각국이 만족할 만한 개인정보 보호의 수준을 이사회 권고로서 정리하였고, 각국은 이 권고에 따라 자국의 제도를 정비한다는 합의를 하였는데, 이것이 'OECD권고'이다. 이 OECD권고는 개인정보의 보호를 위하여 8개의 원칙을 제시하였다.

① 수집제한의 원칙(Collection Limitation Principle)[54]

---

52) See David Banisar & Simon Davies, Global Trends in Privacy Protection: An international Survey of Privacy, Data Protection, and Surveillance Laws and Developments, 18J. MARSHALL J. COMPUTER & Info. L. 1, 12(1999).

53) 이하 'OECD 가이드라인'이라고 함.

② 정보정확성의 원칙(Data Quality Principle)[55]

③ 목적명확화의 원칙(Purpose Specification Principle)[56]

④ 이용제한의 원칙(Use Limitation Principle)[57]

⑤ 안전보호의 원칙(Security Safeguards Principle)[58]

⑥ 개인참가의 원칙(Individual Participation Principle)[59]

⑦ 공개의 원칙(Openness Principle)[60]

⑧ 책임의 원칙(Accountability Principle)[61]

이와 같이 개인정보 보호와 관련된 법과 제도들은 국내외를 막론하고 OECD가 제정한 8가지 원칙에 기초하고 있다. 개인정보 보호의 본질을 이해하기 위해서는 이들 8원칙을 충분히 이해하는 것이 필요하다.

3. 유럽평의회의 개인데이터보호조약

OECD 가이드라인은 개인정보의 보호를 위한 지침을 규정하고 있다. 그러나 컴퓨터의 보급과 처리능력이 급속도로 발전함에 따라 이

---

54) 개인 데이터의 수집에는 제한을 두어야 하며, 어떠한 개인 정보도 적법하고 공정한 수단에 의해 수집되어야 한다.

55) 이 원칙은 개인정보는 사용목적과 범위가 부합되어야 하며, 정확하고 완전하며 갱신되어야 한다는 원칙이다.

56) 개인정보를 수집할 때에는 목적이 명확해야 하고, 이를 이용할 경우에도 최초의 목적과 모순되지 않아야 한다.

57) 개인정보는 정보주체의 동의가 있는 경우나 법률의 규정에 의한 경우를 제외하고는 명확화된 목적 이외의 용도로 공개되거나 이용되어서는 안 된다.

58) 안전보호의 원칙은 기업이 수집·보존하고 있는 개인정보가 분실, 불법적인 접근, 파괴, 정보수정 및 공개와 같은 위험에 대비하여 합리적인 안전보호장치를 마련해야 하는 것이다.

59) 개인정보를 제공한 개인은 자신과 관련된 정보의 존재확인, 열람요구, 이의제기 및 정정·삭제·보완 청구권을 가진다.

60) 개인정보에 관한 개발, 운용 및 정책에 있어 일반적인 공개의 원칙이 적용되어야 한다.

61) 개인정보를 관리하는 자는 이에 대한 책임을 져야 한다.

에 대응하여 데이터화되는 개인정보의 보호가 중요시되게 되었다. 이와 같은 현상 속에서 자동 처리되는 개인정보를 더욱 보호하기 위한 목적으로 유럽에서 조약이 체결되었다. 이 조약은 OECD 가이드라인이 채택된 다음 해에 유럽평의회에서 인준되고 1985년에 발효되었는바, '개인데이터의 자동처리에 관한 개인의 보호에 관한 조약'[62]이라고 불린다.

이 조약은 기본적으로는 OECD 이사회 권고와 거의 같은 원칙에 기초한 것이지만, 단순한 권고가 아니라 조약이기 때문에, 유럽에서는 OECD 가이드라인보다도 가맹국에 대한 구속력이 강하다. 그러나 OECD 가이드라인과는 달리 유럽 이외의 지역에서는 적용되지 않는다.

유럽평의회조약은 ① 데이터의 취득 및 처리의 공정함, ② 합법적인 목적에서의 이용과 축적, ③ 개인정보의 처리목적이 적절할 것과 목적 이외로 정보처리하지 않을 것, ④ 정보의 정확성 및 경신, ⑤ 필요한 기간을 넘긴 데이터 축적의 금지 등에 대해서 규정하고 있으며, 가맹국에 대해서 이 조약에 적합한 법률의 제정을 요구하는 내용으로 되어 있다.

1992년 현재 이 조약을 비준한 나라는 오스트리아, 덴마크, 프랑스, 독일, 아일랜드, 룩셈부르크, 노르웨이, 스페인, 스웨덴, 영국 등 10개국이며, 서명은 하였으나 비준을 하지 않은 나라는 벨기에, 키프로스, 그리스, 아이슬란드, 이탈리아, 네덜란드, 포르투갈, 터키 등 8개국이었다.[63] 그 후 유럽이사회가 EU가맹국에 동 조약의 비준과 이행을 재

---

62) Convention for the protection of Individuals with regard to automatic processing of personal data, ETS No. 108 〈http://www.coe.fr/eng/legalixt/108e.htm〉.

63) FRED H. CATE, Privacy IN THE INFORMATION AGE, 35(1997).

촉한 결과 동 조약을 비준한 후 마지막까지 국내법의 정비를 행하지 않았던 그리스도 1997년 4월에 동 조약에 기초하여 '개인데이터 처리에 관련된 개인의 보호에 관한 법률'을 제정하였으며, 1997년까지는 EU가맹 15개국 전부와 스위스가 동 조약에 대응한 국내법의 정비를 완료하였다.[64]

4. EU의 개인데이터 보호지침

1992년 2월에 조인되고 이듬해 11월에 발효된 유럽연합조약(마스트리히트조약)은 EU 안에 있는 인물, 자본, 서비스 등의 자유로운 이동을 주된 목적으로 하고 있지만, EU 안에 있는 개인정보의 원활한 유통과 그 보호도 과제가 되었다. 그러나 개인정보의 원활한 유통을 확보한 뒤에 그 보호를 꾀하게 됨에 따라 각국의 대응에 있어서 혼란이 있었기 때문에, 가맹국 간의 개인정보 보호에 관한 법률의 조화를 꾀할 필요가 생겼다.

앞서 본 것처럼, 개인정보 보호에 관한 가이드라인 및 조약이 제정되어 있긴 하였으나, 유럽위원회(European Commission)는 1980년의 OECD 가이드라인 및 1981년의 유럽평의회 조약이 개인정보 보호를 둘러싼 그 후의 상황에 충분히 대응하고 있지 못하며, 가맹국에서 제정된 데이터보호를 목적으로 하는 다양한 법률이 정한 보호 수준이 일정치 않다고 판단하고 있다. 이러한 배경에서 1990년 9월에 국내법을 조정함으로써 개인 데이터의 자유로운 유통을 확보하는 것을 목적으로 하는 지침의 기

---

64) Id., at35.

초안을 제의하였고, 5년 후에 '개인데이터 처리에 관한 개인의 보호 및 해당 데이터의 자유로운 이동에 관한 1995년 10월 24일의 유럽의회 및 이사회의 95/46/EC지침'[65](이하 'EU 지침'이라고 함)이 채택되었다.

EU 지침은 자동처리 및 수동처리된 '개인데이터'의 처리에 적용된다. 여기에서 개인데이터란 자연인을 직접 또는 간접적으로 식별 가능한 모든 개인데이터를 말한다. 자동으로 처리되지 않고 수동으로 처리된 개인데이터가 파일링시스템의 일부를 구성하는 경우에는 수동처리된 개인데이터에도 적용된다. '파일링시스템'이란 일정한 기준에 따라 접속하는 것이 가능한 개인데이터의 집합을 구성하는 것이다. 그리고 '처리'란 수집, 기록, 축적, 변안, 검색, 참조, 이용, 분포, 삭제 또는 파기 등의 작업이 실행되는 것을 말한다.

자동 또는 수동처리된 이들 데이터는 어떤 조직과 단체가 보유해서 이용하는 것이지만, EU 지침의 적용대상이 되는 조직은 전자 또는 인쇄매체에서 개인데이터를 보유하는 모든 조직 및 유럽연합과 유럽경제지역(EEA) 내의 모든 나라 사이에서 데이터의 이전을 행하는 기업이다.

EU 지침의 적용을 받는 지역은 유럽연합에 가맹하고 있는 15개국[66]은 물론, 유럽경제지역[67]에 대해서도 적용되는 한편, 비적용 범위[68]는

---

65) Directive 95/461EC of the European Parliament and of the Council of 24 October 1995 on the protection of individuals with regard to the processing of personal data and on the free movement of such data, 395 L0046, Official Journal L 281, 23/11/1995 p.0031-0050
〈http://europa.eu.int/eurlex/en/lif/dat/1995/en_3951J)046.html〉. EU 지침의 번역은, EU 지침 「개인데이터처리에 관한 개인의 보호 및 해당데이터의 자유스런 이동에 관한 유럽의회 및 이사회의 지침」(ECOM 프라이버시 문제검토 WG 역)
〈http://www.isc.meiji.ac.jp/~sumwel_h/doc/intnl/Direct-I995-EU.htm〉.

66) 벨기에, 프랑스, 독일, 이탈리아, 룩셈부르크, 네덜란드, 영국, 아일랜드, 덴마크, 그리스, 포르투갈, 스페인, 오스트리아, 핀란드, 스웨덴.

67) 아이슬란드, 리히텐슈타인, 노르웨이.

중앙 및 동유럽 각국이다. 따라서 EU 지침의 적용을 받지 않는 나라는 유럽연합에 가맹하지 않는 한 본 지침이 말하는 제3국이 된다.

EU 지침 제32조 제1항은 "가맹국은 본 지침을 채택한 날부터 적어도 3년의 기간 종료 시에는 본 지침을 지키기 위하여 필요한 법률, 규칙 및 행정 규정을 시행해야만 한다."고 규정하고 있다. 즉, 국내법으로의 전환을 하는 기한은 1998년 10월 24일까지이다. 그러나 이행 기한에 대해서는 예외를 두어 수동처리된 시스템 내의 데이터에 대해서는 2007년 10월 24일까지의 연장을 허용하고 있다. 이는 수동처리된 데이터는, 자동 처리된 데이터와 달리, 다시 자동처리해서 데이터화하는 등의 일을 필요로 하는 점에서 일정한 유예기간이 주어진 것으로 생각된다.

이상과 같이 EU 지침에 있어서는 개인정보 보호에 대해서 다양한 규정을 두고 있으나, 이것은 어디까지나 EU 가맹국에 대한지침이다. 즉, 지침은 EU 가맹국에 대해서 내려진 제안을 국내법으로 전환하는 것을 의무로 하는 효력을 가지지만, 그 효력은 당연히 EU 이외의 나라에 대해서 직접 영향을 미치는 것은 아니다.

그러나 EU 지침 제25조는 "가맹국은 처리과정에 있는 개인 데이터 또는 이전 후 처리하는 것을 목적으로 하는 개인데이터의 제3국에의 이전은 이 지침 외의 규정에 따라서 채택된 그 나라의 규정의 준수를 위반하지 않고, 해당 제3국이 충분한 수준의 보호를 확보하고 있는 경우에 한하여 행하는 것이 가능하다고 하는 것을 규정해야만 한다."고 규정하고 있는데, 그 취지는 EU 가맹국에 대해서 EU 지침에 적합

---

68) 헝가리, 폴란드, 체코, 슬로바키아, 불가리아, 루마니아, 에스토니아, 라트비아, 리투아니아, 슬로베니아.

하도록 현행 국내법의 개정과 새로운 법률의 제정을 요구하고, 개인정보의 보호에 관하여 충분한 수준의 보호조치를 가지고 있지 않은 나라에 개인 데이터의 이전을 금지하는 것이 가능하다는 취지의 규정을 국내법으로 만들 것을 요구하는 것이다.

또한 개인데이터의 이전이 허용될지 여부에 대해서 검토가 이루어질 때에는 ① 데이터의 성질, ② 실행되는 데이터 처리의 목적 및 기간, ③ 데이터의 생성국 및 최종 이전국, ④ 제3국에 있어서 효력을 가지고 있는 법률(포괄법 및 개별분야별법 등), ⑤ 제3국에 있어서 적용되는 직업규정 및 안전기준 등이 고려의 대상으로 되어 있다.[69] 이런 사항에 대해서 검토한 결과 개인정보의 보호에 대해서 '충분한 수준의 보호'를 확보하고 있지 않다고 생각되는 나라에 대해서는 데이터의 이전을 금할 수 있게 되었다.

또한 특정의 조건에 해당하는 경우에는 데이터의 이전을 허용하도록 법률로 정하는 것이 가능하도록 되어 있다. 그 조건으로는 ① 데이터 주체로부터 명시적인 동의를 얻은 경우, ② 데이터의 이전이 관리자와 데이터 주체 사이에 맺어진 계약에 기초하여 이전하거나 또는 정보주체가 요구하는 전 계약에 기초하고 있는 경우, ③ 데이터의 이전이 관리자와 데이터주체의 이익의 범위 내에 있는 제3자 사이에서 맺어진 계약에 기초한 경우, ④ 데이터의 이전이 중요한 공공이익에 기초하는 경우 또는 법적인 요구에 관한 것인 경우, ⑤ 데이터의 이전이 데이터 주체의 생존에 불가결한 이익의 보호를 위한 경우, ⑥ 데이터의 이전이 정당한 이익을 가지는 인물이 참조하는 목적으로

---

69) CULLEN INTERNATIONAL, BUSINESS GUIDE TO CHANGES IN EUROPEAN DATA PROTECTION LEGISLATION, 14(1999).

개시된 경우 등이 정해져 있다.[70]

EU 지침의 특색은 공적 부문과 민간 부문의 구별을 하지 않고 있는 것이다. 또한 EU 지침은 EU 내부에서만 적용되는 성질을 가지고 있기 때문에 한국에 직접 영향은 없을 것이라고 이해하고, 유럽위원회가 교섭을 신청하였을 경우에 정부로서는 대응하는 것이 불가능하다는 우려가 있었다.[71] 이러한 이유에서 일본은 민간 부문을 포함하여 개인정보 보호를 위한 법률의 정비를 하기 위한 검토가 이루어졌다.

그 외에 EU에서는 특히 전기통신분야에 있어서 개인정보 보호를 위해서는 '전기통신분야에 있어서의 개인 데이터 처리 및 프라이버시 보호에 관한 1997년 12월 15일의 유럽의회 및 이사회의 97/66/EC 지침'[72]이 제정되어 있다.

5. EU 지침에 기초한 가맹국의 국내법의 정비상황

EU 지침은 가맹국의 법정비를 촉구하는 동시에 그 방향성을 나타내는 역할을 하였지만, 그 자체로는 직접적인 법적 효과를 가지는 것은 아니다. 그러나 EU 지침 제32조 제1항은 "가맹국은 본 지침의 채택일로부터 적어도 3년 이내에 본 지침을 준수하기 위해 필요한 법률, 규칙 및 행정규칙을 발효하는 것으로 한다."고 규정하고 있다. 즉, EU 가맹국은 1998년 10월 24일까지 EU 지침에 기초하여 개인정보 보

---

70) Id., at 15.

71) 堀部政男, 'EU個人保護指針과 日本', 쥬리스트 增刊, 『變革期의 미디어』, 1997, 363面.

72) Directive97/661EC of the European Parliament and of the Council of 15 December 1997 concerning the processing of personal data and the protection of privacy in the telecommunications sector, 397L0066, Official Journal L024, 30/01/1998 p.00011-0008.

호를 목적으로 하는 국내법의 정비를 할 것을 요구받고 있다.

EU 지침을 준수하기 위해 가맹국이 국내법의 정비를 실시함에 있어서, 유럽평의회의 "개인데이터의 자동처리에 관련된 개인의 보호에 관한 조약"을 둘러싼 각 가맹국의 법정비의 실상에서 보더라도, 국내법이 정비되기까지는 상당한 시간을 요함을 알 수 있다. 이 점에서 보더라도, 이행기한까지 국내법의 정비를 완료하는 것은 곤란한 점이 많다는 것을 알 수 있다.

현재 EU 지침의 이행기한을 준수하여 국내법의 정비를 완료한 나라는 이탈리아, 그리스, 스웨덴 및 영국의 4개국에 머물고 있다. 또한 이행기한을 초과하기는 하였으나, 1998년도 내에 법정비를 행한 나라를 추가한다고 하더라도 벨기에와 포르투갈 2개국이 더 포함될 뿐이다. 이행기한이 지난 후에도 2000년 11월 1일에는 EU와 미국 간에 교섭이 진행되어 온 '세이프 하버 협정'이 발효되어 EU에 있어서 개인정보의 보호를 둘러싼 상황의 변화는 복잡하다.[73]

6. 미국

미국에서는 공적부문과 민간부문 모두를 대상으로 한 포괄적인 개인정보보호법은 없지만, 공적부문 중에서 연방정부가 가지고 있는 개인정보에 대해서는 1974년의 프라이버시법이 제정되어 있다. 주 단위에 있어서도 연방처럼 개별 영역마다 프라이버시 보호를 위한 법률이 제정되어 있다. 민간부문에 대해서는 자주규제를 원칙으로 하고

---

73) 상세한 것은 졸저, 인터넷과 개인정보보호, 신영사, 2002. 참조.

있다. 그러나 예외로써 특히 기밀성이 높은 정보를 다루는 분야에 있어서는 부문별로 프라이버시를 보호하는 개별법이 제정되어 있다.

즉, 미국에 있어서 개인정보보호제도는 1966년의 정보자유법의 제정에 의하여 연방정부가 보유하는 정보를 원칙적으로 공개하되, 프라이버시법에 의하여 정부에 대한 규제를 하고, 민간부문에 대해서는 자유로운 정보유통의 확보를 전제로 하여 개별분야 별로 프라이버시 보호를 목적으로 하는 법률을 제정하는 '개별방식'에 의한 보호법제가 마련되어 있다.

미국의 개인정보보호법제의 최대의 특색은 개별방식에 의해 많은 개별법을 제정하고 있는 것이다. 개별법의 장점은 특히 보호가 필요한 개인정보를 다루고 있는 영역에 한정하여 규제를 행하는 것이 가능한 점에 있다. 그러나 개별영역별로 법률을 제정하기 때문에 관련 업계와 이익단체의 영향을 받기 쉬운 단점도 있다.

예를 들면, 인터넷에 있어서는 용이하게 대량으로 개인정보를 수집하는 것이 가능한 점에서 많은 기업이 그 이점에 주목하고 있다. 이에 대해서 인터넷상에서 행해지고 있는 광범위한 개인정보의 수집과 이용에 대해서 일정한 규제를 가하는 법률을 제정해야 한다는 논의가 자주 거론되어 왔다. 금융, 마케팅 및 소매업 등의 주요한 업계단체는 이에 대항하여 인터넷상에 있어서 개인정보의 수집과 이용을 규제하는 법률에 대해서 반대의사를 표명하고, 업계단체를 통해서 의회에 많은 압력을 넣고 있다.[74)

---

74) 인터넷에 있어서 개인정보의 수집과 이용에 대한 규제에 대한 활동을 행하고 있는 단체의 일례로서 정보의 공정이용연합(Fair Information Practices Coalition)이 있다. 이 단체는 투자기업협회, 신용정보기관연합, 증권거래업협회, 다이렉트 마케팅 협회, 미국보험업협회의 지원을 받고 있다. Rachel Zimmerman, Lobbyists Swarn to Stop tough Privacy Bills in States, Wall. Street J. Apr. 21, 2000, A16.

또한 개별방식에 의한 개별법은 규제의 대상이 되는 업계단체로부터의 영향뿐만 아니라, 정치상황에도 많이 좌우되는 면이 있다. 그 대표적인 예로서 1988년에 제정된 '비디오프라이버시보호법'은 비디오 대여기록의 조사가 행해진 것을 기화로 대여 비디오의 대출기록의 비밀보호를 목적으로 한 법률 제정하기에 이르고 있다. 그러나 의료 분야에 있어서는 업계단체와 정치상황에 의해 개인정보의 보호 등 대응이 필요하다고 생각하고 있으면서도 대응을 하지 못하고 있다.

7. 일본

일본은 EU지침에서 규정한 "적절한 개인정보보호 수준 확보"의 한 방안으로서 일본 산업규격인 개인정보보호규격(JIS Q 15001)을 1999년 3월 제정하여 개인정보보호에 관한 인식제고를 위하여 노력하였다. 그렇지만 정부의 노력에도 불구하고 개인정보보호를 위한 직접적인 법률이 없음으로 인하여 현실적으로 여러 문제를 야기하였다.

프라이버시권을 보호하기 위해서는 개인정보를 보호할 필요성이 제기되었지만 일본 정부는 적극적인 자세를 보이지 않았다. 그러나 주민기본대장법 개정을 계기로 국민 사이에 개인정보보호를 요구하는 소리가 높아지고, 정부는 개인정보보호법제의 존재방식에 관하여 검토할 것을 결단하였다. 그 결과 개인정보보호기본법의 제정을 추진하게 되었고, 특히 개인정보를 포괄적으로 보호하기 위한 법제도에 관하여 검토를 계속하여 정보통신전략본부의 개인정보보호법제화전문위원회는 2000년 10월 11일 '개인정보보호기본법제에 관한 대강'을 결정하고, 총리에게 제출하였고, 2003년 5월 30일에 개인정보보호에 관한 법률이 마련되었고, 개인정보보호의 기본을 정하는 '개인정보보호에 관한 법률'이 제정되었고 2005년 시행에 들어갔다.

일본의 개인정보보호기본법에서 '개인정보'란 생존한 개인에 관한 정보이고, 해당 정보에 포함된 성명, 생년월일 그 밖의 기술 등에 의하고 특정한 개인을 식별한 것을 할 수 있는 것이라고 규정하고 있다. 이 법률은 제1장 총칙, 제2장 국가 및 지방공공단체의 책무 등, 제3장 개인정보의 보호에 관한 시책 등, 제4장 개인정보 취급 사업자의 의무, 제5장의 잡칙과 제6장의 벌칙 등으로 구성되어 있다. 이 법률은 특이한 체계를 갖고 있는데, 기본법에 해당하는 제1장부터 제3장, 민간부문의 개인정보보호의 일반법에 해당하는 제4장부터 제6장으로 구성되어 있다. 이렇게 한 법률에서 기본법과 일반법의 내용이 함께 구성되는 경우는 드물지만, 일본의 개인정보보호기본법은 양자의 내용을 함께 갖고 개인정보보호를 위하여 총체적으로 규율하는 형태를 취하고 있다.[75]

8. 한국

우리나라는 1989년 12월 개인정보보호법시안을 마련하고 과도기적 조치로 1991년 5월 "전산처리되는개인정보보호를위한관리지침"(국무총리훈령 제250호)을 제정·시행하다가 예방적 차원의 개인정보보호 대책을 법제도적으로 마련하고 행정에 대한 신뢰성을 확보한다는 취지에서 관련 법제를 구축하기 시작하였다.

---

75) 이자성, 일본의 개인정보보호제도에 관한 고찰, 한국행정학회 2007년도 추계학술대회 발표논문집(하) (2007. 10.), 767-782면 참조.

개인정보보호를 위한 법제는 공적부문에서 "공공기관의개인정보보호에관한법률", "공공기관의정보공개에관한법률" 및 "행정정보의 공동이용에관한규정" 등을, 민간부문에서는 "금융실명거래및비밀보장에관한긴급재정경제명령", "신용정보의이용및보호에관한법률", "통신비밀보호법", "전기통신사업법", "정보화촉진법", "전자서명법", "전파법" 등이 제정되었다. 그렇지만 민간부문에서 개인정보의 보호가 시급한 문제로 떠오르면서 1987년 제정하여 시행하고 있던 '전산망보급확장및이용촉진에관한법률'을 1999년 '정보통신망이용촉진등에관한법률'로 전면 개정하고, 이 법률을 2001년 '정보통신망이용촉진및개인정보보호등에관한법률'로 전면 개정하여 민간부문에서 개인정보보호를 위한 근거 법률로 하였다. 그 밖에 1995년 12월 29일 개정된 형법은 사이버스페이스의 범죄행위를 컴퓨터범죄로 명명하고 컴퓨터 등 사용사기, 업무방해(동법 제347조의2, 제314조 제2항) 등을 처벌하는 규정을 두고 있다.

그런데 개인정보보호를 위한 우리나라 실정법은 앞에서 기술한 OECD 가이드라인과 이를 좀 더 상세화한 EU 지침 그리고 선진제국의 개인정보보호법을 비교해 보면 다음과 같은 차이가 있다. 이를 개략적으로 보면 공적 부문에서 개별 법률들은 인터넷시대에 부응하는 미비사항들이 많으며, 민간부분에서 정보통신망이용촉진및정보보호등에관한법률은 개인정보보호장치를 구축함에 있어서 인터넷과 전자상거래를 활성화시키기 위한 조건을 마련한 적절한 입법적 대응이라고 할 수 있지만, 개인의 명예나 재산상의 피해를 최소화하기 위한 개인정보의 차단요구권이 보장되지 않은 점, 규율대상인 정보통신서비스제공자의 개념을 영리를 목적으로 하는 통신사업자나 준용사업자에 한정시킨 점, 사업자 측의 위험설명의무 등이 규정되지 않은 문제들이 남아 있다.

우리나라의 개인정보보호는 '공공기관의개인정보보호에관한법률'과 '정보통신망이용촉진및정보보호등에관한법률'이 가장 대표적인 법률로서 이 두 법률에 의하여 그동안 개인정보보호가 이루어져 왔다고 보아도 무방하다. 전자는 공공기관에 한정되고, 후자는 정보통신서비스제공자와 준용사업자에 한정된다. 특히 전자는 개인정보자기결정권을 실제적으로 체계화한 법률로서 의미를 지니고 있다. 즉, 인터넷시대에 각종 컴퓨터범죄와 사생활 침해 등 부작용을 수반하게 되었고, 이에 대한 대처로 1994년 1월 법률 제4734호로 동법을 공포하였다. '공공기관의개인정보보호에관한법률'에서의 프라이버시의 보호는 개인정보의 보호를 의미하고, 동법은 OECD의 가이드라인의 일반원칙을 그대로 수용하고 있다. 그리고 '정보통신망이용촉진및정보보호등에관한법률'은 민간부문에서의 정보통신 이용자의 개인정보를 효과적으로 보호하기 위하여 시행되었다. 동법은 OECD의 개인정보보호원칙에 맞춰 인터넷 등 가상공간에서의 개인정보를 보호하기 위하여 이용자의 동의에 기초한 적절한 개인정보 수집·이용·처리·제공 및 이용자의 권리보장을 규정하였다.76)

---

76) 최근에 개인정보에 관련된 입법이 있었는데, 그 주요 내용은 다음과 같다. 우선, 통신비밀보호법안은 긴급감청의 남용을 막기 위해 정부기관이 긴급감청에 착수하면 즉시 법원에 허가청구를 하도록 하고 36시간 내에 영장을 받지 못하면 감청을 중지하도록 했다. 감청 시엔 30일 내에 본인에게 서면 통지하도록 했으며, 현행 통신비밀보호법은 긴급감청 시 영장발부 시한이 48시간 내이며, 본인에 대한 통보의무 조항이 없고, 또 불법감청 행위자와 그 내용을 공개·누설한 자에 대해 종전 7년 이하의 징역에서 10년 이하의 징역 및 5년 이하의 자격정지로 처벌을 강화했다. 그리고 금융실명제법 개정안은 금융기관이 수사기관 등에 거래정보를 제공한 경우 제공한 날(통보유예 경우에는 통보유예기간 종료일)로부터 10일 이내의 명의인에게 서면통지하도록 규정되어 있고, 금융거래 정보를 요구할 때에도 요구의 법적근거, 사용목적, 요구하는 거래정보 내용 등 종전의 자료 외에 거래기간을 명시하도록 되어 있고, 요구하는 기관의 담당자 및 책임자의 인적사항도 기재토록 하는 등 요구조건을 엄격하게 규정하였다. 또한 신용카드사가 개인정보를 보험사 등 다른 기관에 제공할 경우 반드시 본인의 서면동의를 받도록 하는 신용정보보호법 개정안이 국

9. 통합 개인정보보호법의 제정과 시행

정보통신기술의 급속한 발전은 현대 정보사회를 눈부시게 변화시키고 있다. 이러한 흐름은 개인정보보호의 영역에서도 마찬가지로 적용된다. 우리나라는 1990년대 이후 개인정보보호를 위한 법제적 노력을 계속해 왔지만, 급속하게 변화하는 환경에 대응하기가 쉽지 않았다. 앞에서 본 것처럼 공공부문과 민간부문으로 나뉘어 시행되어 온 개인정보보호를 위한 관련법만으로 개인정보를 보호하는 것은 어려웠다. 그래서 국회는 개인정보보호를 위한 종합적이고 통합된 단일법 제정을 위한 노력을 2000년대 중반부터 시작하였다. 그렇지만 제17대 국회는 노회찬의원안과 여·야안 등 제출된 여러 개인정보보호법안을 놓고 논란만 벌이다가 임기의 종료로 폐기하였다.[77] 그러다가 개인정보의 대량유출사고가 빈번하게 발생하니까 제18대 국회는 다시 개인정보보호법안에 대하여 논의를 시작하였고,[78] 그 결과 국회의 여·야안과 정부안 등이 절충되어 단일화된 개인정보보호법안이 2010년 가을 국회의 관련 상임위원회를 통과하였고, 2011년 3월 국회 본회의를 통과하였다.

2011년 9월 말 시행되는 '개인정보보호법'은 민간부문뿐만 아니라 공공부문까지 망라한 개인정보보호를 위한 통합법으로 시행되는데, 중요한 내용은 다음과 같다.

회 재경위를 통과하였다.

77) 제17대 국회에서는 노회찬 의원안, 여당안(당시 이은영 의원안), 야당안(당시 이혜훈 의원안)이 각각 발의되었고, 변재일 의원은 이 법안들을 통합한 합의안을 추진하였다. 당시 이 법안들은 개인정보보호를 위한 세부 정책과 추진체계에 있어서 차이가 있었지만 개인정보감독기구가 특정 행정부처로부터 독립되어 있다는 점에서는 공통적이었다.

78) 제18대 국회에서는 이혜훈 의원안, 변재일 의원안, 정부안(행정안전부) 등 3개 법률안이 제출되어 논의되었다.

먼저 같은 법의 적용대상은 제2조에서 공공·민간부문의 모든 개인정보처리자이다. 즉 헌법재판소와 대법원 및 국회 등 모든 국가기관과 지방자치단체 및 공공기관, 그리고 비영리단체 등 업무상 개인정보파일을 운용하기 위하여 개인정보를 처리하는 자는 모두 이 법에 따른 개인정보 보호규정을 준수해야 한다. 따라서 그동안 개인정보 보호 관련 법률 적용을 받지 않았던 사각지대를 해소될 것이다.

그다음은 개인정보가 기록된 문서와 관련하여 전자적으로 처리되는 개인정보 외에도 오프라인상 수기(手記) 문서까지도 개인정보의 보호범위에 포함됨으로써 온라인과 오프라인을 구분하지 않고 개인정보가 담긴 문서는 보호의 범위에 속하게 되었다.

개인정보보호법은 과거의 개인정보보호를 위한 관련법들과 달리 제7조와 제8조에 개인정보보호 기본계획, 법령 및 제도 개선 등 개인정보에 관한 주요 사항을 심의·의결하기 위하여 대통령 소속으로 위원장 1명, 상임위원 1명을 포함한 15명 이내의 위원으로 구성하는 개인정보보호위원회를 설치하고 그 산하에 사무국을 두도록 되어 있다. 개인정보보호위원회의 위원 15인은 입법부·사법부·행정부에서 각 5인씩 구성하도록 되어 독립성과 정치적 중립성을 유지하도록 되어 있다.

그리고 개인정보보호법은 제15조부터 제22조까지 개인정보를 보호하기 위하여 단계별로 기준을 규정하여 개인정보를 수집, 이용하거나 제3자에게 제공할 경우에 정보주체의 동의를 얻도록 하였다. 또한 개인정보의 수집·이용 목적이 달성되어 불필요하게 된 때에는 지체 없이 개인정보를 파기하도록 규정하였다. 이는 개인정보의 수집, 이용, 제공, 파기 등 각 단계별로 개인정보처리자가 준수하여야 할 처리

기준을 구체적으로 규정하여 개인정보가 안전하게 처리되도록 명문화한 것이다.

또한 개인정보보호법은 법령을 통하여 개인에게 부여된 주민등록번호의 경우 개인을 고유하게 구별하기 위한 고유식별번호라는 점에서 원칙적으로 그 처리를 금지하고, 별도의 동의를 얻거나 법령에 의한 경우 등에 한하여 제한적으로 예외를 인정하도록 제2조에 규정하였다. 그래서 대통령령으로 정하는 개인정보처리자는 홈페이지 회원가입 등의 경우 주민등록번호 외의 방법을 반드시 제공하도록 의무화하였다.

개인정보보호법은 영상장치에 의한 개인정보의 문제도 규정하고 있는데, 제25조에 CCTV 등 영상정보처리기기의 설치 등에 관하여 규정하면서 기기 운영자에게 일반적으로 공개된 장소에서 범죄예방 등 특정 목적으로만 영상정보처리기기를 설치할 수 있도록 하였다. 그리고 법 제33조에서는 개인정보의 침해로 인한 피해발생을 사전에 예방하기 위하여 개인정보 영향평가제도를 도입하였다. 이는 개인정보의 침해로 인한 피해의 경우 원상회복 등 사후 권리구제가 어렵다는 점을 고려하여 영향평가를 실시함으로써 위험요인을 미리 파악하여 분석하고 이를 조기에 제거하여 개인정보 유출 및 오·남용 등의 피해를 효과적으로 예방하기 위한 것이라 할 수 있다. 이 개인정보 영향평가제도는 민간부문에서는 자율적으로 수행하고, 공공부문에서는 정보주체의 권리침해 우려가 큰 일정한 사유가 있는 경우 의무적으로 영향평가를 수행하도록 하였다.

나아가 개인정보보호법은 제34조에 개인정보의 유출사실에 대하여 정보주체에게 통지하고, 일정 규모 이상의 개인정보가 유출된 때에는 전문기관에 신고하도록 규정하였다. 또한 법 제35조부터 제39조까지는 정보주체의 권리를 보다 명확하게 규정하여 개인정보자기결정권을 구체화하고 있다. 즉 정보주체에게 개인정보의 열람청구권, 정정·삭제 청구권, 처리정지요구권 등을 부여하고, 그 권리행사 방법 등을 규정함으로써 정보주체가 보다 용이하게 자신의 정보권을 실현할 수 있도록 하고 있다.

개인정보보호법은 정보통신망이용촉진과개인정보보호등에관한법률에 규정되어 있던 개인정보분쟁조정위원회를 옮겨 제40조부터 제50조까지 개인정보분쟁조정제도에 대하여 상세히 규정하면서 집단분쟁조정제도를 도입하는 등 그 권한과 대상을 확대하였다. 이는 개인정보분쟁조정위원회의 조정결정에 재판상 화해의 효력을 부여하여 분쟁사건을 신속하고 공정하게 처리하게 하고, 개인정보의 피해가 대부분 대량·소액 사건인 점을 고려하여 집단분쟁조정제도를 통하여 신속하게 해결하려는 것이다.

그뿐만 아니라 법은 제51조부터 제57조까지 개인정보로 인한 분쟁사건에서 동일·유사한 개인정보소송에 따른 사회적 비용을 절감하기 위하여 단체소송제도를 도입하였다. 이는 개인정보처리자가 개인정보의 수집·이용·제공 등을 함에 있어서 준법정신과 경각심을 높이고자 하는 데 있다. 그러나 이 경우 단체소송의 남발을 막기 위하여 단체소송 전에 반드시 집단분쟁조정제도를 거치도록 의무화하고, 단체소송의 대상을 권리침해행위의 중단·정지청구소송으로 제한하였다.

그 외에도 법 제62조는 개인정보처리자로부터 권리 또는 이익을 침해받은 자가 행정안전부장관에게 그 침해사실을 신고할 수 있도록 하고, 행정안전부장관은 신고 접수 및 업무처리 지원을 위해 개인정 보 침해신고센터를 설치·운영하도록 규정하였다. 또한 개인정보의 침해에 대하여 처벌을 강화하였는데, 개인정보의 불법유출 등 침해행 위에 대하여 형사처벌이 5년 이하 징역, 5,000만 원 이하 벌금 등으로 대폭 강화되었다.

이렇게 개인정보보호법이 제정되어 2011년 9월 말부터 시행됨으로 인하여 과거보다 정보주체의 권리를 강화하였고, 개인정보처리자에 대한 의무가 훨씬 강하게 부과되고 있으며, 분쟁해결수단도 집단분쟁 조정제도나 단체소송 등이 도입됨으로써 분쟁처리에 있어서 효율성 이 강화되었다. 그 외에도 제재와 처벌이 강화됨으로써 개인정보보호 에 새로운 전기가 마련되었다고 볼 수 있다.

Ⅲ. 인터넷과 전자정부

1. 전자정부의 정의

21세기 지식정보화시대를 맞이하여 정보기술(IT)과 정부의 일하는 방법의 혁신의 결합을 통한 정부경쟁력의 향상과 대민서비스의 개선 이라는 전자정부의 비전 구현을 뒷받침하기 위해 법 제정을 하게 되 었고, 행정자치부(현 행정안전부)에서는 2000년 9월, 법안에 대한 연 구용역 결과를 바탕으로 본문 제7장 제49조 부칙 제1조로 구성된 '전 자정부구현을위한법률안'을 마련하여 같은 해 11월 20일 국회에 제 출하게 되었고, 한편 한나라당 이상희 의원 외 34인은 정부와 비슷한 시기에 정부안과 유사한 본문 제7장 제48조 부칙 제1조로 구성된 '전자정부의구현및운영에관한법률안'을 마련하여 2000년 11월 28일에 의원발의안으로 국회에 제출하여 행정자치위원회에서 동시에 심의하게 되었고, 국회는 정부안과 의원발의안을 각각 부의하지 아니하기로 하고, 양 법안을 절충한 본문 제7장 제52조 부칙 제1조로 구성된 대안을 마련하여 2001년 2월 28일에 국회 본회의에서 위원회 대안으로 통과시켰다.[79] 즉, 전자정부구현을위한행정업무등의전자화촉진에관한법률[80]에 의하면 다음과 같이 전자정부를 정의할 수 있다. 즉, 전자정부란 "일하는 방법을 정보화에 맞게 쇄신하여 모든 업무처리를 전자화함으로써 행정기관 간, 행정기관과 국민·기업 간의 모든 업무를 전자적으로 빠르고, 투명하고, 편리하고, 효율적으로 처리할 수 있는 정부"를 의미한다.[81]

2. 전자정부 추진에 대한 각국의 동향

전자정부, 디지털정부, 온라인정부 등이라 불리는 것은 여러 가지지만 전자정부의 구축을 목표로 정부, 행정부의 종합적인 정보화를 진행하고 있는 국가는 미국, 영국, 스웨덴, 싱가포르, 말레이시아 등이미 수 개국이 존재한다. 이러한 국가에서는 지식산업을 지원하는 중요한 기반으로서 효율적이고 질 높은 서비스를 제공하는 정부, 행정기능의 확립을 중시하여, 인터넷을 시작으로 한 정보기술이 매우

---

79) 전자정부에 대한 상세한 내용은 백윤철, 電子政府에 관한 研究, 토지공법연구, 2002. 9. 참조.
80) 이하에서는 전자정부구현을위한행정업무등의전자화촉진에관한법률를 '전자정부법'으로 약칭 표기하기로 한다.
81) 白井 均 外 3人, 電子政府最前線, 東洋經濟新報社, 2002, 5-9面 참조.

유효한 수단이라고 인식하고 있다.

일본은 1994년 4월의 고도정보통신사회추진본부설립을 계기로, 고도정보통신사회를 위한 기본방침, 행정정보화추진기본계획, 규제완화추진계획, 버츄얼에이전시 구상 등이 발표되어 이러한 계획에 기하여 정보화를 위한 조치가 중앙정부의 주축으로 진행되어 일정성과를 가져왔다.

일본 정부는 2003년까지 문서 결재가 필요 없는 '전자정부'를 만들기로 하고 본격적인 준비작업에 들어갔고, 일본에서 전자정부란 인터넷을 통해 각종 신고나 서류신청 인허가 등 대민업무를 처리하는 행정시스템이며, 이렇게 되면 민간기업 관계자나 개인이 관공서를 직접 찾아가 업무를 볼 필요가 없어져 행정 업무 처리가 현재보다 훨씬 빨라진다. 그러나 인터넷을 통한 행정처리는 일반 창구처리와는 달리 △본인 여부 확인 △데이터 전송 중 해커 침입 가능성에 대한 대책 등이 마련되어야 할 것으로 지적되고 있다.[82]

미국의 전자정부(eGovernment) 설립 구상은 2000년 6월 24일 빌 클린턴 대통령이 현재 2만여 개에 달하는 정부 관련 인터넷 사이트를 한데 묶어 '퍼스트고브 닷고브(www.firstgov.gov)'를 만들겠다고 발표하면서 본격화됐다. 이는 정부가 행정부문에 이른바 '원스톱 쇼핑' 방식을 도입, 고객인 국민에게 보다 편리하고 질 높은 서비스를 제공한다는 계획이다. 그러나 미국은 이보다 훨씬 전인 93년 국가정보통신기반(NII) 구축 및 정보초고속도로(Information Super Highway) 건설계획에 이어 97년 '액세스 아메리카' 프로젝트 및 '기업형 정부' 구

---

82) 상세한 것은 김재광, '일본의 전자정부 구현을 위한 법제 고찰', 전자정부 구현을 위한 법제 동향과 과제
    (Ⅱ), 법제연구원, 2001. 참조.

상을 추진하는 등 이미 오래전부터 전자정부 실현을 위한 기초를 다져 왔다. 미국의 전자정부 설립 구상은 ▲국민을 위한 서비스 제공 ▲저비용 고효율 정부 구현 ▲전자정부 이용자의 개인정보에 대한 철저한 보호 등을 주 내용으로 한다.[83]

프랑스는 다른 선진 제국에 비하여 전자정부의 추진이 서서히 추진되고 있고, 특히 1998년 이후에 의욕적으로 추진되고 있다.[84]

독일은 1996년에 멀티미디어법과 전자서명법 등 전자정부의 이행에 필요한 법률을 제정하고 있다.[85]

우리나라의 경우, 정부가 전자정부 추진을 공언하고 있지만 중앙부처의 절반가량이 전자정부 구현의 척도인 전자결재 비율이 50%에도 미치지 못하고 있다. 자료에 따르면 조사 대상 중앙부처의 전체 문서 (72만 1,442개) 가운데 33만 7,234개(46.7%)의 문서만 전자결재로 처리

---

83) 상세한 것은 임지봉, 미국의 전자정부법제, 한국법제연구원, 2001. 참조. 그리고 미국 자료로는 다음과 같다. HAYWARD, ALLISON, SAMS TEACH YOURSELF TODAY E-POLITICS: USING THE INTERNET TO PARTICIPATE IN POLITICS AND INTERACT WITH YOUR GOVERNMENT (Indianapolis: Sams publishing, 2000); NEU, C. RICHARD, ROBERT H. ANDERSON, AND TORA K. BIKSON, SENDING YOUR GOVERNMENT A MESSAGE: EMAIL COMMUNICATION BETWEEN CITIZENS AND GOVERNMENT (New York: RAND, 1999); Statement by President William J. Clinton Signing H.R. 2130, 36 WEEKLY COMP. PRES. DOC 1560 (June 30, 2000).

84) 상세한 것은 박균성, 프랑스의 전자정부법제, 한국법제연구원, 2001. 참조. 그리고 프랑스 전자정부에 대한 참고문헌은 다음과 같다. COMMISSARIAT GENERAL DU PLAN, L'Etat et les technologies de l'information, La documentation Française, 2000; COMMISSION NATIONALE DE L'INFORMATIQUE ET DES LIBERTES, 21e rapport d'activité 2000, La documentation Française, 2001; Michel BIBENT, LE DROIT DU TRAITEMENT DE L'INFORMATION, NATHAN, 2000; Thierry PIETTE-COUDOL, La signature électronique, Litec, 2001.

85) 상세한 것은 이종영, 독일의 전자정부법제, 한국법제연구원, 2001. 참조. 독일 참고문헌은 다음과 같다. Bizer/Niedbrodt, Die digitale Signtur im elektronischen Rechtsverkehr. Deutsche Signaturgesetz und Entwurf der Europaischen Richtlinie, in: Kröger/Gimmy, Handbuch zum Internetrecht: Electronic Commerce- Informations-, Kommunikations- und Mediendienste, Springer Verlag, 2000, S.135 ff.; Boehme-Neßler, Electronic Government: Internet und Verwaltung, NVwZ 2001, S.376 ff.; Bieser, Das neue Signaturgesetz: - die digitale Signatur im europäischen und internationalen Kontext, DStR 2001, S.27 ff.; Büllenbach/Miedbrodt, Überblick über die internationale Signaturregelung, CR 2000, 751 ff.; Eifert, Electronic Government als gesamtstaatliche Organisationsaufgabe, ZG 2001, S.115 ff.; Hähnchen, Das Gesetz zur Anpassung der Formvorschriften des Privatrechts und anderer Vorschriften an den modernen Rechtsgeschäftsverkehr, NJW 2001, S.2831 ff.

된 것으로 집계됐다. 또 전자정부 및 행정정보화 관련부서인 기획재정부(83.3%)와 방송통신위원회(97.1%), 행정안전부(90.4%) 등은 90%를 넘었으나 총리비서실(0.3%), 특허청(3.2%) 등은 극히 저조한 실적을 보이는 등 부처별 격차도 심각한 것으로 확인됐다. 이에 대한 대처방안은 각 부처 정보화담당관 협의회나 정보화추진위원회 등을 통해 전자결재 확대 등 전자정부 추진실적에 대한 지속적인 점검이 필요하고, 전자정부 조기 구현을 위한 발전방안의 연구가 필요하다.[86]

3. 전자정부의 성공조건

우리나라에서 세계최고수준의 전자정부를 구축하기 위한 조건은 다음과 같다고 생각한다. 즉, 첫째 추친체제의 확립이고, 둘째로는 이

---

86) 2010년 2월 우리나라는 un 전자정부 발전지수 평가에서 세계 1위라는 위업을 달성하였고, 이는 정보통신기술을 공공부분에 활용하여 전자정부를 선도해 나가는 능력을 국제적으로 인정받은 것이다. 이러한 국제적 위상에 발맞추고 우수한 IT인력을 활용한 전자정부 수출활성화는 미래 수출전략 산업으로 육성할 필요가 있다. 우리나라에서 전자정부에 대한 참고문헌 자료는 다음과 같다.
  1. 전자정부 1등 국가와 행정정보공유법제의 발전 / 토지공법연구 49집, 457 – 476, 권헌영, 한국토지공법학회, 2010.
  2. 차세대 전자정부의 공법적 과제 / 토지공법연구 48집, 341 – 360, 김민호, 한국토지공법학회, 2010.
  3. 현대법률의 통합 경향과 국회의 입법의무: 전자정부법 등 관련 법인을 중심으로 / 국회보 507호(2009. 2.), 128 – 131, 배병호, 국회사무처, 2009.
  4. 電子政府 構築에 따른 個人情報共同利用의 憲法的 考察: 刑事司法統合情報體系 構築事業을 중심으로 / 최진안, 성균관대학교 대학원, 2008.
  5. 전자정부구축에 따른 행정정보자원관리법제의 정비방안에 관한 연구 / 토지공법연구 41집(2008. 8.), 251 – 280, 김일환, 한국토지공법학회, 2008.
  6. 전자정부에서 지식관리(KM) 및 정보자원관리(IRM)법제의 문제점 및 개선방안에 관한 연구 / 토지공법연구 40집(2008. 5.), 225 – 246, 김민호, 한국토지공법학회, 2008.
  7. 전자정부영향평가제도의 신설에 관한 탐색적 연구 / 법학연구 18권 3호, 459 – 488, 안성경, 연세대학교, 2008.
  8. 전자정부와 법률유보 / 토지공법연구 38집(2007. 11.), 425 – 446, 김민호, 한국토지공법학회, 2008.
  9. 전자정부와 지적재산권 / 지적재산권 제23호(2008. 1.), 8 – 32, 홍준형, 지적재산권법제연구원, 2008.
  10. 전자정부의 구현을 위한 행정법제의 개선방안 / 인터넷 법률 42호(2008. 4.), 20 – 37, 임현, 법무부 법무심의관실, 2008.
  11. 우리나라 전자정부 관련 법제의 현상과 지향 / 인터넷 법률 40호(2007. 10.), 53 – 74, 권헌영, 법무부 법무심의관실 2007 논문.

를 뒷받침할 수 있는 법률제정, 그리고 마지막으로 기술개발과 예산 확보라 할 수 있다.

먼저 선진적인 전자정부를 단시간에 구축하기 위한 추진체제의 정비가 전제되므로 이를 위하여 1. 행정 각부의 벽을 초월한 협력을 실시하는 강력한 정치적 리더십, 2. 주민생활에 밀착된 사무를 많이 담당하는 지방자치단체에 있어서의 추진, 환경정비, 3. 민간기업의 지식이나 노하우활용을 가능하게 하는 민관 파트너십의 구축이 필요하다.[87)]

그리고 법률이나 기술 등 다양한 관점에서 전자정부구축을 위한 환경정비를 행할 필요가 있다. 구체적으로 보면 다음과 같다. 우선 1. 정보화와 병행하여 민간경영관리기법을 도입하여 기존업무과정의 근본적인 재검토, 2. 정보화를 촉진하기 위하여 필요한 법적 기반의 정비, 3. 장래의 전자정부의 핵심이 되는 기술을 타국보다 먼저 개발, 4. 전자정부투자기금설립이나 일부서비스에의 수익자부담의 원칙도입에 의한 계속적인 자금확보 등이다.[88)]

또한 기업이나 국민이 전자정부실현의 혜택을 확실히 누릴 수 있도록 하기 위하여 다음 3가지를 실행하는 것이 필요하다. 1. 정책목표달성을 촉진하기 위한 행정평가제도의 도입, 2. 정보보안과 사용 용이성을 확립시킨 안전하고 쾌적한 이용환경확보, 3. 고령자 등의 모든 정보 약자를 배려하여 누구라도 이용할 수 있는 서비스제공 등이다.[89)]

---

87) 白井 均 外 3人, 전게서, 185－200면 참조.
88) 상게서, 201－230면 참조.
89) 상게서, 231－260면 참조.

제3절 인터넷과 범죄행위

I. 서

20세기 말, 급속히 보급된 인터넷은 재산거래의 분야에서도 다양한 변화를 초래하였다. 그러나, 쌍방향적인 통신기능과 이용자의 익명성이라는 특성을 가진 인터넷이 컴퓨터 시큐러티의 불비를 원인으로 하여, 현행 법제도의 갭(gap)을 틈타 새로운 반사회적 행위의 장(場)이 되고 있다. 네트워크를 매개로 한 재산침해 중에서도 전자거래상의 고유한 범죄에 관하여는 기존의 법규로는 대처할 수 없는 경우가 적지 않다. 한편, 형사법에 의한 규제는 최후의 수단(ultima ratio)으로서, 사회의 변화에 대응하여 처벌규정을 신설하는 때에도 가능한 한 신중한 태도가 요구된다. 그러한 의미에서 종래의 법제도로 그 발생을 억지할 수 있는 위법행위에 대하여는 곧바로 포괄적인 네트워크의 규제에 관한 입법을 하기보다, 오히려 현행법에 의한 가벌성의 한계를 명확하게 하는 것이 필요하다. 그리하여, 이 장에서는 인터넷상의 위법한 거래형태를 개관한 다음, 이른바 전자거래를 둘러싼 현행법의 적용범위와 형사규제의 존재방식을 고찰하기로 한다. 네트워크 범죄로서는 예컨대 상품의 부실표시(전자계산기사용사기)나 본인성의 가장(사전자적 기록의 부정작출)에 수반하는 거래상의 신뢰파괴, 결제수단의 개인화(personalization)에 수반하는 채무의 부정면탈(제327조의2 컴퓨터등사용사기), 데이터 절도 및 개인거래정보의 누설(정보절도, 프라이버시 침해)뿐만 아니라, 인터넷을 이용한 도박이나 피라미드계, 기업에 대한 미확인정보의 발신·유포(업무방해, 신용훼손) 그리고 마약거래나 범죄의 교사·선동 등을 예상할 수 있다.[90]

이러한 인터넷에 관한 범죄행위에 어떻게 대처하는가도 중요한 문제가 되고 있다. 컴퓨터의 보급에 따라 형법에 컴퓨터등사용사기죄의 신설로 이러한 행위를 처벌할 수 있도록 하였다. 즉, 컴퓨터 바이러스나 해킹(크래킹)에 의한 방해행위 자체에 형벌을 부과할 수 있게끔 되었다. 그러나 이 규정이 메일 폭탄(정크 메일을 집중적으로 송신하여 서버를 기능정지로 몰아가는 행위)에도 적용되는 것인지의 여부, 정보를 훔쳐본다거나 정보를 복사하는 것 자체도 처벌할 수 있는지의 여부가 명확하지 않은 등, 법적 대응의 불충분함이 문제로 인식되고 있다. 그리고 컴퓨터의 정상적인 가동을 저해하거나 데이터, 프로그램 등을 파괴 또는 개변하는 행위에 대하여는 업무방해죄, 손괴죄 등의 성립이 가능할 것이고, 인터넷상의 게시판이나 포럼을 통하여 기업의 명예나 신용을 훼손하는 정보를 유포시키는 경우에는 명예훼손 또는 신용훼손죄의 적용이 가능할 것이다. 그러나 전자문서나 데이터 절도에 대하여는 형법 적용의 문제에 있어 논란이 있고, 인터넷상의 도박 문제는 새로운 법적 문제로서 앞으로 많은 논의가 있으리라 예상된다.

---

90) 상세한 것은 졸저, 인터넷법학, 신영사, 2002, 108－147면 참조.

Ⅱ. 인터넷범죄행위의 유형

최근의 인터넷범죄의 유형이 다양화되는 추세에 있다.

1. 인터넷사기

최근 인터넷 사기가 급증하고 있는데, 예를 들어 인터넷 여행업체인 S여행사는 인터넷 포털 사이트 등을 통해 5만 5천 원을 내고 유료회원으로 가입하면 동남아 무료항공권을 지급하며 추천 패키지 여행상품에 대해서는 30만 원가량을 할인해 준다는 광고로 네티즌들의 귀를 솔깃하게 했다. 광고를 실은 곳이 굴지의 포털 사이트들인 데다이 업체가 '여행경비 후불제'라는 프로그램으로 이미 신문 등에 소개된 적이 있던 터라 네티즌들은 별 의심 없이 5만 5천 원을 내고 유료회원으로 가입하거나 할인된 혜택을 받고 수십~수백만 원의 패키지여행 예약금을 업체에 냈다. 그러나 이 업체와 모든 연락이 끊어지고, 회사 문이 굳게 잠기고 직원들이 감쪽같이 사라진 것이 확인되었다. 이러한 인터넷 사기도 형법상 사기죄에 해당한다.

2. 인터넷윤락

윤락가 등 특정지역에서나 이뤄지던 매매춘이 인터넷을 통해 거래가 이뤄지고 '인터넷 포주'까지 등장하는 등 인터넷 윤락 알선이 대규모로 발생되고 있다. '인터넷 포주'란 매매춘 아르바이트를 원하는 4~5명의 여성들을 사전 확보한 뒤 인터넷 채팅을 통해 남자손님들과 시간, 장소를 정한 후 매매춘 상대를 연결시켜 주는 사람을 말하고, '인터넷 매매춘'의 예를 들면 인터넷 채팅 사이트에 '미녀 보내드립니다'라는 이름의 대화방을 개설, 이곳을 접속하는 남자손님들에게 1시간 25만 원, 2시간 37만 원 상당의 화대를 받고 윤락을 알선하는 것 등을 말한다.

3. 컴퓨터 업무방해

컴퓨터 등 정보처리장치 또는 전자기록 등 특수매체기록을 손괴하거나 정보처리장치에 허위의 정보 또는 부정한 명령을 입력하거나 기타 방법으로 정보처리에 장애를 발생하게 하여 사람의 업무를 방해하는 행위에 대하여는 형법 제314조(업무방해) 제2항이 적용된다. 종래 컴퓨터 바이러스에 의한 피해가 이 규정의 전제로서 많이 고려되어 왔으나, 현재에는 프로그램소프트의 절취나 부정이용의 가벌성이 논의되는 경우도 많아졌다. 물론, 사인(사기업)의 사무처리에 사용되는 네트워크에 침입하여, 보존데이터를 부정하게 개변·소거하는 등의 이른바 크래킹(cracking) 행위가 당연히 컴퓨터업무의 방해에 해당한다는 것은 분명하나, 네트워크의 확대·보급은 새로운 위법행위를 초래하고 있다.

4. 증권거래

현재, 주권 등의 유가증권을 매매하는 시장은 컴퓨터를 매개로 한 거래가 일반적일 뿐만 아니라, 금융선물이나 파생금융상품 거래가 보급됨에 따라, 이른바 데이 트레이드(day trade)도 포함하여 시황변동의 풍문에 과민하게 반응하는 상태에 있다. 이러한 경우에는 허위의 정보를 의도적으로 흘리는 행위는 물론, 예컨대 진실한 내용일지라도 공개의 시기나 전달방법을 악용함으로써, 주가를 변동시켜 거액의 이익을 얻는 사태도 예상할 수 있다. 이러한 시장조작에 해당하는 행위는 지금까지도 증권거래법에 의하여 처벌되어 왔으나, 인터넷을 이용한 전자거래에서는 정보의 조작이 신속하고도 광범한 영향을 미치는 만큼 보다 심각한 문제가 초래될 수 있다.[91)]

5. 인터넷도박

원래 현행 형법은 국민에 의한 도박행위를 금지하여 근로의 풍속을 보호하는 것이다. 예컨대, 국외의 인터넷을 경유하여 일본 국내에서 도박의 상대방을 모집하는 경우에도, 그것이 국내법에서 공인되어 있지 않는 한, 인터넷에 의한 도박을 처벌하여야 할 것이다. 실제, 영국의 북메이커(도박회사)가 통신회선을 이용하여 도박 홈페이지를 개설한 행위에 대하여, 일본 국내에서 도박장을 개장하는 것이라 하여 단속 당국이 경고를 발한 예가 있다. 왜냐하면, 도박장개장죄에서는 범인이 도박장의 주재자로서 자기의 지배·관리 하에 도박을 실시하는 행위를 시작한 것으로 충분하며, 도박객을 유인하여 일정 장소에 집합시킬 필요는 없고, 전화에 의한 신청을 받는 형태로도 도박장이 존재하였다고 해석할 수 있기 때문이다. 그러나 타인에 대한 물리적

---

91) 최근 일어난 델타정보통신 불법 온라인 주식거래가 그 대표적 사례이다. 본 사건을 계기로 이 같은 사고를 예방하는 장치인 전자서명에 대한 관심이 높아지고 있다.

인 장소의 제공을 필요조건으로 하는 입장에서는 홈페이지의 개설로써, 도박장개장죄로 묻는 것은 곤란할 것이다. 다만, 컴퓨터의 단말을 조작한다거나 도박금 등의 계산 등에 이용한 시설을 일시적인 도박장으로 파악하는 것은 불가능하지 않다. 원래, 도박장개장죄는 자신이 승패의 위험을 부담하는 일 없이, 도박에 의한 막대한 이익을 취득한다는 점에서, 통상의 도박죄보다도 심한 반사회성이 부여되어 왔기 때문이다. 또한, 인터넷 도박 중에는 오히려 복권의 발매(형법 제187조)에 해당하는 경우도 적지 않은데, 이들 도박죄에서는 이른바 속지주의가 타당하기 때문에, 예컨대 해외의 제공자를 통하여 일본에서 외국의 복권을 판매하는 행위는 한국 법에 의하여 처벌할 수 없다고 하는 견해도 있다.

6. 전자인증제도의 보호

최근 상거래에서는 일반고객인 소비자도 쌍방향적인 컴퓨터통신으로 생산자와의 직접거래가 가능하다. 이른바 텔레마케팅은 유통경로의 단축과 중간경비의 절약이라는 장점을 가지는 점에서 서면을 이용한 대면거래에 대신하는 상품유통시스템의 신뢰성 확보가 전제로 된다. 예컨대, 전자상거래에서는 암호시스템이나 전자서명 등의 인증제도가 논의되고 있다. 또한 전자화폐나 신용카드를 사용할 때, 부정한 사용이나 데이터의 변경을 방지한다는 의미에서도 전자몰의 설치자에 의한 인증제도를 정비할 필요가 있다. 구체적인 문제로서 신용카드를 이용한 인터넷상의 결제에서는 현재 카드번호로 확인하는 수단이 채택되고 있지만, 이용자의 본인 여부를 증명하기 위해서는 불충분한 시스템이라고 말할 수밖에 없다. 그러한 방법에 의한다면 크레디트카드 자체의 유효성은 확인할 수 있다고 하여도 실제 안전면에서 카드번호의 완전한 관리가 불가능한 이상, 제3자에 의한 악용의 가능성을 배제할 수 없기 때문이다. 물론 대면거래에서도 부정사용이 발생할 여지가 있다고 하여 보통 자필의 서명이나 대화에 의한 본인 여부의 확인이 이루어지고 있다. 그러나 전자상거래에서는 시간적·장소적으로 거래상대를 특정한다거나 부정사용자의 소재를 포착하는 것은 곤란하다. 예컨대, 인터넷상의 매매에 있어 타인이 다른 사람의 이름으로 허위내용의 계약을 체결한다거나, 개방형 네트워크를 경유하고 있는 경우 보존·전달되는 정보가 도중에 변경될 위험성도 부정할 수 없다. 본인인증 및 비밀유지의 문제는 전자상거래 전체의 안정성에 관련되기 때문에, 예컨대 전자서명 등의 기술적인 안전이 정비된다고 하여도 이를 파괴하려는 자가 있는 한 범죄자로서 적발하기 위한 법제도가 필요할 것이다.

7. 전자화폐의 위조

결제수단인 전자화폐(디지털 캐시)에 대하여는 현재 다종다양한 방식이 시행되고 있지만, 인터넷을 매개로 하지 않는 금액충전식의 IC카드면, 일종의 전불식 증표에 해당하기 때문에 이른바 프리베이드카드법의 규제를 받게 된다. 또한 이를 위조한 경우에는 대충 문서가 유가증권성을 결한 경우 일반적으로 형법상의 유가증권위조죄가 성립될 것이다. 나아가 전자서명의 방식이 어떠한 것으로 되는지는 명확하지 않지만, 이를 부정하게 작성·사용한 경우에는 현행법상 인장

위조죄가 적용될 가능성도 없지 않다. 원래 전자화폐를 사용한 기록의 개서가 금융기관의 온라인 데이터의 진정을 저해하는 것이라면, 권리·의무 또는 사실증명에 관한 사전자적기록의 부정작출에 해당한다는 점, 이동형 전자화폐의 기록을 개서한 것만은 형법이 예정하는 전자적 기록의 개작으로 해당하지 않는 경우도 있을 수 있다. 이에 대하여 인터넷상의 결제에 이용되는 전자화폐에 대하여 전자상거래에 있어서 법적 안정성을 확보하기 위해, 공적 인증기관에 의한 관리가 실시된 경우에는 통화에 필적하는 사회적 기능을 영위하게 된다. 그러나 전자화폐가 통화에 유사하다고 하여도 고도의 익명성이 전제로 되는 현금결제와는 차이가 있고, 전자상거래에 참가하는 고객의 프라이버시보호도 고려되어야 한다. 다른 한편 데이터의 개작·누설의 위험을 오로지 이용자가 부담으로 하는 것에 의하여, 법제도상은 위조나 부정작출을 방임하는 것이라면 일반사회에서 전자화폐의 보급은 어렵게 될 것이다.

제4절 불법복제와 단속활동

I. 복제와 불법복제의 의의

저작권법에 의하면 "복제"라 함은 프로그램을 유형물에 고정시켜 새로운 창작성을 더하지 아니하고 다시 제작하는 행위를 말한다(동법 제2조 제3호)고 규정하고 있다. 따라서 이를 소프트웨어와 관련시킨다면, 소프트웨어에 새로운 창작성을 더하지 아니하고 이를 유형물에 고정시켜 다시 만들어 내는 것으로 정의할 수 있고, 불법복제(software piracy)란 '소프트웨어에 대한 독점적인 권한을 가지고 있는 사람의 허가 없이 불법적으로 소프트웨어의 내용을 복사하여 이용하는 것'으로 정의하는 입장도 있는데, 엄격히 말하면 불법복제는 "복사하는 것"만을 의미하는 것이지 복사소프트웨어를 '이용하는 것'까지 포함하는 것은 아니라고 할 것이다.[92] 이러한 불법복제에 대한 유형은 일반적으로 1) 사용자 단순복사, 2) 하드디스크 탑재, 3) 대여, 4) 위조, 5) 온라인 전자게시판을 이용한 불법복제의 5가지로 유형화되고 있다.[93]

---

92) SPC, 앞의 논문, 7면 참조.

93) 정경모, 국내S/W 저작권 보호현황과 문제점, 소프트웨어 저작권 전문가 포럼 자료집(2001. 11. 2.), (사)한국

II. 우리나라에서 불법복제

현재 한국의 소프트웨어 불법복제율은 41%로 20%대인 선진국과 비교할 때 여전히 큰 격차가 존재한다. 불법복제는 소프트웨어 산업을 약화시키고, 그 종사자의 의욕을 저하시킴은 물론, 궁극적으로 IT 산업의 경쟁력을 약화시키는 주범이다. 그간 소프트웨어 업계와 정부, 그리고 관련 종사자들은 이러한 심각성을 알리는 한편, 개선을 위한 다각도의 노력을 전개해 온 바 있다. 이런 상황에서 대기업이 운영하는 유통매장에서 불법 소프트웨어가 버젓이 판매되고 있다는 사실은 대기업마저도 당장의 이익에 연연해 불법을 방조하거나 외면하는 행태로밖에 볼 수 없다. 이는 소위 숨은 범죄(암수범죄: hidden crime)의 비율이 매우 높다는 것을 나타내며, 실제로 발생하고 있는 침해행위임에도 법의 규제가 미치지 않는 행위가 많다는 것을 보여 주고 있다. 이러한 점은 앞으로 소프트웨어 불법복제에 대하여 보다 적극적이고 치밀한 단속활동이 이루어질 필요가 있다는 점을 암시하고 있다.[94]

III. 단속활동

1. "단속"의 의미

저작권법 제133조는 문화체육관광부장관, 특별시장·광역시장·

소프트웨어저작권협회, 7면 이하; 한국소프트웨어저작권협회, 소프트웨어저작권 관리·운영지침서, 13면 이하.

94) SPC, 앞의 논문, 16-17면 참조.

도지사·특별자치도지사 또는 시장·군수·구청장(자치구의 구청장을 말한다)은 저작권 그 밖에 이 법에 따라 보호되는 권리를 침해하는 복제물(정보통신망을 통하여 전송되는 복제물은 제외한다) 또는 저작물 등의 기술적 보호조치를 무력하게 하기 위하여 제작된 기기·장치·정보 및 프로그램을 발견한 때에는 대통령령으로 정한 절차 및 방법에 따라 관계공무원으로 하여금 이를 수거·폐기 또는 삭제하게 할 수 있다.

흔히 컴퓨터프로그램 불법복제의 "단속"이라는 표현을 사용하지만, "단속"의 개념이 학문상 명확한 것은 아니다. 저작권법은 명시적으로 규정하고 있지는 않고 있다.

어의적 의미를 고려할 때 "단속"이란 개념은 이용 중인 컴퓨터프로그램 또는 소프트웨어가 정품인지 불법복제품인지 여부를 확인하기 위한 행정기관의 조사활동 및 그에 의한 압수·수거·삭제·폐기 등 현장에서 행해지는 일련의 공권력작용으로 이해할 수 있다. 저작권법 제133조가 동조 제1항 각 호상의 프로그램이나 기기 등에 대한 수거·삭제·폐기를 규정한 것을 감안하면 이를 위한 조사활동도 전제된 것으로 볼 수 있는데, 그렇다면 일응 저작권법 제133조가 "단속"으로서의 조사활동의 근거조항에도 해당하게 된다. 그러나 구체적으로 저작권법 제34조에 의하여 허용된다고 보이는 조사활동 및 수거 등의 조치가 무엇을 의미하는가에 대해서는 보다 세분화된 논의가 요구된다. 이들 작용은 본질적으로 행정작용에 해당하며, 한편 저작권법 제104조의2가 프로그램저작권침해행위 및 기술적보호조치 침해행위 등에 대한 형사처벌을 규정하고 있으므로, 행정법 및 형사법적 관점에서 검토할 필요가 있게 된다.

2. 불법복제 단속활동과 민간단체의 참여 필요성

현재 우리나라에서 행해지고 있는 프로그램 불법복제에 대한 단속 활동 및 수사활동의 가장 큰 어려움은, 불법복제가 급증함에 따라 이를 상시적으로 조사하고 단속할 수 있는 전문지식을 갖춘 인력이 절대적으로 부족하다는 점이다. 따라서 단속대상이 되는 컴퓨터 시스템에 대하여 작동·운용을 보조해 주거나 법집행기관이 압수·수색의 대상으로 하고 있는 증거를 발견하도록 협력할 수 있는 전문가의 도움이 필요한 경우가 많다. 다만, 프로그램 불법복제 단속에 전문가의 협력이 필요함에도 이에 대한 법적 근거가 없어 민간전문인력이 단속활동에 참여하는 데 많은 문제점이 제기되고 있다. 현재 프로그램 불법복제는 더욱 지능화·다양화·신속화·대규모화하는 반면, 단속기관은 인원의 부족과 전문성의 결여로 단속의 실효성이 떨어지고 있다. 이러한 문제를 보완하기 위해 국내외 프로그램개발자 및 그 단체들이 자체적으로 단속활동을 벌이고 있는데, 이러한 자체적 단속활동은 불법의 우려가 많다. 즉, 프로그램저작권자 등에 의한 불법복제 감시활동 등은 원칙적으로 공권력에 의한 단속을 보조하는 지위에서 이루어져야 하는 것인데, 불법복제에 대한 증거를 확보하지 못한 상태에서는 단속기관을 움직여 실제의 단속에 나서게 하기 어려운 것이 실상이므로, 프로그램저작권자 등이 증거확보의 차원에서 직접적인 단속활동을 펼치고 있는 실정이다. 실제로 저작권자·단체의 단속원들이 고객을 가장해 불법복제품을 구입하거나, 전자상가 등 불법복제의 혐의가 있는 장소를 지속적으로 감시하거나, 심지어는 통신망을 통한 불법복제의 증거를 찾기 위해 해킹행위까지 하고 있다고 한다.[95]

제5절 법률정보학

Ⅰ. 법률정보학

1. 법률정보의 의의

정보력이 국가경쟁력을 좌우하는 정보화사회에 사회 각 분야에서는 새로운 정보환경 변화에 적응할 수 있는 기반 조성에 모든 노력을 기울이고 있다. 이러한 시기에 컴퓨터를 통한 정보처리를 둘러싼 제반 법적 문제점들, 예컨대 컴퓨터범죄, 프라이버시 침해 및 증거법 분야에서 논의되던 문제들을 다루는 새로운 학문 분야로서 컴퓨터법(computer law)과 컴퓨터법보다 넓은 의미로 정보 자체의 유통과 흐름에 관련된 법률적인 문제들과 대표적인 정보 매체인 방송과 통신의 규제에 관한 내용들을 대상으로 하는 정보법(information law)이 나타나기 시작하였다. 정보법분야는 최근에 각 법과대학의 교양강좌로 개설이 시작되었고, 이러한 정보법이라는 용어는 노동법이나 경제법,

---

95) 경건, 컴퓨터프로그램 보호를 위한 현행 법제의 문제점과 개선방안, 현행 컴퓨터프로그램보호법제의 문제점과 개선방안, 행정법이론실무학회, 2002.3.23. 121-3면 참조.

지적재산권법 등의 새로운 법영역에서 나타나고 있는 분야도 아니다. 종래 정보에 관련되는 법영역으로서 인식되어 온 것은 언론법 내지 매스 커뮤니케이션법(mass communication law)이다.

이에 비하여 법률정보(legal information)란 단편적인 법률적인 문제들에 관한 자료(data)들을 활용·가능한 형태로 가공 내지 축적한 정보를 말한다. 즉, 무질서하게 산재해 있는 수많은 법령, 판례, 문헌, 기타 법률 관련 자료들을 특정한 사람이나 사항에 관하여 의미 있는 상태로 조직·가공하였을 때 비로소 유용한 법률정보가 되는 것이다. 이러한 법률정보를 분석하면 다음과 같다. 우선 '법률정보'에 '법률'이란 법에 관련된 문헌, 판례, 법령 등을 의미하고, 정보란 이러한 원시적 형태의 문헌, 판례, 법령 등을 의미 있게 가공한 자료를 의미한다. 이러한 법률정보가 만들어지는 과정은 다음과 같다.

우선 법률정보라고 할 수 있는 분야가 어떤 것인지를 파악하는 ① 정보파악·수집과정으로, 이러한 수집과정에서 법령정보는 보통 자료가 데이터베이스화된다. 원래 데이터베이스(DB)란 광의로는 특정 주제가 축적·관리하는 모든 자료의 집합체를 의미하지만, 오늘날 컴퓨터시스템에 의하여 관리되지 않는 자료는 정보로서의 가치가 크게 떨어지는 현실을 고려하여 볼 때 이러한 광의의 DB 개념은 별 의미가 없고, 정보 체계로서의 DB는 컴퓨터시스템에 의하여 전자화되어 기억·저장·관리되는 자료의 집합체라는 협의의 개념으로 이해하여야 할 것이다. 따라서 법률정보 DB란 법률 관련 자료를, 정보처리장치를 이용하여, 체계적으로 조직·구성한 것이라고 정의할 수 있다. 이렇게 데이터베이스화된 자료가 ② 정보기록, ③ 정보보존, ④ 정보전달, ⑤ 정보정리, ⑥ 정보검색 기능의 과정까지 거치게 되면,

⑦ 정보가공과 ⑧ 정보변환과정을 통해 일반인이 쉽게 접근할 수 있게 된다. 이러한 모든 과정을 거쳐서 만들어지는 법률에 관한 제반 정보를 법률정보라고 할 수 있고, 이러한 정보를 쉽게 접근 가능하게 하는 것을 법률정보접근방법론 내지 법률정보학이라고 할 수 있다. 즉, 법률정보학은 법령·판례·문헌정보에 관련된 법률프로그램을 개발하고, 전산망을 통해 특히 인터넷을 통하여 법률에 관련된 법령, 판례, 문헌정보를 편집·가공하는 것을 대상으로 하는 학문으로 정의할 수 있다.

이러한 정의로 보게 되면 법률정보학은 법령·판례·문헌의 분야로 분류하여, 법령분야는 헌법과 기타에 관한 법분야로, 판례분야는 헌법재판소 결정례와 대법원 및 하급심 판례분야로, 문헌분야는 국내외의 논문과 단행본으로 분류할 수 있다.

2. 전통적인 법률정보검색과 인터넷을 이용한 법률정보검색

법률정보검색은 도서나 잡지의 색인, 도서카드 혹은 현행의 판례집 등 종이매체에 의한 검색으로부터, CD-ROM에 의한 검색, 그리고 인터넷을 이용한 온라인검색으로 발전하여 왔다. 최근 주류로 되는 인터넷을 통한 정보검색방법을 이용함으로써, 종이매체에 의한 정보검색의 난점을 극복하여, 많은 이점을 향유할 수 있지만, 반면, 현재의 검색 방법의 상황을 비추어 볼 때, 아직 많은 문제점이 있다.

종이매체에 의해서 법률정보를 수집하는 경우, 법령·판례 등의 일차자료가 공표될 때까지 일정한 시간이 필요하고, 또한 이러한 정보를 검색하기 위해서 작성되는 색인, 서지정보 등의 작성에는 더욱

시간이 필요하다. 또한 이러한 정보를 입수하기 위해서는 도서관 등을 이용하게 되는데, 정보가 집중하고 있는 수도권에서는 국회도서관을 비롯한 관공서도서관, 대학도서관 등을 이용하면 유효한 정보검색이 가능하지만, 지방에서는 도서관의 규모가 작고 도서관이 있다 해도 정보의 취득이라는 면에서는 불충분한 점이 많다.

CD-ROM에 의한 검색이 행해지면, 예컨대 각종의 서지정보지를 갖추고 있지 않은 기관이나 지방의 도서관이더라도 정보검색능력이 상당히 향상된다. 단지 CD-ROM의 데이터베이스는 종이매체의 정보를 원시자료로 하고 있으므로, 정보의 축적에 일정한 시간이 필요하고, 종이매체의 서지정보만큼은 아니지만, 상품으로서 유통되기까지는 상당한 시간적 간격이 존재한다. CD-ROM에 축적된 정보는 연간 2회 정도의 갱신을 거치는 것이 통상이지만, 그렇더라도 근본적인 시간적 손실이 해소되는 것은 아니다. 또한, 이러한 정보검색을 가능하게 하기 위해서는, 상품으로서의 CD-ROM을 구입하여, 정보 갱신을 계속하지 않으면 안 된다.

이러한 기존의 전통적인 검색방법은 시간적 손실, 고가의 정보검색비용 등 문제점을 갖고 있는 데 비하여 인터넷을 통한 검색은 정보제공의 신속성, 접근방법의 용이성, 저비용 등을 장점으로 들 수 있다.

한편, 인터넷을 통한 법률정보검색에서는 다음과 같은 문제점도 상존한다. 우선 정보의 신뢰성이 문제가 된다. 특히 법령정보에 있어서는, 조사나 구두점 하나라도 소홀하게 할 수 없다. 법해석은 조사나 구두점이 어디에 위치하느냐에 따라 해석이 틀려지기 때문이다. 일반적으로는 사소한 것으로 보일지도 모르는 조사나 구두점 하나 때문에, 법령의 적용범위나, 때로는 법령의 목적조차 다르게 해석될 여지가 있기 때문이다. 제공되는 법령정보 자체의 정확성은, 공적기관의 사이트에서 제공되는 경우와 사적 기관의 사이트에서 제공되는 경우를 막론하고 요청되는 것이다. 둘째, 정보의 신속성인 자료의 갱신에서도 문제가 발견된다. 법령의 개정이나 폐지에 관해서는 그 자료의 연혁을 충분히 찾아볼 필요가 있다. 실제, 비교적 개정이 빠른 세법분야나 지적재산권법의 분야에서 갱신하지 않은 정보를 홈페이지에 올려놓는 사이트도 종종 보게 된다. 이러한 부분에 대하여 충분히 대처하지 않으면 사이트의 신뢰성 또한 떨어지게 되고, 인터넷을 사용하는 가치가 반감되어 버린다. 인터넷을 사용한 정보검색방법 자체에 대하는 신뢰감이 손상되기 쉽다. 또한 판례나 문헌의 자료도 최근의 자료를 얼마나 신속하게 갱신하느냐가 그 사이트의 생명이라고 할 수 있다. 셋째, 인터넷의 특징 중 하나이기도 하지만, 정보를 제공하는 사이트가 갑자기 소실되거나, 혹은 빈번히 URL이 변경되는 것이 문제이다.

3. 법률정보검색의 수단으로서 인터넷과 프로그램

(1) 인터넷

현재 국내에서 외국법을 검색하기 위해서는 주로 인쇄매체를 이용하거나 LEXIS 등을 이용하고 있다. 그러나 인쇄매체의 경우 미국에서 법률이 제정되어 인쇄매체로 만들어져 국내에 들어오기까지 상당한 시간을 요한다. 이러한 취약점을 보안하기 위하여 법률정보서비스에서 인터넷의 활용은 보완할 수 있는 좋은 방법이라 할 수 있다.

인터넷에서 제공하는 정보는 영어권에 편중되어 있으며, 법령정보의 경우에 있어서도 예외는 아니다. 또한 법령정보의 경우 영미법의 특성에 의해 판례법을 중시하여 판례를 제공하고 있는 경우가 많다. 이런 면에서 인터넷을 통해 추진되고 있는 GLIN프로젝트는 본궤도에 오를 경우 영어권 이외 국가의 법률전문의 검색에 큰 도움을 줄 수 있을 것으로 예상된다.

외국법의 검색을 위해서는 인쇄자료의 이용뿐만 아니라 LEXIS 등 상업용 온라인 DB의 사용도 필수적이다. 그러나 LEXIS의 경우 비싼 이용료로 인해 사용하기에 제약이 많았다. 이제 인터넷을 이용하여 외국법의 전문을 검색할 수 있을 뿐 아니라 각종 주제분야의 사이트를 이용할 수도 있으므로 법률정보서비스의 영역이 넓어졌다고 할 수 있다.

인터넷 법률정보이용에서 유의해야 할 것은 자료의 갱신주기를 확인해야 할 뿐 아니라 아직까지는 원문과의 대조가 필요하다는 것이다. 그러므로 외국의 법률정보를 전적으로 인터넷에만 의존하는 일은 바람직하지 않으며 LEXIS 등과의 상호보완을 통한 이용이 바람직할 것으로 보인다.[96]

이하에서는 법률정보학에 관련된 국내외 프로그램과 인터넷 접근 방법에 대하여 알아보고자 한다.

---

96) 노우진, 인터넷과 LEXIS의 법률정보검색, 국회도서관보, 1996. 10. 참조.

(2) 프로그램

1) 각국의 프로그램의 소개

① 프랑스

판례와 법률문헌정보가 프랑스에 발간된 시점은 1996년부터 Dalloz, légisoft에서 처음으로 나왔다. 또한 문헌검색프로그램으로는 CD-ROM Petites Affiches, CD-ROM PA가 있고 프랑스어를 영어로 영어를 프랑스어로 번역하는 프로그램으로는 'Dictionnaire économique et juridique'가 있다.

프랑스 프로그램들의 특색은 종합법률정보와 단행법률정보를 제공하고 있다는 점이다. 즉, légisoft(출판사)에서는 행정, 민사, 상사, 재정, 형사, 사회, 노동 등으로 분류하여 학설, 판례, 법령, 참고문헌 등에 대하여 단행법률정보와 종합법률정보를 각각 하나로 제작하여 시디롬을 발간하고 있다. 그리고 Dalloz(출판사)에서도 시디롬을 발간하고 있으나 légisoft처럼 다양한 시디롬은 없고 종합법률정보만 제공하고 있다.

우선 Gazette du Palais는 CD-ROM GPDOC-RECUEIL을 제작해서 판매를 하고 있고, 또한 Gazette du Palais는 CD-ROM GPDOC- TABLES을 판매하고 있는데, 이 CD-ROM에는 여러 법률잡지들에 실린 논문들에 대하여 정리를 해 놓고 있다. 그리고 Librairie DUCHEMIN은 13가지 정도의 법률관계 CD-ROM을 판매하고 있는데, 주요 CD-ROM은 CD Multicodes droit privé로, 이 CD-ROM은 사법관계 법령을 담고 있는데, 민사법전(Code civil), 노동법전(Code du travail), 상사법전(Code de commerce), 형사법전(Code pénal), 형사소송법(Code de procédure pénal), 민사소송법(Code de procédure civil) 등이 담겨져 있다. 또한 위의 각각의 법전들에 대하여 별개의 CD-Rom으로도 배포를 하고 있다. Editions du JURIS-CLASSEUR사는 Juris-Classeur을 CD-ROM으로 제작하여 판매를 하고 있는데, 모든 Juris-Classeur를 CD-ROM으로 제작되었다. Le Juris-Classeur Numérique로 이름이 붙여진 이 CD-ROM은 formulaire notarial, administratif, Bail à Loyer, Encyclopédie des huissiers de justice, Procédure traité 등 다섯 개가 나와 있는 상태이다. 그런데 이 CD-ROM은 CD-ROM만 단독으로 판매되는 것이 아니고 Juris-Classeur를 정기구독하는 독자에게만 책과 더불어서 판매가 되기 때문에 그 가격이 수백만 원에 달한다는 단점이 있다. 그러나 정기적으로 CD-ROM이 갱신되기 때문에 최신의 정보를 접할 수 있다는 장점이 있다. 또한 Juris-Classeur사는 판례검색을 위한 CD-ROM을 제작·판매하고 있는데, CD-ROM Juris-Data가 그것이다. 매년 2번씩 갱신이 되고 있고, 계약-경합-소비(Contrats-Concurrence-Consommation)편, 노동과 사회보장(Travail et Protection sociale)편, 민사책임과 보험(Résponsabilité civile et Assurances)편, 민사소송(Procédure civile)편, 가족법(Droit de la famille)편, 파리 항소법원(Cour d'appel de Paris)편이 그것이다. 각각의 CD-ROM은 대법원(Cour de cassation), 항소법원(Cour d'appel), 행정최고재판소(Conseil d'Etat), 항소행정법원(Cour administrative d'appel), 각급법원(Tribunaux……) 등 각각의 주제와 관련된 판례들을 각각의 법원의 판결에서 찾아서 수록하고 있는 것이다. 따라서 이용자들은 주제에 따라서 쉽고 빠르게 관련 판례들을 찾을 수가 있게 되어 있다. Editions Lamy사도 여러 CD-ROM을 제작하였다. 우선 사회법과 관련하여 Juridisque social jurisprudence가 있는데, 이 CD-ROM은 대법원과 행정최고재판소 등에서 사회법, 즉 노동법(Code du travail)과 사회보장법(Code de la Sécurité sociale)과 관련된 최근 10여 년 동안의 판례들을 모아서 정리해 놓고 있다. 연간 4번 정도 추록을 발간하여 최근 정보도 제공하고 있으며 판례들을 주제에 따라 쉽게 찾을 수 있도록 하고 있다. 조세와 관련해서 Juridisque fiscal이 있는데, 이 CD-ROM은 조세에 관한 법령, 예를 들면 일반조세법전(Code général des impôts), 재정법률(lois de finances)들, 국제조세협정(Conventions fiscales internationales) 들을 수록하고 있으며, 조세관보(Bulletin officiel de impôts)라든가 행정최고재판소라든가 항소행정법원, 유럽사법재판소(Cour de justice communautés européennes)의 판례, 대법원의 조세관련 판례 등도 수록되어 있다. 상법과 관련하여 동 출판사에서 발간되는 Le Lamy Sociétés Commerciales과 Le Lamy Droit Commercial, Le Lamy Droit Economique 등을 수록한 CD-ROM Juridique droit des affaires가 있다. 1년에 4번 추록이 발간되며 3권의 책 내용을 동시에 검색할 수가 있다. 따라서 상법과 관련된 법령이라든가 판례, 평석 등을 볼 수가 있게 되어 있다. 환경과 관련하여 Juridisque environnement이 있는데, 동 출판사의 Le Lamy Environnement-Installations Classées, Le Lamy Environnement-Les Déchets, Le Lamy Environnement-L'Eau 등을 담고 있는 것으로 환경관련 법령이라든가 판례 평석 등을 담고 있다. 프랑스 법령을 담고 있는 Juridisque lois et règlements이 있는데, 이 CD-ROM은 3개로 구성이 되어 175,000여 개의 법령을 담고 있다. 매년 4번의 추록을 발간하는데, 1980년 1월 이후의 법률과 데크레(décret)를 담고 있으며 이 외에도 아레테(arrêté), 훈령(circulaire) 등을 담고 있다. 이 외에도 다음의 15종의 공보를 담고 있다.

또한 Editions Lamy사는 행정판례와 분쟁재판소(Tribunal de conflits) 판례들을 담은 CD-ROM을 선보이고 있는데, Juridisque Conseil d'Etat, Cours administratives d'appel et Tribunal des conflits가 그것으로서, 이 CD-

ROM은 두 개로 구성이 되어 있으며 1년에 4번 추록이 발간된다. 이 CD-ROM에는 1980년 1월 이후의 모든 행정최고재판소 판례들과 6개의 항소행정법원(Cour administrative d'appel), 즉 보르도(Bordeaux), 리옹(Lyon), 마르세유(Marseille), 낭시(Nancy), 낭트(Nantes), 파리(Paris)의 항소행정법원의 창설 후 모든 판례를 수록하고 있으며[97] 1980년 이후의 분쟁재판소의 판례들을 담고 있는 것으로서 130,000건 이상의 판례를 담고 있다. 또한 판례들과 관련된 법조문들도 함께 검색을 할 수가 있게 되어 있어서 프랑스 행정법을 연구하는 데에 많은 도움이 될 수 있는 CD-ROM인 것이다.

3개의 CD로 구성이 되어 있는 Juridisque cassation은 프랑스 대법원(Cour de cassation)의 판례를 검색할 수 있는 것으로서 1984년 1월 이후의 모든 프랑스 대법원의 판례를 수록하고 있다. 이 CD-ROM도 주제라든가 사건번호, 법조문, 날짜 등으로 판례를 찾을 수가 있게 되어 있어 그 사용이 편리하며 200,000만 건 이상의 판례를 담고 있다. 또한 관련 법조문들도 함께 검색을 할 수가 있게 되어 있다. 이 CD-ROM은 1년에 4번 추록이 발간된다.

Editions Lamy사는 이 외에도 Juridisque Cour de justice des communautés européennes, Juridisque concurrence, Juridisque formulaire social commenté, Juridisque hygièneet sécurité-Ouvrage et Sources, Juridisque aménagement et réduction du temps de travail 등의 법률관계 CD-ROM을 제작·판매하고 있다.

---

97) 프랑스 항소행정법원은 1988년도에 신설되어서 1989년부터 판례가 있다.

② 일본

일본에서 발간되는 법률정보학에 관련된 프로그램은 다음과 같은 것이 있다. 즉, 판례검색 프로그램으로는 '마스터 판례'[98]와 '판례체계 CD-ROM(제일법규출판주식회사간)'[99]이 있는데,[100] 여기서 마스터 판례는 판결요지만 수록되어 있는 것이며, '판례체계 CD-ROM'은 판결전문까지 수록되어 있다. 그리고 법률문헌판례문헌정보로는 제일법규출판주식회사에서 발간한 '법률문헌판례문헌정보 CD-ROM'[101]이 있다.

③ 한국

우리나라에서 발간되는 프로그램은 다음과 같은 것이 있다. 즉, 문헌정보・판례정보・법령정보가 있는 '법고을 LX'와 민간기관에서 발간한 것으로는 킹스필드, 조세통람사, 나라법령 등에서 대법원 판결과 헌법재판소 결정이 수록된 종합법률정보 CD 등이 발간되고 있다. 그리고 국내 문헌정보참고문헌에 대한 것은 국회와 국립중앙도서관에서 CD를 발간하고 있다.

---

98) 判例MASTER는 前期版이 매년 3월, 後期版이 매년 9월로 연2회 업데이트한다. 그리고 判例MASTER의 정가는 처음에 살 경우 267,800엔, 업데이트 비용은 40,000엔(세금 포함)이다. 본 프로그램은 대법원, 헌법재판소, 서울대학 법과대학에 비치되어 있다.

99) 제일법규출판의 '판례체계CD-ROM'은 민사법편 정가 270,000엔(업데이트비용 80,000엔), 민사특별법편 정가 270,000엔(업데이트비용 45,000엔), 공법편 정가 270,000엔(연간갱신료 55,000엔), 사회경제법편 정가 270,000엔(업데이트비용 45,000엔), 형사법편 정가 13,000엔(업데이트비용 25,000엔), 요지 검색 CD-ROM 정가 60,000엔(업데이트비용 20,000엔), 본문검색 CD-ROM 정가80,000엔(업데이트비용 60,000엔)인데, 전체를 포괄하여 정가 1,350,000엔(업데이트비용 330,000엔)이다. 제일법규출판이 판매하는 법률판례문헌CD-ROM은 정가 230,000엔(정보갱신료 연80,000엔)이다.

100) 이 외에 日本法律情報センター의 『リーガルベース』가 있다.

101) 이는 판례정보와 문헌정보가 포함되어 있는데, 문헌정보는 타이틀뿐이고 전문이 들어 있는 것이 아니다.

2) 우리나라와 일본의 법률정보 검색프로그램

우리나라에서 공개된 프로그램 중에 대표적인 법고을이다. 내용을 간단히 알아보면 다음과 같다. 대법원에서 만들어진 법고을은 방대한 자료가 CD에 수록되어 있다. 검색내용은 판례, 법령, 문헌, 예규 등으로 구성되어 있다. 검색방법은 일본이나 프랑스에 비하여 많이 뒤떨어진다. 특히 검색 시에 중요한 도구인 관련어 사전이 없고, 자연어 검색만 서비스로 제공되어 검색에 정확성이 많이 떨어지는 편이다. 그러나 본 자료는 최근에 많은 보완작업으로 인하여 법률참고문헌의 전문서비스와 하급심 판례에 대한 정보내용이 많이 향상되었다.

이러한 대법원의 윈도우용 법고을은 법령에 '표'내용이 빠져 있으며, 또한 판례의 내용에서 일반행정 사건 중 특허권과 상표권의 내용을 볼 수 있도록 하는 도형기능이 빠져 있다.

그리고 우리나라에서 최초로 시도되는 법률관련어 프로그램이 있는데, 본 프로그램은 아직 초보상태로 완성되어 가동 중에 있다. 그 구성은 관련어사전(A4용지로 1,820장), 비교법용어사전(A4용지로 300장), 법률용어사전(A4용지로 500장)으로 되어 있다.[102]

그리고 일본의 법률정보 검색프로그램에는 '마스터 판례'와 '판례체계 CD-ROM(제일법규출판주식회사간)' 등이 있다. 일본 법률정보 검색프로그램을 구동시키기 위해서는 일본 윈도우 프로그램이 있어야 한다. 따라서 대법원, 헌법재판소 등에서는 일본 검색프로그램을 구동시키기 위해 일본 윈도우 전용 컴퓨터를 설치하여 운용하고 있다.

---

102) 본 프로그램은 헌법재판소에 제공한 시소러스를 기초로 만들어 졌고(www.lawntel.com), 그 내용으로 비교법률용어사전(청림출판사), 정보통신산업법전(현암사)과 법률관련어사전 등이 프로그래밍되어 있다.

Ⅱ. 인터넷과 법률정보학

1. 인터넷의 의의

(1) 인터넷

1) 인터넷의 의의

인터넷이 오늘날 이와 같이 성장한 것은 World Wide Web(WWW)이라는 서비스 덕분이고 이것의 구성요소 중의 하나는 소위 하이퍼텍스트(hyper text) 링크이다. 이것은 한 문서에서 인용된 다른 내용을 즉각적으로 참조해 볼 수 있는 문서 연결 시스템이다. 인터넷(international network)이란 전 세계 180여 개국의 컴퓨터들이 연결되어 있는 최대의 네트워크이다.

2) 프로토콜의 의의

네트워크란 컴퓨터와 컴퓨터가 서로 교신할 수 있도록 연결된 상태를 의미하며, 이러한 '교신'에 필요한 규약을 프로토콜(Protocol)이라고 한다. 즉, 사이버상에서 의사소통을 위해서 사용되는 규약이 프로토콜이라고 한다. 그리고 많이 사용되는 프로토콜은 다음과 같다. 이에는 ① NetBEUI와 ② TCP/IP 등이 있다.

3) 웹브라우저의 의의

WWW를 가능하게 하는 프로그램은 웹브라우저라고 하는데, 이것에는 익스플로러와 네스케이프 등이 있다. 그리고 컴퓨터에는 주소가 있는데, 여기서 우편번호와 같이 숫자의 조합으로 표시된 것을 IP(internet protocol) 어드레스라 하고, 이를 좀 더 이해하기 쉽게 문자 조합으로 표시한 것을 도메인(domain)이라고 한다. 여기서 우리가 검색을 하는 데 필요한 주소의 구성은 다음과 같다. 즉, 인터넷화면에서 주소란에 http://www.ccourt.go.kr을 타이핑하면, http는 Hyper Text Transfer Protocol, 즉 웹 문서를 전송하기 위한 프로토콜을 사용하겠다는 의미이고, 도메인 주소는 www.ccourt.go.kr이다. 도메인 주소 'www.ccourt.go.kr' 중에 'www'는 World Wide Web이라는 서비스이고, 'ccourt'는 영어의 헌법재판소를 의미하는 것이고, 'go'는 기관의 성격을 의미하는 것으로서 헌법재판소가 국가기관이니까 go를 사용한 것이며, 'kr'는 한국에 있는 홈페이지를 의미하는 것이다. 다른 예를 들면 다음과 같다.

① www(호스트이름). simmani(회사 내지 기관명[103]). net(국가코드[104])
② www(호스트명). samsungmall(회사 내지 기관명). co(회사 내지 기관의 성격). kr(국가코드)

4) 정보검색

정보검색이란 원하는 정보를 인터넷상에서 찾아내는 행위를 말한

---

103) 기관 도메인이름

세계	미국	의미
co	com	상업적인 기관이나 회사
ac	edu	교육기관
go	gov	정부
re	int	연구소
mi	mil	군사기관
nm	net	네트워크 관리 기관이나 회사
or	org	사회단체나 공공기관

104) 국가 도메인이름: 한국(kr), 일본(jp), 프랑스(fr), 오스트리아(au), 캐나다(ca), 독일(de), 뉴질랜드(nz), 영국(uk), 러시아(ru)

다. 여기서 인터넷에서 정보의 검색을 쉽고 빠르게 하기 위해 정보를 분류하여 저장해 놓은 사이트들이 많다. 이런 사이트들을 검색엔진이라고 한다. 즉, 인터넷에는 방대한 양의 법률자료들이 제공되고 있으므로 정확한 법률정보 사이트의 URL(Uniform Resource Locator)을 모르는 경우 주제별로 자료를 정리한 검색엔진인 야후(www.yahoo.co.kr)의 '법'을 클릭하거나 가장 많은 사이트를 제공하고 있는 알타비스타 등을 통해 초기 검색할 수 있다. 그러나 야후의 경우 '법'을 검색어로 하였을 경우 293건이 되는 자료가 검색되며, '헌법'이란 용어로 검색하였을 경우 36건이 되는 자료가 검색되어 찾고자 하는 정보를 제대로 검색하기란 매우 어려운 일이다. 오늘날 정보검색도구로서의 인터넷의 중요성이 높아 감에 따라 인터넷 관련 사이트에 대한 정보는 중요한 참고정보원이 되고 있다.

(2) 인터넷의 접근방법

1) 인터넷을 하기 위한 준비작업

ISP(Internet Service Provider)를 연결하는 방법은 보통 전용선을 이용하는 방법과 모뎀을 이용하여 원격접속하는 방법 등이 있다. 대학이나 국가기관은 전용선을 이용하는데, 이는 속도가 빠르고 접속이 안정적이다. 그리고 개인은 모뎀을 이용하여 접속한다.

2) 검색엔진을 사용하는 방법

인터넷을 통하여 정보에 접근하는 방법은 우선 내가 찾으려고 하는 주제와 도메인을 알고 있을 때는 다음과 같은 방법을 취하면 된다.

우선 손해배상이라는 주제와 대법원 도메인을 알고 있다면 대법원 도메인 www.scourt.go.kr로 이동하여, 종합법률정보에 들어가서 주제어 손해배상을 타이핑하게 되면 찾으려는 정보를 찾을 수 있게 된다. 만약 대법원 도메인을 알을 수 없는 경우는 야후(www.yahoo.co.kr)라는 검색엔진으로 이동하여 찾을 대법원을 타이핑하게 되면 대법원의 도메인을 알 수 있으며, 이곳에서 해당 대법원으로 바로 접속할 수 있게 된다. 그리고 최근에는 웹브라우저에서 바로 한글로 '대법원'이라고 타이핑을 하여도 대법원의 홈페이지에 접속을 할 수 있다.

(3) 인터넷과 기타 법률정보매체

이러한 법률정보에 관련된 인터넷 사이트에는 판례, 법령, 문헌정보뿐만 아니라, 최근 유행하고 있는 사이버 대학, 사이버 특강과 같이 인터넷상으로 법학특강이나 고시모의고사를 볼 수 있는 길도 열려 있다.105) 또한 이러한 인터넷이 등장하기 전에 통신을 통한 정보매체가 있는데, 이를 우리는 텔넷이라고 한다.

(4) 텔넷(Telnet)의 의의

텔넷이란 '원격 컴퓨터를 제어하기 위한' 서비스이다. 예컨대, 갑이 '하이텔'로 접속해서 '헌법재판'을 작성하여 게시하였다고 하자. 갑이 타이핑한 것은 그의 컴퓨터에서 이루어진 것이고, 그 결과물인 '헌법재판'은 그의 컴퓨터에 저장되는 것이 아니라, '하이텔' 통신망의 호

---

105) 최근에 인터넷상으로 법률정보가 이제는 판례, 법령, 문헌정보뿐만 아니라 대학강의나 고시특강 그리고 고시모의고사를 볼 수 있는 시대에 와 있다. 필자는 넷유닛(http://www.netuni.co.kr)에서 법률정보접근방법론과 헌법을 특강하고 있고, 월간 잡지 고시계(www.lawntel.com)에서는 국가고시모의고사를 통신상에서 볼 수 있게 개설해 놓았다.

스트 컴퓨터에 저장된다. 이처럼, 직접 호스트 컴퓨터에 접근하지 않고도 원격지에서 호스트 컴퓨터를 제어할 수 있다. 이러한 서비스를 '텔넷(Telnet) 서비스'라고 부른다. 각종 통신망(하이텔, 천리안 나우누리, 유니텔 등)에서 제공되는 서비스가 이러한 텔넷 서비스의 대표적인 경우이다.

2. 검색엔진

(1) 주제별 검색 엔진 – 주제별로 내용을 찾아 나가는 방식

1) 야후(http://www.yahoo.com) – 한국 야후는 www.yahoo.co.kr

수만 개의 인터넷 사이트가 링크되어 있고 주제별로 찾아갈 수 있도록 디렉토리 방식과 검색어를 이용한 키워드 방식을 동시에 제공한다. 분류가 잘 되어 있어 단어만 알고 있어도 원하는 정보를 쉽게 찾을 수 있다.

2) 한글정보검색엔진 – NAVER(www.naver.com)

삼성 SDS 정보기술연구소에서 개발한 한글정보검색엔진으로 형태소 분석기를 사용하여 정확한 한글/한자 및 영어처리와 복합명사 분석기능을 제공한다. 우선 인터넷 어디서나 검색사이트에 접속할 필요 없이 마우스 클릭 한 번으로 검색이 가능한 넥서치 119를 제공해 준다. 또한 검색 시 이미지, 뉴스검색 관련어 검색 등 검색 가능한 모든 것을 한 페이지 안에 보여 준다. 그리고 다른 어떠한 포털 사이트보다도 이미지 검색 기능이 강하다. 사용자의 다양한 욕구를 만족시키

기 위해 인기검색어, 네이버초이스 등 잘 만들어진 사이트를 추천 소
개해 준다. 또 일본어 웹 번역 서비스도 제공한다.

3) 파란(www.paran.com)

파란은 문장으로 업무문서 등을 검색할 수 있으며, 고급검색 자연
어검색 등 관련어 검색이 잘 되어 있다. 또한 업무문서, 압축파일 등
등록된 수많은 홈페이지에서 검색할 수 있다.

4) 다음(www.daum.net)

일본어웹 검색, 멀티미디어, 지도검색 등 다른 사이트와 별 차이
없는 서비스를 하나 특이한 점은 한국통신이 운영하기 때문에 전화
번호 검색, 전보 등을 서비스한다는 점이다. 또한 전 국민 emil을 보급
하기 위해 메일 등 개인화 페이지가 잘 되어 있다.

(2) 단어별 검색엔진 ─ 하나의 데이터베이스에 모든 주소를 저장해 놓고
    관련된 단어를 입력해 찾는 방식

알타비스타(http://www.altavista.co.kr)

방대한 정보량과 빠른 검색속도를 자랑하는 중대형 컴퓨터 전문기
업인 DEC사의 검색엔진으로 한글검색이 가능하고 여타 검색엔진들
보다 최신정보를 신속하게 얻을 수가 있다. 알타비스타는 다른 검색
포털사이트보다 확장검색이라는 관련어 검색기능이 잘 되어 있다. 또
한 여러 나라의 언어로 검색이 가능하다

(3) 메타 검색엔진

모든 검색엔진을 하나로 묶어 놓은 검색엔진으로서 자체 검색엔진은 보유하지 않고 야후, 네이버, 심마니 등의 세계 유명 다른 검색엔진을 연결하여 원하는 정보를 찾아준다. 이러한 검색엔진은 쿠시, 미스 다찾니 등이 있다.

3. 중요한 법률정보 사이트

중요한 법률정보 사이트의 내용을 국내 중요한 사이트에 한정해서 소개하기로 한다.

(1) 국내공공기관 사이트

① 대법원(www.scourt.go.kr)

대법원의 인터넷 홈페이지 내용은 법원과 판사 및 법원직원 등에 대한 일반적인 소개, 각종 재판절차에 대한 안내, 사법부 정보화의 개관, 법원과 등기소의 관할 및 소재지 안내·재판안내·등기신청안내·호적안내·입찰공고 등의 각종 민원안내, 판례 검색·사건 검색 등의 재판정보 등으로 구성되어 있다. 여기서 특히 유용한 자료는 최근 시사문제라든지 제도에 대하여 새소식란에서 소개한다. 최근에는 주택임대차보호법, 소비자파산제도, 임차권등기명령 제도 등을 소개하고 있다.

특히 종합법률정보의 내용으로 대법원판례, 헌법재판소판례, 하급심판례 및 법령정보를 제공하고 있으며, 주제어, 선고일자, 조문 등으로 검색할 수 있다. 최근까지 종합법률정보는 판례와 법령정보만 제공하고 있으나 현재는 법률문헌 및 법원규칙, 예규 등의 정보도 판례·법령정보와 유기적으로 연결하여 제공한다고 한다. 여기서 법률문헌은 국내 문헌(단행본, 논문), 일서(단행본, 논문), 양서(단행본, 논문)로 구성되어 있다.

우선 판례검색은 찾고 싶은 판례에 대하여 주제어, 선고일자, 조문, 사건번호, 사건명 등으로 검색할 수 있게 되어 있다. 그리고 법령은 주제어, 일자, 법령조문, 조문제목 등으로 검색할 수 있게 되어 있다. 마지막으로 법률문헌은 주제어, 일자, 참조조문, 사건번호, 저자명 등으로 검색할 수 있게 되어 있다. 여기서 주제어 검색은 자연어 내지 임의어 검색을 의미한다. 즉, '기본권'이라고 주제어 검색란에 타이핑하면 '기본권'이라는 자연어가 들어 있는 모든 판결을 검색하고, '기본$'이라고 타이핑하면 '기본'으로 시작하는 판결을 검색하게 되고, '기$본'이라고 타이핑하면 '기'로 시작해서 '본'으로 끝나는 판결을 검색하게 된다.

이러한 주제어 검색에 비해 검색의 정확성이 높은 일본의 법률관련어검색이 있다. 이러한 일본의 법률관련어(Thesaurus)검색을 상론하면 다음과 같다. 판례의 원본철에 있는 임의어 내지 자연어를 기반으로 한 검색 시스템의 가장 큰 문제는 검색의 정확성이 떨어지는 것이다. 즉, 임의어를 타이핑하게 되면, 주제어가 아닌 동음이의어가 검색되는가 하면 동의어·유사어가 많은 단어의 경우에는 관련된 정보가 검색되지 않을 수 있기 때문이다. 예컨대, 정당을 찾고 싶은데 자연어 검색에 의하게 되면, 정당한을 찾기도 하고, 정당을 찾기도 한다. 따라서 이러한 불필요한 정보를 보완할 수 있는 방법은 일본에서는 의미 있는 단어들을 엄선하여 동의어 및 유사어, 상·하위개념어, 철자변형, 약어 등의 분석방법을 도입하여 체계적으로 법률관련어집을 구축한 다음 이를 검색에 활용하고 있고, 프랑스에서 이와 비슷한 법률관련어집을 갖고 있고, 또한 단어 검색을 하게 되면 우선 의미 있는 단어검색에 관련된 문헌정보가 제공되고 거기서 자기가 찾는 자료를 찾아보게 되면 된다. 즉, 정당이라고 타이핑하게 되면 정당한과 정당에 관련된 문헌이 검색되고 그다음에 정당이 자기가 찾는 자료면 그 화면으로 가서 클릭을 하게 되면 자기가 찾는 자료를 찾을 수 있게 되어 있다.

지금 대법원에서 기초적인 관련어검색을 도입하고 있으나 그 검색의 정확도나 기술력은 아직 미약한 것 같다. 이러한 대법원을 검색엔진 이외에 우리나라의 경우 이러한 법률관련어집에 의하여 데이터베이스가 프로그램된 것은 전무한 것 같다. 즉, 우리나라의 경우 모든 프로그램이 자연어를 기초로 하여 검색을 할 수 있게 되어 있기 때문에 데이터베이스가 보물찾기식이 되거나 나중에 색인구축을 위하여 막대한 업데이트 비용을 낭비하는 경우가 많다.

관련어집의 하나의 단어 또는 용어 등을 설명하면서 그것과 관련되는 동의어·반의어·유사어 등을 함께 연관 지어 설명하는 특수사전 또는 자료집을 말하나, 정보검색시스템상의 의미로는 정보(데이터)의 축적, 색인 및 검색에 사용하는 단어 또는 용어를 표준화·체계화함으로써 정보 검색의 효율성·정확성을 높이기 위하여 동의어, 광의어(상위개념어), 협의어(하위개념어), 관련어, 약어, 외래어 등의 관계있는 용어들을 규칙적으로 정리·배열한 통제된 어휘집(사전)을 의미한다. 예컨대, 헌법에서 과잉금지의 원칙이 있다고 하자. 여기서 상위개념은 법률유보가 되며, 그에 대한 하위개념이 수단의 적합성, 목적을 정당성, 피해최소의 원칙, 이익형량의 원칙이 되며, 관련어로 비례의 원칙이 되게 되는 것이다. 또한 이러한 관련어집에 의하게 되면 모든 법령과 법률용어가 코드화 내지 약어의 개념이 도입되게 된다. 즉, 직접소비세를 직접세라고 하든지, 지방자치법을 지자법이라고 하는 것들이 바로 그러한 것들이다.

일본의 판례 등에 관한 검색프로그램인 판례체계와 판례마스터의 경우, 검색어를 '헌법'과 '자유권'으로 입력하면, 자유권에 관련된 신체의 자유, 표현의 자유 등 사건에 관한 판례들이 검색되어진다. 우리나라에서는 1994년경 한국법제연구원에서 법령시소러스 개발에 착수하였으나, 그 실적이 미흡하여 현재 사용되지 않고 있으며, 법원도서관에서 종합법률정보제공센터 구축의 일환으로 예산을 확보하여 1997년부터 2년간에 걸쳐 법률관련어집을 개발하여 검색에 활용하고 있으나 그 결과는 미진한 편이다.[106]

다음은 검색방법에 구체적인 사례이다.

- and(*): '기본권*자유권'이라고 입력하면 '기본권'과 '자유권'이 모두 포함된 판례에 대한 정보만을 출력한다.
- or(+): '기본권+자유권'이라고 입력하면 '기본권' 또는 '자유권' 중 어느 하나라도 포함된 판례에 대한 정보를 출력한다.

② 헌법재판소(www.ccourt.go.kr)

헌법재판소의 홈페이지 내용은 새소식, 헌법재판소 소개, 심판절차

---

106) 최근에 법원도서관에서 법률관련어집을 출간하고, 법원 내에서 운영되는 판례프로그램에 이 법률관련어집을 사용하고 있으나, 외국에 비하여 초보적 수준이다.

안내, 판례검색(헌재－미간행 결정을 포함), 도서관(도서검색), 헌재홍보 및 민원안내 등으로 구성되어 있다. 특히 새소식란에서는 최근에 헌법재판소에서 내린 결정에 대한 결정요지들을 소개한다.

판례검색에서는 헌법재판소가 내린 결정들을 검색할 수 있게 되어 있다. 최근에 이 판례검색에서 헌법재판소가 내린 결정들에 대하여 원문을 다운로드(download)받을 수 있는 '판례다운로드(download)'란이 새로 만들어졌다. 판례검색방법은 대법원하고 동일하다. 즉, 찾고 싶은 판례에 대하여 주제어, 선고일자, 조문, 사건번호, 사건명, 법령에 대하여 조건을 입력하면 된다. 다음으로 대법원의 문헌검색을 헌법재판소에서는 도서관에서 도서검색란이 있다. 도서검색은 단순검색과 상세검색이 있는데, 대법원보다는 불편하게 되어 있다.[107] 그리고 도서관에서 문헌자료실에 들어가면 헌법관련 법령, 헌법재판관련 양식, 헌법재판소 발간문헌에 대한 원문서비스를 받을 수 있다.

③ 대검찰청(sppo.go.kr)

대검찰청 홈페이지. 검찰총장인사말, 검찰안내, 민원안내, 검찰주요활동, 뉴스마당으로 구성되어 있다.

④ 법제처(www.moleg.go.kr)

법체처 홈페이지는 국회, 행정부, 대법원 홈페이지를 함께 연결해(link) 놓고 있고, 최대의 강점은 본 홈페이지에서 법령의 연혁을 볼 수 있다. 여기서 행정부 홈페이지 중 법제처 홈페이지의 내용은 인사

---

107) 헌법재판소는 법령검색이 없다.

말, 법제처 소개, 새법령 소개, 행정심판제도 안내, 법제정보종합시스템, 입법 의견수렴, 한국법제연구원 소개로 구성되어 있다.

⑤ 국회도서관(www.nanet.go.kr)

국회도서관 홈페이지. 국회도서관 소개, DB소개, 발간자료 안내, 도서관이용안내 등으로 구성되어 있으며 국회홈페이지, 국회 전자도서관, 전자도서관 시범사업 홈페이지로 연결할 수 있다. 특히 국회 DB부분에는 "[현안분석|국제문제분석|석박사논문집|국회도서관보|기사색인집|입법조사연구|회의록색인집|INFO−BRIEF|해외정보|]"로 구성되어 있는데, 이들 모두를 원문으로 서비스 받을 수 있다. 국회도서관 홈페이지에는 다른 기관의 홈페이지보다 문헌검색이 월등하다.108)

⑥ 국회도서관 의회관련 사이트(www.nanet.go.kr/nal/)

국회도서관 홈페이지 의회관련 사이트로 세계 각국의 의회관련 홈페이지가 자세하게 설명되어 있다.

⑦ 고용노동부(www.molab.go.kr)

노동부 홈페이지. 노동부 소개, 노동부 소식, 노동자료, 취업정보, 직업훈련정보, 여론마당으로 구성되어 있으며 노동자료에 노동 관련 판례, 법령을 검색할 수 있다.

---

108) 최근에 필자가 국회 법률관련어사전 프로젝트에 참여하여 검색엔진의 효율성을 높이는 작업을 하고 있다.

⑧ 방송통신위원회 − 법령(http://www.kcc.go.kr/)

방송통신위원회 홈페이지로서 정보통신 관련 법령이 소개되어 있다.

⑨ 특허청(http://www.kipo.go.kr/)

특허청 홈페이지의 구성은 특허청 소개, 산업재산권 제도 및 절차 안내, 산업재산권 정보 이용안내, 산업재산권 행정포럼, 산업재산권 통계, 보도자료/공지사항, 외국특허청으로 구성되어 있다. 본 홈페이지에서는 핫이슈에서 최근의 자료인 인터넷과 도메인, 비즈니스모델 특허 등에 대한 자료를 볼 수 있다.

⑩ 한국인터넷진흥원(http://www.kisa.or.kr/)

한국정보진흥원의 홈페이지는 정보보호에 관한 내용을 담고 있다. 특히 주요정보통신기반시설에 대한 보호에 대한 최신 지침자료를 갖고 있다.

(2) 국내사설기관의 판례 및 법률관련 정보 검색 사이트

① 예스로(www.yeslaw.com)

우선 내가 가장 최신을 법령정보를 찾기 위해서는 예스로를 찾으면 된다. 즉, 법령정보를 가장 잘 소개하고 있는 사이트는 예스로(www.yeslaw.com, 대표 김찬훈)인데, 이는 최근 디지틀조선일보와 손잡고 예스로조선사이트(http://yeslaw.chosun.com)에서 대한민국현행법령, 무료법률상담, 변호사 사건의뢰, 사이버 국가모의고사 등을 서비스하고 있다. 한편으로 예스로는 인공지능 법률상담 사이버 변호사의 이

름이기도 하다. 이 사이트에서는 사이버 변호사를 통해 주택 임대차, 자동차, 건축 등 민사, 형사, 의료분쟁 등 다양한 법률상담을 클릭 한 번으로 서비스받을 수 있다. 방대한 DB와 법령의 신속한 업데이트, 분야별로 다양한 법률자료를 가지고 있다는 것이 장점이다. 사이버변 호사가 72시간 내에 답변을 해 준다. 관공서 시장의 100% 점유율을 자랑한다.

② NETLAW(www.netlaw.co.kr)

(주)소프트와이즈와 서울대학교 법과대학교의 산학협동으로 개발 된 종합법률서비스, 법령, 대법원, 하급심, 헌법재판소 판례, 논문 검 색을 제공한다. 특이한 것은 법원제출서류양식, 약간의 일본 법률정 보에 대한 서비스를 제공하고 있다는 점이다. 자체 검색엔진을 보유 하고 있는 넷로(www.netlaw.co.kr, 대표 노건두)는 5만 건에 이르는 법 률자료가 강점이다. 법령과 판례는 물론 법률 전반에 관련된 모든 문 헌정보를 간단한 키워드의 입력만으로 검색할 수 있고, 제공되는 논 문은 현재 서울대학교 법과대학의 지원을 받는 자료와 서울지방법원 에서 제공하는 공개자료이다.

③ 대한민국 법률정보(www.lawkorea.com)

보인 인터랙티브사에서 개발한 '대한민국 법률정보' 사이트로 온 라인으로 사용자등록을 하여야 이용할 수 있으며 현재는 무료로 제 공하며 제공되는 서비스는 대한민국 현행법령, 최근개정법령, 입법예 고, 조약, 민원사무처리, 법조인 회관, 게시판 등의 메뉴로 구성되어 있고 단어검색, 분야검색, 가나다순 검색, 하이퍼링크 기능 등의 다양한 검색방법을 제공한다.

④ 로우시콤

내가 만약 화상으로 법률상담을 원하는 경우에는 로우시콤을 방문하면 된다. 김태정 전 법무장관의 로우시콤(www.lawsee.com)은 온라인 법률신문(news.lawsee.com)과 변호사들의 커뮤니티 등 다양한 메뉴를 갖추고 있다. 특히 의뢰인이 원거리에서 마음에 맞는 변호사와 얼굴을 마주하고 상담할 수 있는 1:1화상상담서비스를 제공하는 것이 독특하다. 일반인이 사건 수임료를 제시하는 '인터넷 구입 경매' 서비스로 소비자가 유리한 위치에서 변호사를 선임할 수 있다. 국제적인 사이버로펌으로의 도약을 위해 미국 캘리포니아 주정부와 업무제휴 조인식을 가졌으며, 남북통일시대에 대비하여 북한법 등을 자세하게 소개하고 있다. 그리고 '뉴스 로우시콤(news.lawsee.com)'은 사이버 공간에서 법과 관련된 제반 뉴스 및 정보를 제공, 법률의 생활화와 대중화에 힘쓰기 위해서다. 법조 관련분야 전문인 및 예비 법조인과 각종 고시 관련 수험생을 위한 다양한 콘텐츠들이 전문기자들에 의해 뉴스로우시콤 사이트에 제공된다.

⑤ 한국공법학회(www.kpla.or.kr)

한국공법학회에서 제공하는 학회홈페이지이다. 이 홈페이지의 구성 내용은 공지사항, 학회조직, 학회자료실 등으로 구성되게 된다. 특이한 사항은 홈페이지에 논문작성의 스타일을 홈페이지에 게재하고, 회원들은 그 스타일에 맞추어서 논문을 작성하여, 이메일을 통하여 논문을 제출하게 한 사항이고, 또 논문 작성 시 추후 검색속도를 빠르게 하기 위하여 논문에 키워드 5~8개 정도를 추출하게 한 사항이고, 학술발표일에 발표하는 논문을 미리 인터넷 홈페이지에 게재하여 회원들이 미리 읽고 와서 토론을 할 수 있도록 하고, 회원의 신분변동 상황을 자신이 수정할 수 있도록 하고, 회원 간에 이메일로 의사를 수수할 수 있게 한 것들이다. 또한 학회자료실에 회원들의 논문을 게재하고 있으며, 논문(공법연구)을 책으로 출판하는 것뿐만 아니라 CD타이틀로도 출간할 예정이다. 이와 비슷한 사이트로 한국토지공법학회(www.toji.or.kr)가 있다.

⑥ 한국지방자치법학회(www.klla.or.kr)
한국지방자치법학회는 공법학회의 홈페이지와 유사하다.

⑦ 오세오(www.oseo.co.kr)
내가 소송 중에 판·검사와 변호사 등에 대한 상세한 정보를 찾으려고 할 때는 오세오를 찾으면 된다. 즉, 서울지검 특수부 검사출신인 최용석 변호사가 설립한 오세오월드(www.oseo.com)는 방대한 인물DB가 강점이며, 최근에는 벤처업계 인물 정보를 DB화한 벤처토피아 사이트를 열었다. '1국민 1변호사'를 기치로 내세운 사이버 로펌 '오세오'는 최초의 인공지능 변호사 '로이'를 캐릭터로 내세워 딱딱한 법률문제에 친밀감을 강조하고 있다. 첫 화면에는 법률 관련 속보가 이어지고 즉석 법률상담이 가능하다. 교통사고를 당했을 때 손해배상액을 자동 계산하고 범죄에 따라 형량도 산정해 주는 독특한 서비스를 하고 있다. 민사·형사·가사 등 21개 분야에 4, 5명의 전담변호사를 두고 질문에 대해 무료로 24시간 이내, 늦어도 3일 이내에 답변을 한

다. 최근에는 벤처기업들이 겪고 있는 각종 법률문제에 대한 상담도 신설했다. 그리고 이 회사는 벤처기업인이 기술개발에만 전념할 수 있도록 모든 과정을 아웃소싱해 주는 "벤처토피아 서비스"도 제공한다.

⑧ 로마켓

내가 가장 저렴한 변호사를 찾으려고 할 때는 로마켓을 찾으면 된다. '사이버 법률시장'을 표방한 '로마켓아시아(www.lawmarket.co.kr)'는 역경매 방식을 통해 변호사의 수임료를 최소화한 서비스를 제공하고 있다. 로마켓은 의뢰인이 사건내용과 수임료를 제시하면 변호사가 선택하는 일종의 경매사이트다. 변호사가 수임료를 결정하는 것이 아니라 의뢰인이 결정하는 방식이어서 관심을 끌고 있다.

⑨ 콜리스

법률정보전문회사인 콜리스(www.kolis.co.kr)는 지난 99년 3월에 서비스를 시작했다. 법률관련 출판사인 청림출판(주)에서 운영한다. 판례중심의 서비스를 실시하고 있으며 PC통신사 서비스의 80% 이상을 차지하고 있다. PC통신에서는 분당 200~300원의 정보이용료를 받고 있으며 웹상에서는 유료 서비스와 무료서비스를 나눠 제공하고 있다. 판례월보와 법률지식시리즈 서적 등이 특징이다. 법률관련 출판사답게 법령, 판례의 신속한 업데이트와 방대한 DB를 구축하고 있다.

⑩ 디지털로

'386세대의 젊은 변호사'를 강조하는 '디지털로(www.digitallaw.co.kr)'는 서울대 82, 83학번의 변호사들이 주축이 되어 서비스에 나서고 있다. 이용자들이 '나 홀로 소송'을 할 수 있도록 지원하는 것이 특징이다. 법정에 갈 때는 무엇을 준비해야 하는지, 재판은 어떻게 진행되는지 등을 상세히 설명하고 있다. 주식 증권 펀드 투자 피해에 대한 법률상담도 받을 수 있다. 지역별 참여변호사의 연락처를 게재하고 있다.

⑪ 로서브

'어려울 때의 이웃'을 내세우는 로서브(www.lawserve.co.kr)는 중견변호사의 모임인 정강법률포럼의 창립 발기인들이 주축이 되어 설립한 사이버 로펌이다. 동아일보사와 공동으로 무료법률상담을 벌였다.

⑫ 로앤비(www.lawnb.co.kr)

일본어 번역 프로그램을 사용하여 일본 판례서비스를 하고 있다. 또한 주석서를 서비스하고 있다.

⑬ 프라이버시(http://www.privacy.or.kr/)

본 사이트는 개인정보와 헌법상 프라이버시권에 대한 자료를 많이 갖고 있다.

⑭ 기타

이 밖에 이해완 변호사가 운영하는 법률정보 솔(www.lawnb..co.kr), 의료사고 판례정보를 제공하는 메디벨(www.medibell.co.kr)과 의료와 법률(www.medikorea.net/medilaw/medilaw), www.law.co.kr, www.lifelaw.com, www.thinkinglaw.com, www.lawkorea.com, www.clawma.net 등이 있다.

(3) 국외 관련 공공기관 사이트

국외사이트를 검색하는 방법은 그 국가의 법체계를 알아야지 가능하다. 예컨대, 일본의 판례에 대하여 알기를 원하면 일본에서 기본적으로 사용되는 용어들, '절차'는 '수속', '법원'은 '재판소' 등으로 사용되기 때문에, 주제어를 '절차'를 '수속'으로 타이핑하지 않으면 안된다. 따라서 외국법에 대하여 검색은 쉽지가 않다.

그리고 우리나라에서 다른 국가의 정보를 검색하려면 그 나라의 프로그램이 있어야만 가능하다. 예컨대, 일본의 법률정보를 알고 싶은 경우에는 일본 윈도우가 있거나, 인터넷 익스플로러 4.0 이상 정식 버전을 설치하고 MS사에서 위 프로그램에 대한 Add-On 프로그램으로 제공하는 jamondo.exe 프로그램을 설치하여야 한다. 프로그램이 설치가 완료되면, 프로그램을 실행을 시키고 난 후, 일본어를 사용할 수 있다. 일본어를 사용할 때에는 가타카나를 사용하여야 검색이 가능하다. 이 프로그램은 다음 각주의 주소에 접속하면 무료로 다운로드 받을 수 있다.

이와 같이 외국법을 검색하려면 외국어에 능통할 뿐만 아니라 내가 검색하고자 하는 국가의 윈도우 프로그램이 있어야 한다.

다음은 인터넷상에서 일본의 법률정보를 접근하는 방법에 대하여 간단히 알아보면 다음과 같다. 인터넷상에서 일본의 문헌정보를 검색하여 책을 구입하려고 할 경우, http://www.bookservice.co.jp/나 http://www.trc.co.jp/로 들어가서 자기가 찾고 싶은 책을 검색하여 카드 결제를 통하여 손쉽게 일본 책을 구입할 수 있다. 배송기간은 약 7일에서 10일 정도 소요되며, 비용은 교보문고나 영풍문고보다는 저렴하다. 그리고 인터넷상에서 일본의 판례 정보를 검색할 수 있는 서비스는 아직 제공되지 않고 있고, 다만

최근 일본 최고재판소 홈페이지(http://www.courts.go.jp/)에서 최근 판례 전
문을 제공하고 있고, 법률가╌╕의 홈페이지(http://village.infoweb.or.jp/~
fwgl6015/)에서는 분야별로 최근 판례를 정리하여 제공하고 있다. 그리고
일본의 법률문헌을 검색하고자 할 때는 http://webcat.nacsis.ac.jp/로 들어가
면, 각 대학도서관의 서지정보를 볼 수 있고, 기타 인터넷상의 법률정보
는 검색엔진을 이용하면 된다.

그리고 현재 사용하고 있는 윈도우에서는 독일이나 프랑스 인터넷
홈페이지에 들어가면 영어에 없는 독일어나 프랑스 글자 예컨대 é, à,
è, ê, ô, ç 등은 인식되지 않는 경우가 있는데, 이것은 인터넷상에서
이러한 글꼴을 지원해 주지 못하기 때문에 그렇다. 이러한 경우 다국
어 지원팩을 사용하면 이러한 현상을 해결할 수 있다.

1) 번역프로그램 및 번역 사이트

인간은 무엇이든 간편하고 복잡하지 않은 것을 좋아한다. 번역 프
로그램도 마찬가지도 인간의 그러한 욕망 때문에 개발된 것이다. 그
러나 오늘날 그렇게 완벽하게 번역해 주는 프로그램은 아직 개발되
지 않았다. 번역에 앞서 우리는 외국어에 대한 관심을 갖고 공부하며
어느 정도 자신의 외국어 능력이 쌓아졌을 때 번역 프로그램을 사용
해야 그 효과가 극대화될 것이다.

① trannie 2000(EJK)

이 프로그램은 인터넷상의 일본어 및 영어문서를 한국어로 번역해
주는 프로그램이다.

trannie 98에서는 새로운 웹운영체제가 나타나지만 trannie 2000에서

는 익스플로러나 넷스케이프 매뉴얼에 아이콘이 나타난다. 웹상에서 번역을 할 때는 매뉴얼에 trannie를 누르면 된다. 번역률은 초보자가 바라는 수준은 아니다. 어느 정도 영어나 일본어를 하는 사람만이 사용하면 효과적이라고 말할 수 있다.

② 알타비스타의 번역서비스

야후와 함께 대표적인 검색엔진인 알타비스타는 Babelfish라고 하는 인터넷 번역 서비스가 있다(http://babelfish.altavista.com).

일단 접속하면 text에 주소를 넣으라는 화면이 나오고 어떠한 언어로 번역할 것인가의 옵션을 선택한 다음다음 번역 버턴을 누르면 해당 text 및 웹페이지가 자신이 원하는 언어로 변역된 채로 화면에 보인다.

③ 한미르의 일본웹여행(http://www.hanmir.com)

trannie 2000은 자신의 컴퓨터에 설치하여야 하는 것과는 달리 이 사이트에 접속하는 사용자는 누구나 자신의 일본어 웹사이트를 한글로 검색할 수 있다.

④ 라이코스 일본웹여행(http://www.lycos.co.kr)

한미르의 일본웹여행보다 조금 늦게 신설된 사이트로 기능은 한미르와 같다.

⑤ 클릭큐 인터넷 번역서비스(http://www.clickq.com)

인터넷 번역 사이트보다 월등한 번역률을 보여 주며 검색방법도 편리하게 구성되어 있다.

이 번역서비스는 크게 세 가지의 방법을 이용하여 검색이 가능하다

- 검색어를 한국어로 입력하고 그것을 영어로 번역하여 다시 그 번역된 검색어를 이용하여 검색엔진을 선택한 다음 검색한 결과를 가지고 번역을 하는 키워드 검색방법이다.
- 직접 영어로 된 웹문서의 url을 입력하여 번역하는 다이렉트 검색방법이다.
- 간단한 문장을 즉석에서 즉각적으로 번역하는 Sentence 영한번역 서비스이다.

⑥ 법원도서관 일한번역시스템

대법원 법원도서관에서는 판사 및 법원 직원들의 편의를 위하여 일한번역 시스템을 고등법원 단위로 도서실에 설치하고 있다. 이 번역시스템은 일본판례마스터를 기초로 하여 독자적으로 개발한 것이다.

이 프로그램은 일본문서를 스캐너로 읽어들인 후 그것을 클립보드로 출력하거나 혹은 텍스트 파일로 저장하여 본 프로그램에 붙이거나 읽어들여서 번역하면 된다. 단, 스캔을 할 경우 일본어 OCR을 이용하여야 한다.

⑦ 그 외 트랜스컴, JK 라인, 서울번역 서비스 등이 있다.

업체	번역범위	특징
trannie 2000	영어/일어	번역 사이트를 열 것 없이 바로 번역 가능
알타비스타의 번역서비스	영어(외 다수)	텍스트 번역, 영어를 다수의 나라 언어로 번역 가능
한미르	일어	번역률 좋지 않음

라이코스	일어	사이트를 열고 번역
클릭큐	영어/일어	사이트를 열고 번역
법원도서관 일한번역시스템	일어	법원노서관에서만 사용 가능
트랜스컴	일어/영어	단문서비스
서울번역 서비스	영어	아직 시험 가동 중

2) 미국

① Library of Congress World Wide Web Home Page(http://lcweb.loc.gov/)

이 사이트는 미국 의회도서관에서 제작한 것으로 ▲THOMAS ▲ GLOBAL LEGAL INFORMATION ▲MORE Databases and Resources ▲ COPYRIGHT ▲LIBRARY SERVICES ▲Standard ▲Access to Catalogs at Other Libraries 등과 연계되어 있다. "MORE Databases and Resources"를 클릭하면 하원의 Telnet서비스인 LOICS(Library of Congress Information System)과 Gopher 서비스인 MARVEL 등의 정보를 검색할 수 있으며 "Access to Catalogs at Other Libraries"를 클릭하면 Z39.50을 이용하여 각 국의 대학 및 연구소 도서관 소장자료를 검색할 수 있게 되어 있다. "Explore the Internet"를 클릭하면 미국 연방정부, 행정 부처, 주 및 지 방정부, 외국정부에 대한 사이트들과 연계되어 있어 정부관련 정보를 검색하는 데 유용하다. 또한 이 사이트는 입법과정 및 법안에 대한 정보를 제공하는 "THOMAS"및 법률전문을 제공하는 사이트인 "GLOBAL LEGAL INFORMATION"에 연계되어 있다.

② THOMAS: Legislative Information on the Internet(http://thomas.loc.gov/)

이 사이트에는 미국의 입법자료들이 총괄적으로 수록되어 있다. 특히 ▲Congress This Week ▲Bills ▲Congressional Record ▲Committee

Information ▲ Legislative Process 등의 정보를 검색할 수 있다. "Bills"에서는 상원과 하원의 103대 및 104대 법률안(House and Senate Bills)의 요약 및 전문, 그리고 현황 등을 볼 수 있다. 또한 "Congressional Record", "Hot legislation" 등의 전문을 볼 수 있다. 이 사이트에 수록된 전문은 키워드 검색이 가능하며, 이외에도 하원과 상원의 홈페이지 및 의회도서관 등에서 제공하는 다른 사이트들과 연계되어 있다. 법안의 검색은 주제별, 타이틀별, 법안번호 등으로 검색할 수 있으며, 법으로 제정된 법안에 대한 정보도 제공하고 있다.

③ The Welcoming GLIN page(http://lcweb2.loc.gov/glin/)

이 사이트는 미국 의회 법률도서관의 웹서버를 통해 세계 여러 나라의 법률을 제공하는 곳으로 법령의 영문초록과 자국어로 된 법률 전문이 제공된다. 현재 35개국 이상의 나라가 이 프로젝트에 참가하고 있으며 우리나라의 경우 1996년 1월부터 참여하고 있다. 회원국의 경우 법률의 전문을 검색할 수 있으나 비회원국의 경우 법률에 대한 간단한 요약만을 볼 수 있다. 비회원국을 클릭하였을 경우 국가명, 시소러스에 따른 용어, 법률제정시기 등을 통한 검색이 가능하다. 예를 들어 비회원국으로 접속해 KOREA를 지정하였을 경우 법률번호, 개정 및 제정시기, 법률명이 보이며, 관심 있는 법률명을 클릭했을 경우 간단한 요약문을 볼 수 있다.

④ United States Federal Judiciary − http://www.uscourts.gov/

미국연방법원 홈페이지. 연방법원 소개, 신간안내, 주요 회의보고서 PDF형식으로 제공, 전자민원 서비스안내 등으로 구성되어 있다.

⑤ Supreme Court Justices of the United States

　　− http://www.cybernex.net/~vanalst/supreme.html

대법원 대법관 소개 및 연방법원 홈페이지, FindLaw, Court TV 등의
법률 관련 웹사이트를 제공한다.

⑥ National Center for State Courts − http://www.ncsc.dni.us/

미국 NCSC 홈페이지로, 새소식, NCSC 제공 정보 소개, 법원(주법
원, 연방법원, 각국의 법원관련 사이트 등) 및 법률 관련 사이트를 제
공한다.

⑦ Federal Judicial Center − http://www.fjc.gov/

Federal Judicial Center 소개, PDF형식의 간행물 제공, 법원직원을 위
한 교육프로그램 소개로 구성되어 있다.

⑧ United States Department of Justice − http://www.usdoj.gov/

미국 법무부 홈페이지로, FOIA(Freedom Of Information Act), 청소년
범죄예방을 위한 Kids&Youth Page를 제공한다.

⑨ 기타

　• Federal Bureau of Investigation − http://www.fbi.gov/

미국 FBI 홈페이지로, FBI FOIA 정보, 주요 수사보고서, 국회기록정
보, 청소년교육페이지를 제공한다.

• Office of Justice Program ― http://www.ojp.usdoj.gov/

미국 법무부의 OJP 홈페이지로, 새소식, OJP 소개, BJA(Bureau of Justice Assistance), BJS(Bureau of Justice Statistics), NIJ(National Institute of Justice), OJJDP(Office of Juvenile Justice and Delinquency Prevention), OVC (Office for Victims of Crime) 정보 제공, 간행물에 관한 정보, 관련 사이트 검색기능 등으로 구성되어 있다.

• U.S. House of Representatives, Internet Law Library
  ― http://law.house.gov/

미국 하원 인터넷 법률도서관 홈페이지로, 미국 연방법, 주법, 준주법, 조약, 국제법, LAW SCHOOL 법률도서관 목록 등의 정보를 제공한다.

• Justice Information Center (National Criminal Justice Reference Service)
  ― http://www.ncjrs.org/

범죄예방, 범죄재판통계, 마약범죄, 청소년법, 법집행 등에 관한 정보를 텍스트파일과 PDF파일로 제공한다.

• Federal Law Enforcement Training Center ― http://www.ustreas.gov/fletc/

연방 사법연수원 홈페이지로, 연수프로그램에 관한 정보 및 연수생들을 위한 정보를 제공한다.

• U.S. House of Representatives ― http://www.house.gov/

미의회 홈페이지로, 미의회 입법정보 및 하원의원, 위원회, 미국 연방정부 정보원들에 대한 정보를 제공한다.

• U.S. SENATE － http://www.senate.gov/

상원의원의 의정활동, 위원회에 관한 정보를 제공한다.

2) 캐나다

① Supreme Court of Canada － http://www.scc－csc.gc.ca/

캐나다 대법원 홈페이지로, 간행물 안내 및 판례속보 등의 정보를 제공한다.

② Department of Justice － http://canada.justice.gc.ca/

캐나다 법무부 홈페이지로, 법무부 현안, 법과 규정, 전자통상국 등에 관한 정보를 제공한다.

3) 일본

① 최고재판소 － http://www.courts.go.jp/

최고재판소 안내, 최고재판소 홍보, 사법통계, 재판절차, 채용정보 등을 제공한다.

② 법무성 － http://www.moj.go.jp/

일본 법무성 홈페이지로, 새소식, 법무성의 조직, 각종 정보(형사사건, 형사정책, 부동산등기 등) 제공, 상담 창구, 채용 국가시험, 심의회 속보, 범죄백서, 통계, 법무사료전시실로 구성되어 있다.

③ 참의원(House of Councillors) - http://www.sangiin.go.jp/

일본국회(조직, 구성, 의사진행에 대한 정보) 및 참의원에 대한 정보를 제공한다.

④ 중의원(House of Representatives) - http://www.shugiin.go.jp/index.html

중의원안내, 공고, 본회의, 위원회, 사무국과 법제국, 각종 수속안내 등의 정보를 제공한다.

4) 독일

① Federal Court of Justice독일 연방법원

 - http://www.uni-karlsruhe.de/~BGH/

독일 연방법원 홈페이지로, 주소 및 연방법원 소개 등으로 구성되어 있다.

② Federal Administrative Court - http://www.bverwg.de/

독일 연방행정법원 홈페이지이다.

③ Federal Patent Court - http://www.deutsches~patentamt.de/bpatg/

독일 연방특허법원 홈페이지이다.

④ Federal Labour Court - http://www.bundesarbeitsgericht.de/

독일 Federal Labour Court 홈페이지이다.

⑤ Federal Ministry of Justice － http://www.bmj.bund.de/

독일 법무부 홈페이지로, 주요 기능소개 및 법률 관련 웹사이트를 소개한다.

5) 영국

① CCTA Government Information Service － http://www.open.gov.uk/

영국정부의 조직 및 기능 정보 제공, 관련 사이트 소개 등을 제공한다.

② The Court Service

－ http://www.open.gov.uk/courts/court/cs_home.htm

법원안내 및 관련 판례를 소개한다.

6) 프랑스

① Ministry of Justice － http://www.justice.gouv.fr/

프랑스 법무부 홈페이지이다.

② 레지프랑스 － http://www.legifrance.gouv.fr/

본 사이트는 1998년 2월 2일에 서비스를 시작하였고, 무료로 법률정보를 제공하고, 또한 프랑스 대법원(Cour de cassation), 헌법재판소(Conseil constitutionnel), 국사원(Conseil d'Etat), 국제사법재판소(Cour internationale de justice), 유럽사법재판소(Cour de justice des communautés européennes), 유럽인권재판소(Cour européenne des droits de l'homme) 등에 관한 판례를 찾아볼 수 있다.

③ 쥬리프랑스 — http://www.jurifrance.com/

본 사이트는 유료로 판례·법령·문헌 등을 검색할 수 있다.

④ 아드미프랑스 — http://www.adminet.gouv.fr

본 사이트는 Documentation française에서 서비스를 제공하는 인터넷 사이트로 헌법에 관련된 국민의 기본권과 국가의 정책이나 정부보고서 등에 관한 서비스를 하는 사이트이다.

⑤ 기타 유용한 사이트

논문을 작성하는 학자나 학생들에게 유익한 사이트로는 파리의 법학전문도서관(Bibliothèque interuniversitaire Cujas)으로서 프랑스 박사학위논문과 단행본 및 정기간행물을 검색할 수 있는 "http://www.cujas.univ-paris1.fr"가 유익하며, 기타로 다음과 같은 것이 있다.

• 대통령궁: http://www.elysee.fr
• 수상: http://www.premier-ministre.gouv.fr
• 헌법재판소: http://www.conseil-constitutionnel.fr
• 국사원(Conseil d'Etat): http://www.conseil-etat.fr
• 대법원(Cour de cassation): http://www.courdecassation.fr
• 상원(Sénat): http://www.senat.fr
• 하원 내지 국민의회(Assemblée nationale): http://www.assemblee-nationale.fr

---

7) 기타

Worldwide Governments on the WWW

— http://www.gksoft.com/govt/en/world.html

세계의 정부기관 검색기능을 제공한다.

(4) 국외 사설 판례 및 법률관련 정보 검색 사이트

1) FindLaw – http://www.findlaw.com/

미국의 판례, 법령, 법학 논문 등을 무료로 검색하여 열람할 수 있도록 법률분야에 관하여 매우 자세한 분류체계를 가진 디렉토리서비스(Yahoo!와 유사한 형태)를 제공한다. 1893년 이래(US Reports 150권 이후)의 미국 연방 대법원 판례를 year, US Reports volume number, citation, case title, full text 등의 여러 가지 기준으로 검색할 수 있으며 판례, 법령페이지(http://www.findlaw.com/casecode/index.html)에서는 US Federal Laws 이외에도 Federal District Court Opinions, Bankruptcy Court Opinions, 주법원 판례 등을 제한된 범위 내에서 제공하고 있다.

2) LawCrawler – http://web.lawcrawler.com/

미국 법령, 미국 연방 대법원 판례 데이터베이스, 항소법원 판례 데이터베이스, 기타 공공데이터베이스를 제공하며 FindLaw보다 체계성은 부족하지만 방대한 데이터베이스 제공으로 세부적인 내용을 찾고자 할 때 적합하다.

3) Legal Information Institute – http://www.law.cornell.edu/

코넬대학교의 법률정보연구소 홈페이지로, 미국의 헌법과 법령을 잘 정리하여 제공하고 있으며 US Code 전질과 미국 연방 헌법, Federal Rules of Evidence and Civil Procedure, 기타 중요한 연방 및 각 주의 법령을 하이퍼텍스트로 제공하고 있다.

4) ITL(International Trade Law) — http://itl.irv.uit.no/trade-law/

외국법 및 국제법과 조약의 전문을 제공하며 통상 및 국제거래 관련 조약들을 잘 정리해 두고 있다.

5) United States Court of Appeals for the Federal Circuit
   — http://www.ll.georgetown.edu/Fed-Ct/cafed.html

미연방 항소법원 판례를 제공한다.

6) WashLaw — http://lawlib.wuacc.edu/washlaw/searchlaw.html

미연방 항소법원 판례를 제공한다.

7) CataLaw — http://lawlib.wuacc.edu/washlaw/searchlaw.html

FindLaw와 유사한 오스트레일리아의 법률정보 검색사이트이다.

8) ULRP(University Law Review Project)
   — http://www.lawreview.org/

University Law Review Project는 FindLaw와 온라인 저널 연합(the Coalition of Online Journals)이 공동으로 오스트레일리아 법률정보 연구소, 코넬대학교 법률정보 연구소 및 전 세계의 여러 법학 잡지사들의 협조를 받아 구축한 무료의 법학문헌 검색서비스를 제공한다.

9) isleuthlaw — http://www.isleuth.com/lega.html

법률 관련 통합서비스를 제공한다. 16가지의 검색서비스를 모아서 제공한다.

10) Search Arent Fox - http://www.arentfox.com/search.htm

미국 최대의 로펌 사이트로 비교적 풍부한 법률 관련 자체 데이터베이스를 제공하고 있다.

11) **영국 판례 검색** - http://chianti.ipl.co.uk/lawsoc/swarform.html

영국 판례검색 사이트로, 검색결과 화면에서 매우 간단한 판시사항만 제공하고 있다.

12) LEXIS - http://www.lexis.com/xchange/Default.asp

미국 LEXIS/NEXIS의 홈페이지로, 각종 판례, 협약, 법률정보, 조약, 외국법률정보를 제공한다. LEXIS는 미국 LEXIS/NEXIS사에서 제공하는 온라인 정보은행(Online Information Retrieval Service)으로 세계의 주요 기업정보, 뉴스, 법률 및 판례, 특허 등의 정보를 전문형태로 제공하고 있다. 특히 법률관련 분야에서는 Westlaw와 함께 대표적인 DB라고 할 수 있다. 현재 우리나라에서 WESTLAW는 진출하지 않았으며, LEXIS의 경우 데이콤에서 서비스를 제공하고 있다. 데이콤은 LEXIS의 보급 및 격월에 걸쳐 이용교육을 실시하고 있다.

LEXIS에서 판례를 제공하고 있는 나라는, 영국, 오스트레일리아, 캐나다, 홍콩, 멕시코, 프랑스, 필리핀, 남아프리카공화국, 아일랜드 등을 들 수 있고, 이 중 현행법령의 전문을 제공하고 있는 나라는 영국, 오스트레일리아, 필리핀, 싱가포르, 남아프리카공화국, 프랑스, 멕시코 등이다. 자국어로 법령을 제공하는 프랑스 및 멕시코를 제외하고는 대부분 영미법 계통의 국가라는 공통점이 있다.

13) JURIS － http://www.juris－sb.de/

독일 JURIS의 홈페이지로, 판례, 법관련문서, 주법원판례, 각종 행정법규, 지법판례를 제공한다.

14) 웨스트 퍼블리싱 － http://www.west.com/

15) World Wide Legal Information Association
   － http://www.wwlia.org/wwlia.htm

16) 미국 공공정보 목록 － http://www.fedworld.gov/

17) Law Journal EXTRA! － http://www.ljx.com/

18) The Virtual Law Library Reference Desk
   － http://lawlib.wuacc.edu/washlaw/reflaw/reflaw.html

19) Lexis Counsel
   － http://www.counsel.com/en/bin/login?Tag＝/&URI＝/

20) Procopio, Cory, Hargreaves & Savitchhttp
   － http://www.procopio.com/

21) 일본법 정보 링크 － http://www.law.tohoku.ac.jp/tohokulaw2－j.html

22) 일본 법률문헌검색사이트 — http://webcat.nacsis.ac.jp/

23) 독일 법률 정보 링크

　　— http://radbruch.jura.uni−mainz.de/law/jur_res_sonst.html

24) 캐나다 Law Links — http://www.yorku.ca/faculty/osgoode/uc.htm#TOC

25) International Constitutional Law

　　— http://www.uni−wuerzburg.de/law/index.html

26) International Trade Law Links — http://www.customs.com/

27) West Publishing Company — http://www.westpub.com/

(5) 국내 · 외법과대학

국내법과대학의 사이트로 서울대학교, 고려대학교[109] 등이 있으나 참고할 만한 자료가 없고, 외국대학사이트로서 많이 추천되고 있는 것이 코넬대학(http://www.law.cornell.edu/)[110]과 인디애나대학(http://www.law.indiana.edu/law/v−lib/lawindex.html/) 등이다. 켄트대학(http://www.kentlaw.edu/)과 루터가스대학 (http://www.rutgers.edu/lawschool.html/)도 많이 추천된다.

　Law School Links — http://www.lexsolutio.com/lawschl.htm

---

109) 고려대학교 법과대학은 lx를 정리하여 자료로 제공하고 있다.

110) 기술한 바와 같이 미국의 헌법과 법령을 잘 정리하여 제공하고 있으며, US Code 전질과 미국 연방 헌법, Federal Rules of Evidence and Civil Procedure, 기타 중요한 연방 및 각 주의 법령 등을 제공하고 있다.

McGill University International Law Society — http://www.law.mcgill.ca/clubs/ilsnew/index.htm

Ⅲ. 현재 우리 법률정보의 보완점

1. 서

지금 간행된 대법원의 법고을 CD나 대법원 홈페이지에 제공된 1991년 이전 판결들은 수작업을 통하여 전환된 자료로서 그 내용의 정확성이 떨어지고, 대법원에서 판결했던 모든 내용이라기보다는 약 20% 정도의 판결만 수록된 자료이다. 즉, 현재 판례공보로 공간(공간) 되고 있는 대법원 판결의 비율이 불과 20% 내외이고 보면, 다 중요한 것은 아닐지라도 엄청나게 많은 정보가 사장되고 있는 셈이다. 이에 대하여 국민에게 정보제공의 차원에서 미공간 판례도 공개하는 것이 바람직하다고 생각한다.

이에 부가적으로 일본의 경우처럼 우리나라에서도 대법원과 하급심을 한눈에 볼 수 있도록 하급심 판결을 검색 및 열람할 수 있게 하여야 한다. 법원의 모든 하급심 판결들도 1993년경부터는 모두 한글파일로 작성되고 있음에도 불구하고 최근까지도 각급 법원에서 이를 체계적으로 수집·보존하지 않고 있는 실정이다. 비싼 장비와 엄청난 노력을 들여 생산한 소중한 원시자료들이 무가치하게 하드디스크 공간만 점유하고 있거나 아깝게 사장되어 있는 것이다. 다행스럽게도 최근에 대법원에서 하급심 자료 중에 일부분을 공개할 예정이라고 한다.

그리고 법령정보와 마찬가지로 판례정보도 사회현상의 변천이나 법률 이념의 변경에 따라 이후의 새로운 판결로써 변경되거나 폐기되는 경우가 종종 있으며, 그러한 판례의 경우 그 이후의 연혁관리가 제대로 되어 있지 않으면 잘못된 정보를 제공하게 될 위험성이 있다. 현재까지는 판례공보에 게재된 판결로서 변경·폐기된 경우 담당 직원이 수작업으로 종전 판례를 수정하여 이를 표시해 주고 있으며, 다행히 1996년에 개선된 판례마을 프로그램의 경우 참조 기능이 보완되어 간접적으로 확인이 가능하게 되었지만, 앞으로는 원래의 판례정보 그 자체에 대한 독자적인 연혁관리가 따로 이루어져야 할 것이다.

아울러 모든 법원 판결 마지막에 주제어를 3개에서 4개 정도 삽입하는 것이 추후 법률정보 검색 시 상당히 도움이 될 것이다. 이에 관련하여 법원과 헌법재판소에서 발간하는 모든 자료에 주제어와 요약을 반드시 삽입하게 함으로써 법률정보검색 속도를 빠르게 할 뿐만 아니라 정확성도 기할 수 있으리라 본다. 이러한 토대가 이루어지게 되면 머지않아 일본과 미국 등 선진국에서 사용하고 있는 법률관련어 시스템을 구축하게 될 것이다.

2. 국회와 법제처

우리나라에서 현재 이용되고 있는 대부분의 법령정보의 가장 치명적인 약점은 법령연혁은 제대로 관리하지 못하고 있는 점이 아닌가 싶다. 이에 대하여 특히 조세법 분야는 매년 개정이 되기 때문에 법령연혁관리에 어려움이 있다. 헌법재판소의 재판이라든지 조세 관련 소송에서는 아주 많이 필요한 부분이라고 생각된다. 매년 법령 전체

건수의 약 30%가 변경되는 우리나라의 경우 법령 연혁 관리의 필요성은 더욱 절실하다. 이러한 업무는 국회와 법제처와 학계가 연계되어서 추진되어 최근 법제처에서 이를 서비스하고 있다.

3. 학계의 법령 관련어집 개발 등 기타 문제

검색되는 정보의 양적인 측면에서는 관련된 정보가 누락됨이 없이 모두 검색되어야 하지만 질적인 측면에서는 무관하거나 잘못된 정보 또는 불필요한 정보는 검색되지 않도록 하여야 한다. 이러한 면에서 보면 주제어 추출, 주제어의 의미 내지 색인집 간행문제, 관련어집(thesaurus) 개발문제 등이 중요하다. 이를 위해서는 법학계와 문헌정보학계의 교류와 함께 프로그래머의 협조를 통해 한층 진보된 정보검색 시스템을 개발해야 한다.

우리나라 대부분의 법률정보는 자료에서 추출된 자연어(natural language)를 주제어로 색인하는 주제어색인 시스템을 구축함으로써 검색 속도 및 효율성을 높이고 있다. 그리고 법률정보데이터베이스 구축을 누가 하느냐에 따라 거의 전적으로 민간사업체에게 맡기는 경우와(미국의 경우, 판례요지나 판시사항은 민간사업체에 의하여 만들어짐), 둘째로 원시자료 제공을 국가기관이 전적으로 주도하면서 프로그램개발에 대하여 민간사업체의 참여를 허용하는 사례(독일, 프랑스), 셋째로 모든 것을 국가가 주도하는 우리나라와 같은 경우로 나누어진다. 우리나라의 경우, 자료의 중복입력 및 관리로 인한 낭비를 줄일 수 있도록 자료의 공동이용 방안 및 집중관리 방식과 함께 적당한 경쟁을 통하여 최종적인 서비스의 품질향상을 도모해야 한다.

우리의 경우 최상의 모델은 원시자료를 국가가 제공하고 이를 제작·가공하는 것은 민간사업체에게 맡겨서 개발하도록 하는 것이다.

4. 법률정보학의 미래

앞으로 기술한 문제점이 모두 해결되면, 신속하고 망라적인 법률정보검색이 가능해질 것이다. 그러나 종이매체의 검색방법과 같이 인터넷에 의한 정보검색도 반드시 그 정부에 대한 진위 여부를 확인해야 한다. 그러므로 정보제공자 측은 이러한 점에서 법률정보에 대한 신뢰성 확보를 위하여 질과 양적인 면에서 연구·개발에 진력하여야 하며, 정보이용자는 이러한 정보에 대하여 감시자로서의 역할을 해야 할 것이다.

제6절 인터넷법학의 미래

　정보력이 국가경쟁력을 좌우하는 인터넷시대를 맞이하여 사회 각
분야에서는 새로운 정보환경과 인터넷을 매개로 한 사회변화에 적응
하기 위한 기반조성에 많은 노력을 기울이고 있다. 이러한 노력의 결
과 인터넷이용인구가 1천만 명을 넘어섰고 인터넷을 이용한 전자상
거래의 규모도 폭발적으로 증가하는 등 '인터넷'은 우리 사회를 규정
짓는 새로운 언어로 자리를 잡아가고 있다. 그러나 이미 잘 알고 있
는 것처럼, 이 새로운 언어는 우리에게 많은 과제를 부여하고 있으며
이에 대한 법적인 대응이 시급한 실정이다. 이에 대하여 학계와 실무
계에서 많은 노력을 기울여 왔지만, 더욱 체계적이고 조직적인 연구
가 이루어져야 한다고 생각한다.

　또한 인터넷에 대한 법적 문제는 기존의 그것과는 달리 거의 모든
법분야와 관련되어 있다. 전공과 업무영역을 초월한 공동작업이 필요
한 이유가 바로 여기에 있다. 그리고 인터넷에 대한 법률문제를 입법
화하는 때에도 각계의 의견을 다양하게 수렴할 것이 필요하다. 한 가
지 예를 들면, 형법상의 컴퓨터등사용사기죄는 1995년 형법을 부분
개정할 때 컴퓨터 자료의 부정조작, 컴퓨터 파괴, 컴퓨터 비밀 침해행

위 등에 대한 처벌 규정과 함께 신설된 것이다. 당시 법무부는 이 조항을 독일의 형법에서 계수하였는데 '컴퓨터 등 정보처리장치에 허위의 정보 또는 부정한 명령을 입력하는 행위'만을 규정하고 '데이터의 무권한사용이나 기타 무권한변경 행위'는 그 구성요건에서 누락시키는 우를 범하였다. 뿐만 아니라 형법 제347조의2에 컴퓨터등사용사기죄를 신설하면서, 그 전제가 되는 형법 제347조의 사기죄가 그 객체로서 '재물'과 '재산상의 이익'을 함께 규정하고 있다는 사실을 간과하고 동죄의 객체를 단순히 재산상의 이익으로만 규정하는 실수를 범하였다. 그 결과 타인의 신용카드를 이용하여 비밀번호를 입력한 후 다른 계좌로 이체하거나 현금을 무단 인출하는 범법행위에 제재를 가할 수 없거나, 형법상의 절도죄로 처벌하는 상황이 초래되었다. 왜냐하면 현금의 인출은 '재물'의 취득이지 '재산상의 이익'의 취득이 아니라고 하는 것이 형법학계의 해석이기 때문이다. 이러한 문제점을 해결하기 위하여 과거 누락시켰던 부분을 구성요건으로 추가하는 형법개정안이 국회에 제출되어 2001년 12월 6일에 본회의에서 가결되었지만, 이번 개정에서도 1995년 개정 당시 누락되었던 '재물'을 우습게도 다시 누락시키는 졸속을 범한 것이다. 인터넷법학에서는 그 입법이나 해석에 있어서 각계각층의 다양한 의견이 반영될 것이 불가결의 요소인 점을 보여 주는 한 단면인 것이다. 인터넷법학은 아직 미지의 법학분야라는 사실을 다시 한 번 되새겨 보아야 할 때이다.

제2장
사이버범죄와 형법

제1절 인터넷과 범죄

Ⅰ. 서설

인터넷에서 명예훼손과 사기 같은 전통적인 범죄나 인터넷에서의 해킹, 바이러스 등 새로운 범죄유형이 인터넷이라는 온라인 공간에서 급격히 증가하고 있다. 1953년 형법 제정 이래 정치·경제·사회 등 모든 영역의 발전과 윤리의식의 변화로 발생한 법규범과 현실과의 괴리를 해소하고, 우리 사회의 산업화·정보화의 추세에 따른 컴퓨터 범죄 등 신종범죄에 효율적으로 대처하여 국민생활의 안정을 도모함과 아울러 1995년 이전의 형법규정의 시행상 나타난 일부 미비점을 개선·보완하기 위하여 다음과 같이 형법을 개정하였다. 컴퓨터 등 정보처리장치를 이용한 사기, 업무방해, 비밀침해, 공·사전자기록의 위작·변작 및 동행사 등 컴퓨터관련 범죄를 신설하였고, 재물손괴죄 등에 전자기록 등 특수매체기록을 행위의 객체로 추가하였다. 전자복사기, 모사전송기 등을 이용하여 복사한 문서 또는 사본도 문서 또는 도화로 보는 규정을 신설하였다. 이하에서는 인터넷 범죄 중에 대표적인 유형에 간단히 알아보고자 한다.

Ⅱ. 인터넷범죄의 유형

최근의 인터넷 범죄의 유형이 다양화되는 추세에 있다.

1. 전자적 침해

정보화시대에 있어서 전자적 침해[1]인 컴퓨터 바이러스, 스팸 (SPAM) 메일, 시스템 파괴 해킹 등은 인터넷시대에 정보화사회가 만들어 낸 범죄이다. 최근에는 초고속 인터넷 망을 통해 컴퓨터들이 서로 연결돼 공공기관과 기업은 물론 개인용 컴퓨터까지 무차별로 해킹당하고 있다. 지난 8년 동안 개인이나 민간 기관이 해킹을 당한 건수가 14만 건을 넘는 것으로 조사됐다. 한나라당 안형환 의원이 한국인터넷진흥원으로부터 제출받은 자료에 따르면 2003~2010년 진흥원에 신고된 민간부분의 해킹 건수는 14만 3천633건에 달했다. 2011년

---

1) 정보통신기반보호법 제2조 제2호에서 규정한 "전자적 침해행위"라 함은 정보통신기반시설을 대상으로 해킹, 컴퓨터바이러스, 논리·메일폭탄, 서비스거부 또는 고출력 전자기파 등에 의하여 정보통신기반시설을 공격하는 행위를 말한다. 여기에서는 특히 문제가 되는 행위들만 간단히 알아본다. 해킹이란 컴퓨터 통신망을 통하여 다른 사람의 컴퓨터시스템에 침입하는 행위는 물론, 침입하지 않고도 그곳의 시스템 운영을 정지시키거나 그곳의 파일에 담긴 정보들을 절취, 파괴하는 등의 침해행위까지도 포함하는 개념으로 이해된다. 특히 동법에서는 무권한자가 인터넷 등을 통해 주요정보통신기반시설의 컴퓨터에 침입하여 그 운영을 침해하는 행위를 말한다. 그리고 컴퓨터바이러스란 인간의 명령 없이도 스스로 자기 자신을 복제하는 특징을 갖는 프로그램을 의미하며, 컴퓨터나 그 안에 담긴 정보를 변형시키거나 파괴하는 등의 작동을 해서 피해를 입히는 것이 대부분이다. 논리폭탄이란 특정한 시기나 일정한 조건이 충족되는 경우 프로그램이 스스로 작동하여 컴퓨터나 데이터를 침해하는 프로그램을 말한다. 바이러스와 구별되는 점은 자기복제의 기능이 없다는 점이다. 메일폭탄이란 상대방 컴퓨터의 처리 용량을 넘어서는 양의 이메일을 보내는 방법으로 컴퓨터의 정상적인 동작을 방해하는 행위를 말한다. 마지막으로 서비스거부란 컴퓨터 간의 정보교환과정 중 신호송신, 송신자응답, 송신자신호전송 등의 인증과정에서 의도적으로 신호전송을 중단하여 상대 컴퓨터 시스템을 계속 신호대기상태에 있도록 하는 방법으로 일시에 다수의 컴퓨터에서 많은 신호를 보낸 후 한꺼번에 신호전송을 중단하면 신호를 받은 상대 컴퓨터는 동시에 수많은 신호대기상태를 한꺼번에 처리하느라 능력범위를 넘는 작업을 하게 되어 다른 작동을 멈추게 되는 것이다. 즉, 해커가 특정 컴퓨터에 침투하는 행위도 없고, 데이터를 침해하지도 않고 단지 운영만 방해하는 것이다. 이상돈, 주요정보통신기반시설 침해해위에 대한 규제방안, 정보통신기반보호법 제정을 위한 토론회 자료, 정보통신부, 2000. 7. 58 - 60쪽 참조.

4월 13일 현재 3천255건이 신고됐다.

연도별 통계를 보면 2003년 1만 2천351건, 2004년 6천258건, 2005년 2만 3천19건, 2006년 2만 6천808건, 2007년 2만 1천732건, 2008년 1만 5천940건, 2009년 2만 1천230건, 2010년 1만 6천295건이다. 특히 지난해 기관별 해킹 피해 현황을 보면 기업(도메인 co, com) 5천656건, 대학(도메인 ac) 222건, 비영리 기관(or, org) 207건, 연구소(re) 2건이었고, 일반 개인이 1만 208건으로 조사됐다. 최근 5년 동안 우리나라 국민의 주민번호가 해외사이트에 노출된 것은 총 2만 6천229건에 달했다. 연도별로 보면 2007년 306건, 2008년 1천503건, 2009년 7천33건, 2010년 1만 4천260건으로 매년 증가했고, 올해는 3월 현재 3천127건으로 집계됐다.

국가별 현황은 중국 사이트 노출이 1만 4천198건으로 가장 많았고, 미국 4천250건, 대만 276건, 기타 7천505건 순이었다. 개별 사례별로는 정보수집 등을 이용한 시스템 침입시도가 가장 많았으며 홈페이지를 변조한다든가 관리자 권한(user authority)을 획득하기 위한 해킹이 주를 이루었다. 주목할 만한 부분은 개인용 컴퓨터 해킹 부분으로 지난해의 경우 전체 피해 1,858건 중 808건을 차지했다. 이 같은 사고의 대부분은 네트워크 게임이나 머그 게임, 인터넷 뱅킹을 이용하는 사용자의 아이디 및 패스워드를 도용하거나 해킹 프로그램을 사용한 공격과 사고가 많았다. 당국의 적발조치에도 불구하고 해마다 해킹 건수는 급증하고 수법은 다양화되는 상황이다. 그러나 현행법상 인터넷 해킹은 저작권법, 특허법, 전기통신기본법, 전파법, 그리고 최근에 제정된 정보통신기반보호법 등 여러 법으로 처벌하도록 돼 있어 통합된 단일 법안이 필요하다는 지적이다.

그리고 최근에는 모든 증권사들이 개인 신분을 확인하는 인증 시스템을 갖추지 않은 채 사이버증권 거래를 해와 고객들의 ID와 비밀번호가 해킹에 무방비로 노출돼 있는 것으로 드러났다. 이에 따라 증권사들이 인터넷 홈페이지상에서의 사이버증권 거래를 전면 중단하거나 인증 시스템을 갖추는 등 사이버 보안 대책을 시급히 마련해야 한다는 지적이다. 은행의 인터넷 뱅킹은 인증 프로그램을 갖추고 있으나 증권사들은 그동안 사이버상에서 본인 확인 절차를 거치는 인증 시스템을 갖출 경우 주문의 신속한 처리가 어렵다는 점 때문에 인증 시스템 없이 사이버 증권 거래를 해 왔다. 실제로 증권거래의 이같은 보안상 허점을 이용, 해킹 프로그램으로 증권사 고객들의 ID와 비밀번호를 무더기로 빼내 시세를 조작, 수천만 원을 챙긴 사건에 대해 정보통신망이용촉진및정보보호등에관한법률 위반 등 혐의로 구속영장을 신청했다. 오프라인에서 타인의 ID와 비밀번호를 알아내 증권계좌를 도용한 사건은 있었으나 사이버상의 허술한 보안시스템을 뚫고 계좌를 해킹한 것은 이번이 처음이다.

2. 인터넷음란물

윤락가 등 특정지역에서나 이뤄지던 매매춘이 인터넷을 통해 거래가 이뤄지고 '인터넷 포주'까지 등장하는 등 인터넷 윤락 알선이 대규모로 발생되고 있다. '인터넷 포주'란 매매춘 아르바이트를 원하는 4~5명의 여성들을 사전 확보한 뒤 인터넷 채팅을 통해 남자손님들과 시간, 장소를 정한 후 매매춘 상대를 연결시켜 주는 사람을 말하고, '인터넷 매춘'이란 인터넷 채팅 사이트에 '미녀 보내 드립니다'라는 이름의 대화방을 개설, 이곳을 접속하는 남자손님들에게 1시간 25만 원, 2시간 37만 원 상당의 화대를 받고 윤락을 알선하는 것을 말한다. 이러한 인터넷윤락은 윤락행위방지법으로 처벌할 수 있다. 이 외에 다음과 같은 행위로 인터넷음란행위로 처벌될 수 있다. 자시들의 집에서 인터넷 화상채팅을 통해 서로 신체의 은밀한 부위를 보여 주며 음란행위를 한다든지, 아동 포르노물을 인터넷상에서 판매, 게시, 방치하는 경우이다. 본 인터넷 음란물에 대하여는 다음 절에서 상세하게 다루기로 한다.

3. 개인정보유출

국내 10대 인터넷 구인구직 사이트에 대하여 개인정보 보호 실태를 조사한 결과, 대부분의 사이트들이 주민등록번호, 연락처, 학력, 성장과정 등 개인정보를 누구든 열람할 수 있게 돼 있어 범죄 등에 악용될 소지가 있는 것으로 나타났고, 또한 개인정보보호의 필요성을 인식하지 못하는 것으로 나타났다. 또한 회원이 등록한 구직정보 삭제나 회원 탈퇴가 제대로 이뤄지지 않고 대형 포털사이트 및 동종 사이트 간 콘텐츠 제휴로 이용자의 동의 없이 개인정보가 무단 공개되는 등 문제가 심각하지만 정부의 마땅한 규제장치조차 없다. 또한 1998년 인터넷 홈페이지를 만든 뒤 자료실에 주민등록번호 생성 프로그램을 올려놔 방문자들이 손쉽게 다운받을 수 있게 한 사이트는 이 프로그램을 이용해 만든 가짜 주민번호가 일명 '카드깡'이나 음란 사이트 접속 등 사이버 범죄에 이용될 소지가 크다. 성별·지역 코드 등으로 구성되는 주민번호 뒷부분 7자리를 규칙에 맞게 만들어 내는 주민번호 생성 프로그램에 대해 그동안에는 처벌조항이 없었으나 2001년 4월 개정 주민등록법이 시행되면서 처벌이 가능해졌다.

4. 사이버명예훼손

채팅사이트 게시판에 최근 헤어진 여자친구 이름으로 성행위를 유혹하는 글과 전화번호를 올려 네티즌들로부터 음란성 전화를 받게 한 이모 씨에 대해 구속영장을 신청하고 권모 씨를 불구속 입건했다. 이번 신종 사이버 스토킹 범죄는 정보통신망이용촉진법상 '사이버명예훼손죄'를 적용한 첫 사례로 형법상의 명예훼손죄(5년 이하 징역 또는 벌금 1,000만 원 이하)보다 강화돼 7년 이하 징역 또는 5,000만 원 이하의 벌금을 받게 되었다. 경찰은 올 들어 5월까지 모두 51건의 사이버 명예훼손 피해사례가 접수돼 이중 7건은 형법상의 명예훼손죄를 적용, 입건했다.

Ⅲ. 인터넷범죄의 국제공조 강화

최근 경찰청 사이버테러대응센터의 조사에 의하면 약 10여 년간 매년 사이버범죄자가 증가하는 추세에 있고, 이들을 구속했다고 한다. 특히 해킹이 가장 많고 다음으로는 바이러스 등으로 나타났다. 또 센터 측에 따르면 센터 설립 후 대표적인 사이버테러인 해킹과 바이러스유포 범죄의 적발은 4.5배나 증가했고 일반 사이버범죄자에 대한 검거실적은 2.2배나 증가했다. 최근에도 해킹, 바이러스 유포 등 사이버테러형 범죄는 물론 음란물, 인터넷사기, 사이버 명예훼손 등 하루 평균 200여 건의 범죄신고가 접수되고 있다. 이러한 인터넷범죄를 대처하기 위하여 빠르면 2002년부터 인터넷을 통해 검퓨터바이러스를 감염시키는 등 각종 사이버범죄 방지가 국제석인 자원에서 다루어지게 되었다. 즉, 유럽연합(EU)과 미국, 그리고 일본 등이 처음으로 사이버상의 범죄를 막기 위한 국제협정인 '사이버 범죄 방지조약'을 마련, 오는 2002년부터 발효되었다. 이 조약은 당초 유럽연합에서 국제협정 체결을 제의하고 미국·일본·캐나다 등이 가맹을 적극 검토함으로써 세계적인 통신 네트워크 규제 수단으로 부상하게 됐다. 사이버 범죄 방지조약은 사이버상의 범죄행위를 가맹국이 모두 국내법상 범죄로 인정하는 것을 골자로 하고 있는데, 컴퓨터 바이러스를 이용해 데이터를 파괴하는 행위는 물론 작성·판매·입수 등 준비 행위도 처벌한다는 내용을 담고 있다. 또 컴퓨터에 부정하게 접근하기 위한 패스워드 도용도 제재를 받는다. 국경을 넘나들며 자행되는 바이러스 공격에 대한 가맹국의 협력도 강화된다. 그동안 각국은 바이러스를 작성·발신한 나라에서 사이버범죄 행위를 적절히 단속하지 못함은 물론 피해국에 대한 수사협력이나 피의자 인도 역시 제대로 이뤄지지 않았다. 그러나 앞으로는 가맹국 수사기관 간 협력체계를 구축, 전자 바이러스의 작성·판매·입수는 물론 부정 패스워드를 사용한 경우 강력 처벌할 방침이다. 이와 관련, 사이버 범죄 방지조약에는 수사당국이 통신 네트워크를 통한 부정행위를 단속할 수 있도록 인터넷사업자에게 접속기록의 보존과 제출 의무를 명령할 수 있도록 한다는 내용이 포함되었다. 이렇게 될 경우 인터넷사업자는 인터넷접속의 보존을 위한 부담을 추가로 져야 하고, 이는 곧바로 수수료 인상으로 연결돼 e비즈니스 산업에 적지 않은 타격을 줄 것으로 예상되고 있다. 현재 대부분의 통신 사업자는 비밀보호와 비용절감 차원에서 당장 필요한 것을 제외하고는 접속기록을 보존하고 있지 않은 경우가 많은데, 기록 보존이 의무화될 경우 비용 부담은 물론 시스템 역시 대폭 변경해야 할 것으로 보인다.

제2절 인터넷과 음란물의 법적 규제

I. 서설

제1장에서 기술한 바와 같이 인터넷에 관한 범죄행위에 어떻게 대처하는가도 중요한 문제가 되고 있다. 컴퓨터의 보급에 따라 형법에 컴퓨터등사용사기죄의 신설로 이러한 행위를 처벌할 수 있도록 하고 있고, 음란물을 게시한 경우 형법상 음란물죄를 적용하여야 하지만, 인터넷상의 음란물에 대해서는 전기통신기본법을 적용해야 한다는 최신의 판례가 있고,[2] 그러한 경우 제공자에 대하여는 공범의 책임을 물을 수 있는가 하는 논의가 있다. 인터넷을 이용하면 자신의 컴퓨터 앞에서 국내·외의 서버상의 홈페이지정보를 자신의 컴퓨터에서 디스플레이상에 표시하여 포르노 영상을 볼 수 있다. 한국 국내의 특정의 장소에서 국내의 일정한 프로바이더(provider)[3]의 서버상에 외설적 화상에 접근하여 무상으로 불특정, 다수의 사람에게 이것을 보는 것을 가

---

2) 서울지법 1998. 9. 29. 선고 98고단206 판결 참조.

3) 이하에서 provider는 인터넷 서비스 사업자(ISP) 등을 지칭하나, 여기서는 '프로바이더'라는 용어를 사용하기로 한다.

능하도록 한 자는 형법에 의해 처벌될 수 있는가가 문제로 제기된다.

Ⅱ. 인터넷음란물과 형법 제243조

1. 서설

음란한 사진 등을 불특정 다수의 사람에게 관람시킨 경우, 형법 제243조의 음화반포죄가 성립한다. 형법 제243조는 "음란한 문서, 도화, 필름 기타 물건을 반포, 판매 또는 임대하거나 공연히 전시 또는 상영한 자는 1년 이하의 징역 또는 500만 원 이하의 벌금에 처한다."고 규정하고 있다. 여기에서 음란성의 개념에 관해서는 그것을 만족하는 것을 전제로 음란한 영상정보가 문서, 도화 기타 물건인가 아닌가, 반포, 판매 또는 공연히 전시하였다라고 말할 수 있는가가 문제로 제기된다. 이것이 인터넷과 음화반포죄의 문제이다.

2. 사이버 포르노의 제유형

인터넷을 이용하여 음란물의 반포, 판매나 공연히 전시는 실제로는 매우 다양한 형태로 발생하고 있다. 각각 다양한 논점을 전형적으로 나타내게 되는데, 다만 현실로 제기되었던 사건을 소개하고자 한다.

(1) 일본 사례

1) 벡코아메사건[4]

일본에서는 인터넷상 범죄를 경찰이 처음 적발한 사건으로서 주목을 받은 것으로 동경도 내의 회사원과 남자고교생이 개설한 카메라는 명칭이 홈페이지에 음란한 동영상을 공개하여 인터넷상에서 불특정 다수의 사람에 대하여 음란한 화상을 발송한 것으로 '음화반포죄'(일본 형법 제175조)의 혐의로 사건조사를 받았던 사건이다. 이 사건은 1996년 2월 1일에 마이니치신문 등에 보도되었다. 약 2개월의 공개기간 주에 약 10만 건의 접속되었다고 한다. 이 사건은 이 프로바이더의 이름에서 벡코아메사건으로 알려지게 되었다.

동경지방재판소는 인터넷이 가능한 퍼스널컴퓨터를 가진 불특정 다수의 이용자에게 당해 음란한 화상이 재생·열람 가능한 상황을 설정하였다고 하여 음화반포죄의 성립을 인정하였다.

이 판례에서 음란한 화상이 도화라고 하는 점에 주목하여야 한다.

2) 札幌지판[5]

이 사건의 피고인은 NTT를 이용하는 퍼스널컴퓨터 통신네트(몽키타와)를 개설·운영하고 있었고, 음란한 화상 데이터를 자택에 설치하고 상기 퍼스널 통신네트워크의 호스트컴퓨터 하드디스크 내에 기억시켜 접속하고자 하는 불특정다수의 회원에 음란한 화상을 복원·

---

4) 동경지판 1996(평성8)년 4월 22일 일판례시보 1597호 151면.

5) 1996(평성8)년 6월 27일 일판례집미등재, 園田壽, 「わいせつ情報の電子的存在について一サイバーポルノに關する刑法解釋論」, 關大法學論集 47卷 4號 1. 11頁以下(1997), 藤原宏高, 「サイバースペースと法規制」, 296頁(日本經濟新聞社, 1997) 參照.

열람시켜 음란한 도화를 공연하게 진열하였던 것이다. 찰황지방재판소는 음란한 화상을 일시적으로 컴퓨터의 하드디스크 내에 자기 데이터의 형태로 기억시킨 경우에 있어서도 이 데이터를 컴퓨터처리한다면 화상의 형태로 복원할 수 있는 것인 이상 이 데이터에 불특정 또는 다수의 자가 접속하여 데이터를 수신할 수 있는 상태로 있다면, 이 행위는 음란한 도화의 공연진열에 해당하는 것이고, 더욱이 음란한 화상 데이터를 호스트컴퓨터의 서버 하드디스크에 기억시킨 시점에 음란한 음화반포죄는 성립하는 것이라고 판단하였다. 이 판례도 음란한 화상을 도화로 보고 있다.

3) FLMASK 사건

大阪府警은 横浜市의 회사원(30세)에 대하여 화상을 마스크 처리할 수 있는 소프트웨어를 인터넷에서 판매한 죄로 체포하였다. 회사원은 자신이 개발한 색깔을 흐리게 한 것(이하 모자이크처리라 한다)을 지우는 FLMASK를 회사사원 2인에 대하여 무상으로 제공하였다. 이 소프트웨어의 판매용으로 개설한 홈페이지에 회사직원들의 홈페이지에 접속하기 위한 정보를 기재하여 모자이크처리를 간단하게 지우는 방법을 회사직원의 홈페이지에 게재하여서, 회사직원들의 범행을 용이하게 하였다. 이 마스크는 위법 소프트웨어는 아니다. 이 회사원이 자신의 홈페이지와 음란한 영상을 열람토록 한 별도의 홈페이지를 링크시켰다.[6] 이것에 관하여 음란한 도화공연진열방조가 성립되는가가 문제되었다.[7][8]

---

6) 朝日新聞 1997년 8월 22일자.

7) 똑같이 에프 엘 마스크라고 칭하는 화상처리소프트웨어를 사용하면 마스크를 없애는 것이 가능한 음란한

(2) 한국 사건

1) 남성용 자위기구인 모조여성성기가 음란한 물건에 해당한다고 한 사례(대법원 2003. 5. 16. 선고 2003도988 판결)

음란한 물건이라 함은 성욕을 자극하거나 흥분 또는 만족케 하는 물건들로서 일반인의 정상적인 성적 수치심을 해치고 선량한 성적 도의관념에 반하는 것을 의미하며, 어떤 물건이 음란한 물건에 해당하는지 여부는 행위자의 주관적 의도나 반포, 전시 등이 행하여진 상황에 관계없이 그 물건 자체에 관하여 객관적으로 판단하여야 한다.

이 사건 기구와 같은 남성용 자위기구가 그 시대적 수요가 있고 어느 정도의 순기능을 하고 있으며 은밀히 판매되고 사용되는 속성을 가진 것은 사실이나, 이 사건 기구는 사람의 피부에 가까운 느낌을 주는 실리콘을 재질로 사용하여 여성의 음부, 항문, 음모, 허벅지 부위를 실제와 거의 동일한 모습으로 재현하는 한편, 음부 부위는 붉은색으로, 음모 부위는 검은색으로 채색하는 등 그 형상 및 색상 등에 있어서 여성의 외음부를 그대로 옮겨놓은 것이나 진배없는 것으로서, 여성 성기를 지나치게 노골적으로 표현함으로써 사회통념상 그것을 보는 것 자체만으로도 성욕을 자극하거나 흥분시킬 수 있고 일반인의 정상적인 성적 수치심을 해치고 선량한 성적 도의관념에 반한다

화상을 서버컴퓨터에 송신하여 디스크어레이에 기억 저장시켜 수인의 인터넷이용자에 복원열람 가능한 상태로 둔 사건에 관해서 岡山地裁의 판결(강산지재 1997년 12월 15일 판례타임즈 972호 280면)이 있다.

8) 이 외에 신문보도되었던 일본 사건 중에서 특징적인 사건을 소개한다면, 퍼스널컴퓨터로부터 인터넷의 조일방송의 홈페이지에 접속하여 일기예보화상의 일부를 삭제하고 음란한 영상으로 대체한 것에 의해, 정보업무제공을 방해하였던 사건(조일방송홈페이지 대체사건=일본경제신문 1997년 10월 4일 조간)이 있고, 이 사건은 1991년에 일본 형법에 추가되었던 전자계산기손괴등업무방해죄(일본 형법 제234조의2)가 처음 적용되었으며, 음란도화공연진열죄도 적용되었다[대판지판 1997(평성9)년 10월 3일 판례타임즈 980호 286면]. 더욱이 외국의 서버를 이용하여 음란한 화상을 열람시킨 것에 미합중국의 렌탈서버에 음란화상 약 100점을 기억시켜 홈페이지에 진열 회원 약 180인에게 열람시킴 혐의가 있던 사안에 관해 일본형법의 적용을 인정하여 음한도화공연진열죄로 기소하였던 사건도 있다(일본경제신문 1997년 2월 11일).

고 하지 않을 수 없다.

그럼에도 원심은 그 판시와 같은 이유만으로 이 사건 남성용 자위기구가 형법 제243조 소정의 음란한 물건에 해당한다고 볼 수 없다고 판단하였으니, 거기에는 음란한 물건에 관한 법리를 오해하여 판결에 영향을 미친 위법이 있다고 할 것이다.

  2) 형법 제243조 소정의 '음란한 도화'의 의미 및 음란성의 판단 기
    준(대법원 2002. 8. 23. 선고 2002도2889 판결)

  형법 제243조에 규정된 '음란한 도화'라 함은 일반 보통인의 성욕을 자극하여 성적 흥분을 유발하고 정상적인 성적 수치심을 해하여 성적 도의관념에 반하는 것을 가리킨다고 할 것이고, 이는 당해 도화의 성에 관한 노골적이고 상세한 표현의 정도와 그 수법, 당해 도화의 구성 또는 예술성, 사상성 등에 의한 성적 자극의 완화의 정도, 이들의 관점으로부터 당해 도화를 전체로서 보았을 때 주로 독자의 호색적 흥미를 돋우는 것으로 인정되느냐의 여부 등을 검토, 종합하여 그 시대의 건전한 사회통념에 비추어 판단하여야 할 것이며, 예술성과 음란성은 차원을 달리하는 관념이므로 어느 예술작품에 예술성이 있다고 하여 그 작품의 음란성이 당연히 부정되는 것은 아니라 할 것이고, 다만 그 작품의 예술적 가치, 주제와 성적 표현의 관련성 정도 등에 따라서는 그 음란성이 완화되어 결국은 형법이 처벌대상으로 삼을 수 없게 되는 경우가 있을 수 있을 뿐이다.

  3) '내게 거짓말을 해 봐'사건(대법원 2000. 10. 27. 선고 98도679 판결)
  소설 '내게 거짓말을 해 봐'에 대하여 음란한 문서에 해당한다고

보고, 본 판결에서 형법 제243조 및 제244조 소정의 '음란'의 의미 및 그 판단 기준에 대하여 "형법 제243조 및 제244조에서 말하는 '음란'이라 함은 정상적인 성적 수치심과 선량한 성적 도의관념을 현저히 침해하기에 적합한 것을 가리킨다 할 것이고, 이를 판단함에 있어서는 그 시대의 건전한 사회통념에 따라 객관적으로 판단하되 그 사회의 평균인의 입장에서 문서 전체를 대상으로 하여 규범적으로 평가하여야 할 것이며, 문학성 내지 예술성과 음란성은 차원을 달리하는 관념이므로 어느 문학작품이나 예술작품에 문학성 내지 예술성이 있다고 하여 그 작품의 음란성이 당연히 부정되는 것은 아니라 할 것이고, 다만 그 작품의 문학적·예술적 가치, 주제와 성적 표현의 관련성 정도 등에 따라서는 그 음란성이 완화되어 결국은 형법이 처벌대상으로 삼을 수 없게 되는 경우가 있을 수 있을 뿐이다."고 한다.

4) 컴퓨터 프로그램파일사건(대법원 1999. 2. 24. 선고 98도3140 판결)

사건에서 대법원은 컴퓨터 프로그램파일이 형법 제243조 소정의 문서, 도화, 필름 기타 물건에 해당하는지 여부에 대하여 부정적 입장이다. 즉, "형법 제243조는 음란한 문서, 도화, 필름 기타 물건을 반포, 판매 또는 임대하거나 공연히 전시 또는 상영한 자에 대한 처벌 규정으로서 컴퓨터 프로그램파일은 위 규정에서 규정하고 있는 문서, 도화, 필름 기타 물건에 해당한다고 할 수 없으므로, 음란한 영상화면을 수록한 컴퓨터 프로그램파일을 컴퓨터 통신망을 통하여 전송하는 방법으로 판매한 행위에 대하여 전기통신기본법 제48조의2의 규정을 적용할 수 있음은 별론으로 하고, 형법 제243조의 규정을 적용할 수 없다."고 한다.

5) 사진첩사건(대법원 1997. 8. 22. 선고 97도937 판결)

법원은 사진첩에 남자 모델이 전혀 등장하지 아니하고 남녀 간의
정교 장면에 관한 사진이나 여자의 국부가 완전히 노출된 사진이 수
록되어 있지 않다 하더라도, 그 사진들이 음란한 도화에 해당한다고
보았고, 본 판결에서 대법원은 형법 제243조 소정의 '음란한 도화'의
의미 및 그 판단 기준에 대하여 "형법 제243조에 규정된 '음란한 도
화'라 함은 일반 보통인의 성욕을 자극하여 성적 흥분을 유발하고 정
상적인 성적 수치심을 해하여 성적 도의관념에 반하는 것을 가리킨
다고 할 것이고, 이는 당해 도화의 성에 관한 노골적이고 상세한 표
현의 정도와 그 수법, 당해 도화의 구성 또는 예술성, 사상성 등에 의
한 성적 자극의 완화의 정도, 이들의 관점으로부터 당해 도화를 전체
로서 보았을 때 주로 독자의 호색적 흥미를 돋우는 것으로 인정되느
냐의 여부 등을 검토, 종합하여 그 시대의 건전한 사회통념에 비추어
판단하여야 한다."고 본다.

3. 형법이론상의 문제점

이상에서 열거하였던 사건은 주로 형법 제243조의 적용가능성이
문제되었던 것이다. 제243조의 논점에서 보자면 다음과 같다.

(1) 음란한 '물건'의 공연전시의 의의

1) 음란화상정보는 도화인가?
형법 제243조는 기술한 바처럼 음란한 문서, 도화 기타 물건을 배

포, 판매 또는 공연하게 전시한 자를 처벌한다, 문서는 가독성, 가시성을 필요로 하는 물건으로 자기적 기록과는 구별된다. 이것은 의사 또는 관념의 표시인 정보를 매개물에 가독적·가시적인 형태로 기억시킨 물건이다. 도화에 관해서도 문서의 일부로 되는 것이고 동종의 요건을 구비하지 않으면 안 된다. 하드디스크에 기억시킨 전자정보는 가시성을 가진 도화라는 물건이라는 것이 가능할 것인가 ?

2) 마스크 처리된 화상을 관람에 제공한 것은 공연전시인가?

음란한 화상부분에 마스크처리를 실시하여 모자이크로 만들어서 수정한 화상을 인터넷상의 홈페이지에 게재하여 화상의 모자이크가 화상처리소프트를 사용하는 간단한 처리에 의해 용이하게 삭제될 수 있는 경우 이 게재는 공연전시라 할 수 있는가? 또한 마스크를 없애기 위해 화상처리 소프트를 판매하는 것은 공연전시의 방조에 되는 것인가? 공연이란 불특정 또는 다수의 사람의 관람할 수 있는 상태를 말한다.

3) 링크를 연결하는 것은 공연전시인가?

타인의 음란한 화상이 게재된 홈페이지에 링크를 연결한 행위, 즉 자기의 홈페이지에 접속한 사람이 그 타인의 홈페이지에 쉽게 접속을 가능하게 하는 행위가 음란한 도화반포죄방조인가 어떤가의 문제가 있다. 링크를 연결하는 행위는 연결되는 쪽의 동의 없이도 가능한 경우도 있고, 물론 포괄적 동의가 있는 경우도, 개별적 동의가 있는 경우도 있다.

(2) 음란한 도화의 반포 판매

퍼스널통신에서 불특정다수의 사람이 유상 혹은 무상으로 음란한 화상을 송신하는 것은 음란한 도화의 판매 내지 반포에 해당하는가?

음란한 화상 자체는 정보이고 물건은 아니다. 음란물반포죄 내지 판매죄는 물건의 반포, 판매를 예정하고 있다. 일본 하급심의 판례에서는 비디오점주가 음란한 화상이 녹화된 비디오카세트에 대하여 요금을 받고 고객의 공테이프에 음란한 화상을 더빙한 행위가 음란물 판매죄 내지 반포죄에 해당하는가에 관하여 견해가 나누어져 있다. 이러한 반포 판매는 공연전시과는 어떻게 다른가?

(3) 프로바이더의 관리책임

프로바이더는 컴퓨터 시스템을 사용하는 사용자가 이러한 범죄행위를 행한 경우 설비제공자로서 관리책임을 부담하는가? 그렇다면 사용자는 통신의 비밀에 의해 보호되는 것인가?

프로바이더는 사용자의 범죄행위가 행하여지지 아니하도록 관리 감독할 의무를 부담한다. 음란한 화상이 개재되고 있다는 것을 알고 그것을 방치한 경우 부작위에 의한 음란한 도화공연전시죄의 방조로서 처벌되는가 어떤가에 관해서는 프로바이더의 의무의 내용에 의존한다.

(4) 해외서버의 접근과 국외범의 처벌

한국 국내에서 외국의 프로바이더의 서버에 음란한 화상을 게재하여 한국 국내에 한국인에게 관람시킨 경우 한국의 형법이 적용되는가가 문제이다. 국외범 처벌규정이 없기 때문에 한국 국내로부터 해외의 서버에 음란한 정보를 접근한 것도 불가벌이라는 견해[9]는 부당하다. 즉, 우리 형법은 속지주의를 기본으로 속인주의, 보호주의 등을 채용하고 있다. 따라서 처벌하는 것이 가능하다고 본다.

4. 음란물공연전시죄의 적용상의 문제점

(1) 문서, 도화, 물건과 전자적 기록

반포라는 것은 유상 이외의 방법으로 교부하는 것이고 판매는 유상으로 교부하는 것을 말한다. 공연전시는 불특정 또는 다수의 자에게 관람하는 것이 가능한 상태에 두는 것을 말한다. 이 범죄의 객체가 되는 도서, 도화, 기타의 물건은 전부 물건, 즉 유체물을 말한다. 전기디스크나 하드디스크에 기록된 정보가 문서인가 어떤가에 대하여 논쟁이 있었으나 1995년의 형법개정에 의해, 전자적 기록에 대하여 규정을 두어, 이러한 자기적 기록은 문서와는 구별된다. 이것에 의하면, 전자적 기록은 전자적 방식, 전기적 방식 이외 사람의 지각에 의해 인식할 수 없는 방식으로 작성된 기록으로 전자계산기에 의해 정보처리용으로 제공된 것을 말한다고 볼 수 있다. 1995년 형법 개정 시 음화반포죄에 관해서는 음란한 문서, 도화, 필름 기타 물건으로 되어 있고, 전자적 기록은 추가되지 아니하였다.

(2) 음란화상, 음성의 판매, 공연전시

그래서 전술한 바와 같이 음란비디오의 더빙에 관해 화상정보만을 타인에게 반포 내지 판매되어진 경우에 이 범죄에 해당하는가가 문

---

9) 園田壽, 「メディアの變貌－わいせつ罪の新たな局面」, 中山研一古稀祝賀論文集(第4卷), 成文堂, 1997.

제되었다. 비디오점의 점주가 자신이 소유하는 음란비디오의 내용을 재생기를 사용하여 고객이 소지한 공비디오테이프에 더빙하여 더빙료를 받은 사안에 관해 음란물판매죄 내지 반포죄가 문제된 사안이다. 이에는 화상정보만이 이전하므로 물건은 이전하지 않는다는 점이 논점이다. 이 사건에 관해 일본 대판지재계지부[10]는 음란물판매죄의 성립을 인정하였다. 왜냐하면 점주가 고객과 가공청부계약을 체결하여 그것을 이행, 교부하고 음란물비디오테이프과 공비디오테이프에 있어 주요 재료는 음란비디오이고, 점주가 공급한 것이 된다. 그런 결과로 생긴 테이프의 소유권은 더빙에 의해 일단 점주에게 귀속한다. 그 후 그것을 고객에게 유상 양도한다는 구성을 하여 음란물비디오테이프는 '물건'의 판매라는 것이다. 이렇게 본다면, 팩스로 어떤 사람이 상대방의 팩스용지에 음란화상을 유상으로 기입한 경우 상대방의 팩스용지에 기입한 부분의 소유권은 가공에 의해 송신자에게 이전한다고 구성을 취하는 것도 가능하다.

퍼스널컴퓨터통신에서 신청한 특정인에게 반복, 계속적으로 유상으로 음란한 화상을 판매한 경우에는 대판지재계지부 판결과 같이 완벽한 이론구성은 곤란하다. 매수인의 하드디스크를 가공한 결과 가격이 현저히 상승하거나, 혹은 주요 재료를 제공한 것은 매도인이라고 구성을 하는 것은 가능하지 않다고 생각한다. 그러나 뒤에 상술하는 바와 같이 인터넷에서 유상으로 음란한 화상을 불특정 다수의 사람에게 판매하는 경우 불특정다수의 자에게 관람 가능한 형태로 만드는 것으로 물론 공연전시죄를 적용하는 것이 가능하다면 물건의

---

10) 1979(소화54)년 6월 22일 刑月 11권 6호 584면.

판매라는 구성은 불필요하게 된다.

(3) 음란한 비디오의 전시?

공연전시죄와 고객은 문서, 도화, 기타의 물건으로, 유체성이 요구되는 것은 다르지 아니하다. 그러나 음란한 영화나 비디오를 보거나 혹은 음란한 녹음테이프를 듣는 경우, 영화는 자막상의 빛을 보고 있는 것이고, 비디오테이프도 테이프수신기와 연결된 TV상의 화면을 통하여 보게 되는 것이고, 또한 음은 공기의 전동에 의한 파장이기 때문에 결과적으로 물건을 관람시키는가에 의문이 있다.

이에 관해 판례는 전시된 객체는 영상이나 음성이 아니고 필름 내지 녹음재생기 자체라고 한다. 다이얼Q2를 이용하여 특정신호로 전화하면 음란한 녹음을 듣는 것이 가능한 녹음재생기와 전화기를 연동시키는 장치를 통해 불특정 다수의 사람에게 내용을 듣게 한 경우에 디지털녹음재생기를 공연전시하였다고 판시한 판례[11]가 있으나 우리들의 일상감각에서는 이상한 감이 있다. 이에 따르면 인터넷상에서 음란한 화상을 프로바이더의 컴퓨터 시스템 내에 접근하여 이것에 접속하는 행위는 프로바이더의 음란한 서버를 공연전시하게 되는 것이 된다.[12]

---

11) 대판지판 1991년(평성3)12월 2일 판례시보 1411호 128면.

12) 인터넷 음란물과 공연전시죄에 관한 일본 판례로는 다음과 같은 것이 있다. 퍼스널통신에 의한 음란공연전시를 긍정한 일본 판례로 ① 橫浜地判 1995(평성7)년 7월 14일 일판례집미등재가 있고, ② 京都簡裁略式命令 1995(평성7)년 11월 21일 판례집미등재가 있다. 인터넷에 의한 음란도화공연전시죄를 긍정한 것으로, ③ 東京地判 1996(평성8)년 4월 22일 일판례시보 1597호 151면 및 札幌地判 1996(평성8)년 6월 27일 판례집미등재 또한 일본 국내로부터 미국의 프로바이더를 통하여 음란화상정보를 제시하여 전시한 사안에 관한 山形地判 1998(평성10년)년 3월 20일 판례집미등재가 있다. ①②는 음란화상이 열람가능한 상황을 긍정하여 액세스하려는 불특정다수자에게 데이터를 송신하여 재생열람시킨 것을 공연전시라고 하고 ③④는 음란화상이 재생열람가능한 상황을 설정한 것 자체를 공연전시라고 한 것이다.

(4) 학설의 경향

1) 정보가 디시플레이상의 화상인가 하드디스크인가?

홈페이지에 음란화상을 게재하여 불특정 다수의 사람에게 보는 것이 가능하도록 하는 것은 음란물공연전시죄에 해당하는가에 관해 ① 음란물이 되는가의 문제로 되는 것은 정보 그 자체인가? 그렇지 않으면, ② 디스플레이상의 화상 그것인가? 또는 ③ 음란정보가 기록되어 있는 서버 내지 하드디스크인가가 문제로 제기된다.

학설에서는 ①의 견해를 채용하는 학설에 의하면 서버가 음란한 화상이라는 것을 안다는 것은 불합리하다. 예를 들자면 음란한 도화가 유료로 다운로드되는 경우 서버가 교부된 것은 아니다. 음란한 영상정보가 교부된 것이다. 뿐만 아니라 형법 제243조의 보호법익에 주목한다면 문서, 도화, 그 외의 물건이 유체물인 것은 중요하지 않다. 형법 제243조의 객체에 대해 실질적으로 파악한다면 정보를 '화체하는 물건'으로서가 아니고 화체된 정보이다.[13] 이 설의 전반의 주장은 이를 통하여 서버가 반포, 판매된 것은 아니라는 점을 명확히 하였다. 물건의 소유권의 이전은 없지만 정보 그 자체의 반포 판매는 물건의 반포판매에 있지 아니하다. 이 주장의 후반도 입법론으로는 정확하다. 그러나 해석론으로는 형법 제243조는 문서, 도화, 물건인 것을 전제로 그것만을 예정한 규정이고 정보 그 자체를 행위객체로 되는 것은 아니다.

②의 디스플레이상의 화상이라고 하는 견해에 의하면 브라운관이나

---

13) 堀内捷三, 「インターネットとポルノグラフィー」, 研修 588號2, 5頁, 1997 또는 名取俊也, 「わいせつ畵像データを刑法175條の 『わいせつ圖畵』と認定した事例」, 研修 596號 21頁, 1998.은 이 견해를 설득력이 있다고 한다.

액정에 표시되고 이러한 물건에 표시된 영상 자체가 음란물이나 도화라고 주장하는 것이 된다. 그러나 실제로 이 학설은 설득력이 없다. 왜냐하면 음란물은 어느 정도 영속성을 가진 물건일 것이 필요한데 흰색천과 광선에 의해 일시적으로 합성된 영화스크린도, 레이저의 광선으로 합성된 홀로그램도 그 자체가 음란물로 되지 않는 것과 같이 브라운관도 액정도 그 일시적인 전자적 변화에 의해 영상을 비추는 것일 뿐 그 자체를 음란물이라고 하는 것은 가능하지 않기 때문이다.

학설은 대부분 서버 내지 하드디스크가 음란물이라고 하는 ③의 구성에 따라 사진기 녹음기, 비디오영사장치 내지 필름 테이프 등을 음란물이라고 하는 종래의 판례의 연장선상에서 행위객체를 요구하고 있다.

2) 음란물성 부정설의 검토

① 부정설, 긍정설의 논거

우선 하드디스크가 음란물이라는 견해를 부정하는 설[14]은 음란한 데이터를 기재하고 있는 호스트 컴퓨터가 음란물이라는 것은 상식적인 용어법으로는 인정되지 아니하고 인터넷에서 서버의 음란한 데이터가 직접적으로 사용자의 디스플레이에 표시되는 것은 아니고 통상 사용자에 의해 다운로드된 캐쉬파일인 데이터가 표시된다. 정보가 일단 서버로부터 사용자에게 전달되며 그 하드디스크 내의 정보가 화상으로 표시되는 것이다. 요컨대, 사용자는 자기의 컴퓨터의 캐쉬파

---

14) 園田壽,「インターネットとわいせつ情報」, 法律時報 69巻 7號 28頁, 1997; 同,「サイビバーポルノと刑法」, 法學セミナ 501號 4頁, 1996(이하 園田 刑法에서 인용), 同,「コンピューター・ネットワークとわいせつ罪」, ジュリスト創刊總合特輯『變革期のメディア』, 1997, 168頁(이하 園田,「わいせつ罪」, 法學敎室 215號, 38頁, 1998에서 인용).

일 내의 정보를 보는 것이고, 따라서 서버에 접속한 자는 서버의 정보를 화체화한 물건을 보고 있는 것은 아니라고 할 것이다.

이에 대하여 확실히 서버의 하드디스크 내에 기록된 음란정보는 그것에 접속한 자가 그 데이터를 다운로드하여, 자신의 퍼스널 컴퓨터의 캐쉬에 가져온 뒤에 이것을 영상뷰어를 사용하여 스크린에 표시하는 것에 의해 인식이 가능해지게 되는 것이다. 그러나 특별히 그 과정이 자동화되고 직접적인 이상 하드디스크상의 정보에 관해서도 인식 가능한 공연전시에 해당하고 하는 것이 좋을 것이라는 반론15) 이 있다.

② 판례에 있어서 음란성의 현재화의 용이성의 기준

판례에 있어서는 그것 자체가 그대로 직접적으로 음란도화인 것이 명백한가를 음란물건의 요건으로서 보고 있는 것은 아니다.16) 일본 판례는 음란정보의 현재화가 용이하다면 은닉되어 있는 경우에도 음란도화로서 인정한다.17) 이에 비하여 우리나라 판결은 형법 제243조

---

15) 山口厚, 「コンピューター・ネットワークと犯罪」, ジュリスト 1117號 73, 1997, 75頁.

16) 판례의 동향에 대하여는 鹽見淳, 「猥褻物と猥褻情報」, 判例タイムズ 874號, 1995, 58頁. 參照.

17) 일본 하급심판례에 있어서도 언뜻 보기에는 흑색과 적색의 귀신얼굴, 황갈색의 옷을 입은 승려의 그림이 그려져 있는 것에 지나지 않지만 중앙부를 나누어 접으면 남녀의 성기가 되는 손수건에 관해서, 음란도화로서 인정하였고[札幌高裁 1969(소화44)년 12월 23일 일고형집 22권 6호 964면]. 그리고 매직잉크에 의해 수정된 사진에 관해 칠해 바른 것을 소거하여 영상을 회복하는 것은 통상인에 있어서도 비교적 용이하게 할 수 있는 것이 명확하면 매직잉크에 의해 칠해 바른 그 자체의 상태에 있어서도 이 소거의 용이성에 비추어 음란도화라고 인정하는 것이 상당하다는 판례[동경고재 1981(소화56)년 12월 17일 일고형집 34권 4호 444면]가 있다. 미현상필름에 있어서도 이것을 현상하여 현재화하는 것이 용이한가를 이유로 음란물로 인정한 판례도 있고[명고옥고판 1966(소화41)년 3월 10일 고형집 19권 2호 104면]. 더욱이 음반테이프에 관해서 확실히 음성은 무형이지만 본건테이프와 같이 회화, 음성 등을 테이프에 녹음·고정하여 그것을 재생시키는 것에 의해, 청각에 의해 내용을 알 수 있는 물건은 영화필름, 사진, 소설 등을 시각에 의해 내용을 인식할 수 있는 경우와 다르지 아니하므로 음란문서, 도화 기타 물건에 해당한다는 판례[동경고재 1966(소화41)년 12월 23일 고형집 24권 4호 789면]가 있다. 그 외 비디오테이프를 모텔용으로 판매한 행위가 음란물도화판매죄에 해당한다는 최고재판소의 결정[最2小決1979(소화54)년 11월 19일 판례시보 951호 13면]도 있다.

소정의 음란한 문서 또는 도화의 의의 및 그 음란성 존부의 판단 기준에 대하여 "형법 제243조에 규정된 음란한 문서 또는 도화라 함은 성욕을 자극하여 흥분시키고 일반인의 정상적인 성적정서와 선량한 사회풍속을 해칠 가능성이 있는 도서를 말하며 그 음란성의 존부는 작성자의 주관적 의도가 아니라 객관적으로 도서 자체에 의하여 판단되어야 한다."고 본다.[18] 이처럼 판례는 그 자체가 일응 음란물인 것이 명확하지 않아도 어떠한 보조기구를 사용하여 수단을 가하면 용이하게 음란성이 현재화하는 것에 관해서는 음란물이라고 인정하고 있다. 만약 이것을 인정하지 않는다면 간단한 처리에 의해 음란물성이 부정되어 버리고 형법 제243조의 의의를 무색하게 할 것이기 때문에 이 방향 자체는 정당하다고 말하지 않을 수 없다.

③ 소결

확실히 그 자체 가시성이 없는 전자적 정보를 화체한 하드디스크가 음란물로 보기는 어려운 점이 있다. 그러나 음란정보를 보조적인 일정작용에 의해 용이하게 현실화하는 물건을 열람하여 제공하는 것은 일률적으로 외설물의 공연전시가 아니라고 하는 것과 같이 보조장치를 사용하여 용이하게 현실화할 수 있는 정보를 화체화한 것을 음란물전시라고 보아야 한다. 보조장치를 사용하여야만 볼 수 있다고 해도 그 자체가 음란물이라면 그것이 음란물인 것은 의심할 여지가 없다. 예컨대, 육안으로 볼 수 없는 미세한 음란도화를 전자현미경으로 보면 볼 수 있는 경우 불특정다수인에게 관람시킨다면 공연전시

---

18) 대법원 1991. 9. 10. 선고 91도1550 판결.

죄가 된다고 볼 수 있다. 디스플레이를 보면서 촬영하는 액정비디오 카메라로 디스플레이상의 화상과 그 피사체는 일정한 시간적 격차가 생기는 형태로 복사되도록 조작된 비디오카메라를 실내의 벽의 구멍에 설치하여 불특정다수인에게 음란한 정보를 그 디스플레이에서 보이도록 한 경우에도 음란한 인형을 공연전시한 것이라고 할 수 있다.[19] 그 자체는 음란한 것이 아닌 물건을 이것을 통하여 보기 위한 거울이나 안경 내지 비디오영사기와 조합한다면 음란물이 되는 경우에도 피사체가 음란물인 것은 명백하다. 예컨대, 거울의 반사를 이용하여 거울과 그 물건을 조합하면 음란물 같은 것을 볼 수 있는 장치를 관람시킨 경우에도 이 물건의 전시에 해당하게 된다.

그렇다면 약간의 시간적 간격이 있다고 해도 호스트컴퓨터에 기록된 정보가 캐쉬에 기록된 물건을 보는 경우에도 간접적이긴 하지만 자동적으로 현재화되는 호스트컴퓨터 내의 정보의 화체화된 물건으로 보아야 한다.

3) 자기화상데이터는 도화인가 기타의 물건인가?

문서도 도화도 가시성을 요건으로 한다. 이러한 것들은 그것 자체가 가독성, 가시성을 필요로 한다. 따라서 하드디스크에 업로드된 화상데이터는 도화일 리는 없다. 학설 중에는 용이하게 음란화상이 현실화하는 비디오도 도화이고, 음란화상데이터를 집어넣은 FD나 MD, CD 등도 음란도화라고 하는 것도 있지만 부당하다. 그러나 형법 제243조에서 말하는 기타 물건은 유체물이라면 족하고 그것 자체로서

---

19) 山口, 前揭注 16) 76頁.

가시성을 요하지 않는다. 따라서 이 물건이 어떠한 보조장치를 사용하여 인간의 오감에 의해 지각 가능하다면 음란물이라 할 것이다. 하드디스크 내의 전기화상데이터는 디스플레이상에 표시된다면 지각 가능하고 음란물이라 할 것이다.

물론 음란화상이 들어 있는 비디오카세트, 그것만을 점포 앞에 늘어놓아 통행인에게 전시하였다 하여도 음란물공연전시죄에 해당하지 않는다. 전시는 관람할 수 있는 상태로 두는 것으로 이 사례에서는 보조장치 없이 용이하게 음란물을 관람하는 것이 가능하지 않기 때문이다. 음란한 음성이 들어 있는 카세트테이프를 점포 앞에 늘어놓아 '야한 음성이 들어 있습니다'라는 글이 있는 메모용지를 붙이고 주의를 환기시켰어도 공연'전시'는 아니다.

5. 음란물의 반포, 판매

음란물의 반포, 판매는 객체로서 물건 자체의 유상·무상의 교부를 요건으로 하기 때문에 인터넷을 통하여 음란자기정보의 형태로 반포, 판매하는 것은 가능하지 아니하다. 그러나 불특정다수인에게 사실상 반포, 판매하는 경우에는 그 화상이 어떠한 형태이든 디스플레이상에 표시된 때에는 열람에 공여한 것이 되므로 공연전시죄가 성립할 것이다. 화상데이터가 데이터의 형태 그대로 다운로드된 상태를 화상을 전시한 것이라고 말하는 것은 아니다. 전시한다라고 하는 것은 오감으로 지각하는 것이 가능한 상태에 있는 것을 말하는 것이므로 후에 상술하는 바와 같이 영상데이터가 배분되어, 수신자의 행위의 개재에 의하여 그 디스플레이상에 표출된 때에 전시죄가 성립하는 것이다.

6. 마스크를 붙인 음란화상의 전시

원래 음란화상에 시판의 화상수정소프트웨어를 사용하면 용이하게 풀어지는 것이 가능한 모자이크모양의 마스크를 붙여 홈페이지에 게재하여, 불특정다수의 자가 이것을 풀어 본 경우에 음란물공연전시죄가 성립하는가? 이것도 음란사진의 음란부분에 용이하게 벗길 수 있는 실을 붙이고 불특정다수의 자에게 보도록 하는 행위와 같다고 생각할 수 있을 것이다. 여기에서는 물론 용이하게 풀 수 있는가 어떤가가 기준이 된다. 그러나 예를 들어 어느 정도 고도의 테크닉을 요해도 이것을 푸는 것이 마니아 사이에서는 불특정다수의 사람에게 가능하다면 용이하게 푸는 것이 가능하다고 하여야 할 것이다. 여기에서 중요한 것은 공연전시된 음란물이 마스크를 푸는 것을 예정한 형태로 전시되었는가이다. 그 자체로 음란한 인형에게 옷을 입혀 전시하여도, 통상 누구도 그 인형의 의복의 안을 볼 수 없는 형태로 전시된다면 음란물의 공연전시가 아니라는 것은 당연하다. 그러나 그 인형 앞에 '인형의 의복 안을 보아 주세요'라는 쪽지를 나누어 주고 전시한 경우에는 공연전시죄가 성립하는 것은 말할 필요도 없다. 전시보다 시간적으로 선행하여 쪽지를 나누어 주고 나서 옷을 입힌 음란한 인형을 전시하여도 사정은 같다. 마스크처리소프트웨어가 유포되는 것을 예정하고 용이하게 풀 수 있는 마스크를 붙인 음란화상을 홈페이지에 게재하는 행위도 공연전시이다.

화상수정소프트웨어의 반포, 판매에 관해서는 공모하여, 음란화상의 게재자와 분업으로 마스크를 붙인 음란화상의 현재화를 가능하도록 한 경우, 관여의 형태에 따라 음란물공연전시죄의 공동정범 내지 방조죄가 성립할 것이다. 이 경우 특정음란화상의 현재화를 가능하도록 하는 것이 필요하며 게재자와 무관계로 일반적으로 화상처리소프트웨어를 판매만으로는 임의의 음란물공연전시에 대한 편면적 방조가 성립하는 것은 아니다.

7. 링크를 연결한 행위

음란한 정보를 공개하고 있는 다른 사이트로 링크를 연결한 행위가 음란물공연전시죄를 구성하는가? 링크를 연결시킨 행위는 상대방의 동의를 얻어 행한 것이므로 이 행위는 공범이 아니고 행위자체가 공연전시죄의 정범의 가능성을 가진 것으로 고찰된다.[20] 링크가 음란화상에 직접 연결된 경우, 그 후 몇 개의 행위가 개입이 없으면 관람 가능한 상태가 되지 않는 경우도 있다. 전자의 경우만이 공연전시죄의 정범이라고 말해야만 할 것이다. 직접적으로 관람 가능한 상태로 행한 경우에는 아파트의 옆방에서 인근사람에 의해 상시 전시되고 있는 음란화상을 방의 경계벽에 구멍을 뚫어 자신의 방에서 보이도록 하여, 불특정다수의 자에게 공개한 것도 같다. 이에 대하여 홈페이지에 단순

---

20) 우리나라 법원은 인터넷에서 음란한 파일들이 존재하는 주소를 링크시킨 행위를 전기통신기본법 제48조의2 소정의 음란한 부호 등을 공연히 전시한 것으로 볼 수 있는지 여부에 대하여 소극적(수원지법 1999. 12. 10. 선고 98고단5874 판결: 항소) 입장이다. 즉, "전기통신기본법 제48조의2는 '전기통신역무를 이용하여 음란한 부호 · 문언, 음향 또는 영상을 공연히 전시한 자'를 처벌하도록 규정하고 있는바, 여기서 음란한 부호 등을 공연히 전시하였다 함은 인터넷상에서는 음란한 내용의 파일들을 직접 게시하였거나 이와 동일시할 수 있는 정도의 행위, 즉 음란한 내용의 파일들을 직접 링크시키는 행위 등에 한정된다고 할 것이므로, 자신이 관리하는 인터넷사이트에 음란한 내용의 파일들이 존재하는 주소를 바로 연결할 수 있도록 링크사이트를 개설한 행위는 음란한 부호 등을 전시한 것과 동일시할 수 있는 형태의 행위라고 볼 수 없다."고 한다.

히 다른 홈페이지의 URL을 참조하는 코멘트를 단 것에 지나지 않다면 실제로 이것은 어떠한 음란정보의 기술도 음란화상도 존재하지 아니하는 것이다. 링크를 연결한 것이 음란하다면 알파벳의 나열에 지나지 아니한 음란한 홈페이지의 URL를 소개한 문서도 또한 음란문서로 인정하여야 한다는 주장도 있지만 이 주장은 링크를 행한 행위를 행한 자의 홈페이지가 음란화상이라는 이해하고 있는 것 같지만 이것을 공연전시라고 하는 것은 아니다. 홈페이지의 URL를 소개하는 문서는 자동적·직접적으로 음란화상을 현재화시키는 것이 아닌 것은 공연전시 행위에 해당하지 아니하는 것은 말할 필요도 없다.

8. 전시의 완성시기

판례는 음란화상데이터를 서버상에 보존하여, 불특정다수의 자가 열람 가능한 상태에 둔다면 공연전시한 것으로 본다.[21] 이에 대하여 음란문서, 도화 등을 반포·배부하는 경우에 음란물반포·판매죄가 성립하는 것과 같이 음란물공연전시죄는 이것을 관람, 열람시키는 경우에 성립한다. 이 점에서 형법 제243조는 일종의 결과범으로서 서버상에 보존되어 있는 음란한 화상 그 자체는 불가시적이고 공연전시죄의 경우에는 가시적인 것을 필요로 하고 행위자의 현실적인 행위는 열람이 가능하도록 설정하는 행위로서 이 행위가 전시행위로서 형법상 의미를 가지는 것은 음란화상이 화면상에 재생되어 열람에 공여된 시점[22]이라는 견해가 있다.

---

21) 일본 동경지재 1996(평성8)년 4월 22일 판례시보1597호 151면.

22) 堀内, 前揭注, 3), 6頁以下.

공연전시죄에 관해 실제로 인식된 것은 필요하지 않다는 것이 종래 압도적 통설로 이 견해는 정당하다. 포르노영화를 상연되었으나 고객인 회원이 영화가 시작된 시점부터 잠이 들어 누구도 보지 못했다 하여도 공연전시이다.

그러나 전시는 인간의 오감에 작용하는 형태로 직접 관람 가능한 상태에 있는 것이 아니면 안 되기 때문에 홈페이지에 음란정보를 업로드한 것만으로는 아직 관람 가능한 상태라고는 할 수 없다. 실제로 어떤 자가 접속하여 자기의 디스플레이상에 표출할 필요가 있다. 그런데 관람 가능한 상태라는 것은 눈이나 귀 등의 인간의 오감에 의해, 직접 그 물건으로부터 발생한 정보를 접촉하는 것이 가능한 상태를 말한다. 육안으로 볼 수 없는 것 같은 미세한 음란화상을 전자현미경의 렌즈를 통하여 육안으로 볼 수 있는 상태에 둔 때, 옷을 입을 인형의 국부를 의복을 벗기면 볼 수 있는 상태로 둔 때 공연전시죄가 성립한다. 마스크를 붙인 상태에서 홈페이지에 게재한 경우에는 그것만으로 아직 전시이라고 할 수 없다. 마스크를 풀면 직접 관람할 수 있는 상태에 둘 필요가 있다. 이에 의하여 전시이라는 것은 행위자의 행위만으로 족하는 것은 아니고 경우에 따라서는 관람 가능한 자의 예측할 수 있는 보조행위의 개재가 있어야 비로소 완결되는 것이다.

9. 해외 서버로의 접근과 형법의 적용

(1) 형법상 규정

형법 제2조는 "본법은 대한민국영역 내에서 죄를 범한 내국인과 외국인에게 적용한다."라고 규정한다. 이 규정은 형법의 장소적 적용범위에 관해 기본원칙을 명확히 한 것으로, 속지주의원칙에 입각한 것을 명시하고 있다. 한국 국내가 범죄지라면 우리 형법이 적용된다.

(2) 외국에서의 업로드

그런데 미국인이나 한국인이 미국에서 인터넷상의 홈페이지에 음란영상을 공연전시하여 한국 국내에서 그것을 다운로드하거나 혹은 자택의 디스플레이상에 표시하여 관람할 수 있게 한 경우에는 우리 형법이 적용될 수 있을까?

1) 범죄지의 문제

여기에서는 범죄지가 한국 국내인가 어딘가가 문제이다. 예컨대, 미국인이 한국에서 알게 된 독일인을 살해하고자 미국에서 독을 넣은 위스키를 한국에 송부하여 독일인을 살해한 경우 한국 형법이 적용되는가는 범죄지가 어디인가에 의해 정해진다. 여기에서 범죄지를 결정하는 기본적인 방법은 구성요건의 일부로 되는 행위가 한국에서 행하여졌는가? 혹은 구성요건의 일부인 결과가 한국국내에서 발생한 경우에 범죄지는 한국이며 국내범으로서 처벌한다고 하는 것이 원칙이다. 이에 의하면 이 독살행위는 결과가 한국 국내에서 발생하고 있는 것이고 한국 형법으로 처벌할 수 있다.

2) 형법 제243조의 법익과 결과

형법 제243조의 보호법익은 사회적 법익으로, 법질서 내지 건전한 성적 풍속 혹은 사회의 건전한 성적도덕감정이라고 되어 있다. 이러한 사회적 법익이 실제로 침해되는 것은 범죄성립의 요건은 아닌 것으로

본 죄는 이른바 추상적 위험범으로 해석된다. 기수에 이르기 위해서는 판매, 반포가 이루어지는 것이 필요하지만 그것은 실제로 상대방에게 도달하는 것을 필요로 한다고 해석되는 것이다. 따라서 현실로 교부, 양도를 받은 시점에 기수가 된다. 공연전시의 결과는 전술한 바와 같이 공연전시가 행하여진 때에 발생한다. 본죄의 미수의 처벌규정이 없기 때문에 기수로 되지 아니한 각각의 행위는 처벌되지 아니하나 이러한 도달은 일종의 전시행위의 일부라고 할 수 없을 것인가?

3) 공연전시의 결과

또한 미국에서 홈페이지를 개설한 한국인이 음란화상을 공연전시한 경우 행위지는 미국이지만 통신회선을 통하여 한국 국내에서도 이러한 전시의 결과가 발생하는 것이므로 구성요건의 일부가 한국국내에서 발생하는 것으로 그것을 국내법이라고 할 수 있을까? 이 공연전시에 의해 한국의 사회의 건전한 성도덕감정이 위험해지기 때문에 위험결과가 국내에서 발생하는 행위로서 이것을 긍정하는 것이 가능하다고 생각한다. 그러나 여기서 행위자의 행위자체는 미국에 서버에 개재하는 것으로 사실상 종료되고, 후에 한국의 사용자로부터의 접속행위가 있어야 비로소 전시된 음란화상이 도달한다고 하는 특수성이 있다.

(3) 한국 내에서의 업로드

한국 국내로부터 해외서버로 음란화상을 업로드하여 한국 국내에 있는 자가 이것에 액세스하여 이 화상을 디스플레이상에 표시하거나 혹은 프린트 아웃한 경우 범죄지는 국내인가 어디인가? 이 경우에는 실행행위의 일부가 국내에서 행해진 것이고 결과도 국내에서 발생한 것으로 일응 한국 형법이 적용될 수 있는 것이라고 생각한다.

이에 대하여 한국으로부터의 발신행위 그것 자체가 이미 설정행위의 일부라고 해석된다면 국내범으로서 처벌하는 것도 가능하지만, 이것은 가능하지 않은 것으로 발신행위가 직접적으로 법익에 대한 침해의 위험을 포함하고 있지 아니한다는 견해가 있다. 이 견해에 의하면 열람에 공여된 시점에 전시로서의 실행행위를 인정하는 때에 비로소 음란물공연전시죄를 긍정할 수 있는 것이다. 그러나 공연전시행위의 실행행위는 서버에 업로드하여 한국국내에 있는 자가 디스플레이상에 표출할 때까지의 일련의 행위라고 해석되어야만 한다.

이 의미에서 한국 국내에 음란화상정보의 원본을 갖는 한국 국내에 있는 자가 미국서버에 업로드했을 뿐이며, 미국 국내에서만 열람에 공여한 경우에는 미국 사회의 건전한 성도덕 위험에 빠트릴 뿐이지만 구성요건적 행위의 일부는 한국국내에서 행하여지고 있는 것이라고 할 수 있다. 이 경우 국내에서의 업로드의 시점에 이미 실행의 착수가 인정된다. 그러나 한국 국내에서의 액세스가 있고 한국 국내의 컴퓨터의 디스플레이상에 관람할 수 있는 상태가 되지 않는다면 전시결과는 한국 국내에서 생기는 것은 아니다.[23] 우리나라에 있어 건전한 성풍속을 유지하는 것이 본조의 목적이기 때문에 판매의 목적이라는 것은 한국국내에 있어서 판매할 목적을 말하는 것이다라는 취지와 동취지로 해석한다면 전시결과가 한국 국내에서 생기지 아니하는 한 한국의 건전한 성풍속이 침해될 위험이 발생하지는 않는다. 즉, 후에 한국 국내에서 전시결과가 발생되지 아니한 경우에는 아직

---

23) 일본에서 음란물판매목적소유죄에 관해 일본 국외에서 판매할 목적으로 일본 국내에서 소지하고 있던 사안에서 이 적용을 부정한 사례[最1小判1977(소화52)년 12월 22일 형집 31권 7호 1176면]가 있다.

도 전시는 아니고 사전에 잠재적 실행행위는 사후적으로 실행행위의 평가를 받지 않는 것이다. 이런 의미에서 한국 국내에서 전시된 것이 구성요건요소이다.

(4) 프로바이더의 형사책임

수사기관이 음란화상을 공연전시한 개인 사용자를 특정하여 수사, 체포, 기소하는 것은 용이하지 않다. 물론 호스트컴퓨터를 관리하는 프로바이더를 유죄로서 잡아넣는 것이 가능하다면 일거에 여하한 범죄 행위자에 그 음란 화상의 유포의 가능성을 박탈하고, 이러한 행위를 근절하는 것이 가능하다. 다른 한편 프로바이더의 측에서 보자면, 만약 서버이용을 인정하고 인터넷으로의 접근가능성을 제공한 것이 일부자에게 범죄적 행위에 이용될 가능성이 있다는 것만으로 모든 사용자가 가입하는 정보를 체크하지 않으면 안 된다고 하면 그 업무 수행은 불가능해진다. 왜냐하면 이러한 대량의 이용자의 대량의 정보의 내용을 신속하게 체크하는 기술적 가능성은 현재 없다고 하여야 할 것이기 때문이다. 헌법상 통신의 비밀, 검열의 금지의 관점에서도 프로바이더가 사용자의 통신을 체크하는 것은 문제이다.

우리나라에서 인기가수 모 연예인의 팬클럽 회원인 갑은 H사의 전자게시판에서 모 연예인을 험담한 A씨를 상대로 지난 99년 1월 '더 이상 이런 글을 올리면 고소하겠다 등' 자제를 요청하는 반박하는 글을 게시한 데 대해, A씨가 오히려 "갑은 저질 스토커 경향이 다분하다. 자기 영웅적 심리에 도취, 병적 열광상태에 있다." 등 인신공격성 글을 계속 올렸다. 그러나 H사는 A씨에게 경고메일을 보냈을 뿐 5개월 동안 A씨의 글을 그대로 방치했다. 이에 갑은 A씨와 H사를 상대로 각각 소송을 냈다. 원심에서 갑은 A씨와 H사를 상대로 손해배상 소송을 내 A씨에 대해서는 200만 원의 손해배상 확정판결을 받아냈고, H사에 대해서는 "ISP사의 책임까지 인정되지는 않는다."는 이유로[24] 패소했다. 이에 대한 원심판결에 대하여 2심 법원[25]은 판결문에서 "플라자에 게재된 소외 A의 글들은 위 정보서비스이용약관 제21조 소정의 '다른 이용자 또는 제3자를 비방하거나 중상모략으로 명예를 손상시키는 내용인 경우'에 해당하고, H사로서는 갑과 정보통신윤리위원회의 시정조치 요구에 따라 그러한 글들이 플라자에 게재된 것을 알았거나 충분히 알 수 있었다고 할 것인데, 그럼에도 불구하고 무려 5~6개월가량이나 이를 삭제하는 등의 적절한 조치를 취하지 아니한 채 그대로 방치하여 둠으로써 갑으로 하여금 상당한 정신적 고통을 겪게 하였을 것임은 경험칙상 명백하므로, H사는 특별한 사정이 없는 한 갑에게 위와 같은 전자게시판 관리의무 위반행위로 인한 손해배상책임을 진다."고 밝혔다.[26]

본 판결은 ISP업체에 첫 배상책임을 인정한 사례로, 비방성 글이 통신망에 오른 것을 알고도 삭제하지 않은 통신회사에 대해 법원이 처음으로 손배배상 책임을 인정한 판결이다. 이 판결에서 ISP에게 책임을 지우게 하기 위해서는 ISP업체가 얼마나 주의의무를 다했느냐를 보고 책임을 지우게 한다. 즉, 즉시 문제된 게시물을 삭제하거나 폐쇄하는 등 적절한 조치를 취한 경우에는 주의의무를 다했다고 볼 수 있을 것이다. 또한 대법원은 더 나아가 타인을 비방하고 중상모략

---

24) 서울지방법원 동부지원 1999. 8. 18. 선고 99가소83281.

25) 서울지방법원 2001. 4. 27. 99나74113 손해배상.

26) 상세한 것은 백윤철, 표현의 자유와 인터넷상 명예훼손과 ISP업체의 책임, 고시계, 2001. 8., 58-73면 참조.

하거나 명예를 훼손하는 컴퓨터통신 게시물을 삭제하거나 전용게시판 서비스를 일시 중지시킨 ISP업자의 행위가 불법행위로 되지 않는다고 본다.[27)

인터넷상의 이른바 유해한 표현 내지 음란물에 관하여 한국과 일본에서는 이것을 포괄적으로 규제하는 법률은 존재하지 않는다. 여러 외국에서도 마찬가지 문제를 안고 있으며, 독일에서는 1997년에 이른바 멀티미디어법(정보서비스 및 통신서비스를 위한 대체적인 조건의 규율을 위한 법률)이 성립되어 전자상거래와 함께 표현행위에 관하여도 규제가 이루어지게 되었다. 이에 대하여 미국에서는 품위를 잃은 표현이나 명백하게 불쾌한 표현을 청소년에게 송신하는 것을 금지하는 통신품위유지법(CDA)이 제정되었는데, 연방대법원에 의하여 표현의 자유를 보장한 수정 제1조에 반한다고 하여 무효가 되었고, 현재에는 자주규제에 의한 방향으로 향하고 있다.[28) 그리고 통신품위유지법은 ISP의 명예훼손 책임을 면제하는 근거조항을 마련했고 이에 따라 인터넷 사업자의 책임을 전면 부인한 '제란(Zeran)' 판결 등이 나왔다. 그러나 1998년 제정된 '디지털 밀레니엄 저작권법'은 저작권 침해 행위를 통보할 경우 ISP는 적절한 조치를 취하도록 의무화하고 했다.

일본에서도 우정성은 포괄적인 법규제를 구상하여 왔는데, 통산성은 민간주도의 발전을 주장하여 관청 간에 의견이 조율되지 않았고, 결국 자주규제 노선을 취하게 되었다. 그 때문에 현재에는 업계단체

---

27) 대체로 타인을 비방하고 중상모략하거나 명예를 훼손하며 불법적인 노조활동을 선동하거나 교사하는 등 사회질서를 해하는 내용과 건전한 미풍양속을 해할 염려가 많은 상스럽고 저질스러운 표현을 담고 있는, 노조활동과 관련된 컴퓨터통신 게시물을 삭제하거나 그 전용게시판 서비스를 일시 중지시킨 컴퓨터통신 사업자의 행위가 채무불이행 또는 불법행위가 되지 않는다고 본다(대법원 1998. 2. 13. 선고 97다37210 판결).

28) 다만, 1998년 10월에 어린이를 온라인상 보호하는 법률(COPA)이 제정되어 다시 법적 규제가 이루어지고 있다.

인 텔레콤서비스협회가 작성한 가이드라인 등에 의한 자주규제에 크게 의존하고 있다.[29]

(5) 프로바이더의 데이터에 대한 관리가능성

사용자에 인터넷으로의 접근가능성을 제공한 프로바이더에게, 사용자의 음란화상의 게재에 대한 형사책임의 문제를 논하는 것은 데이터의 내용에 대한 개입가능성을 분석하는 것이 전제된다. 개입가능성이 높은 경우가 되는 것부터 검토하여 보자

① 우선, 프로바이더 스스로 정보를 제공한 경우가 있다.

② 다음 타인의 데이터를 편집·선택한 경우가 있다. 이 경우에는 프로바이더는 데이터의 현상을 파악하고 어떤 데이터를 제공할 것인가를 결정한다.

③ 더욱이 프로바이더가 타인의 데이터를 축적한 서비스를 제공하고 있는 것(예컨대, 호스팅)이 있다. 이것은 메일서비스를 행하는 경우나 타인의 메일리스트의 작성을 위한 리스트서비스를 제공하는 경우에 과해진 기능이다.

④ 그러나 대부분의 경우에는 단지 기억매체(서버)에 접근할 수 있는 것에 의해 이미 기억된 데이터를 기술적으로 이송하는 것뿐이다. 이 경우 프로바이더의 개입가능성은 거의 없다.

⑤ 마지막으로 모든 프로바이더에게 공통의 중심적인 활동영역은 사용자를 위하여 인터넷으로의 접근을 기술적으로 준비, 실현하는 것이다. 이 경우 개입가능성은 없다. 요컨대, 여기에서는

---

29) 또한 일본은 1998년에 개정된 풍속영업법은 성인 영상을 인터넷을 통하여 송신하는 것에 대하여 규제를 강화하고 있다.

데이터의 중개자의 관리책임이 문제된다.

(6) 부작위에 의한 방조의 가능성

1) 프로바이더의 관리가능성과 관리책임의 한계

편집 선택권을 가진 경우를 제외하고는 관리의 기술적 가능성은 없다. 위에서 기술한 1) 및 2)를 제외하고는 프로바이더는 사용자가 업로드한 정보에 관해서 관리할 기술적 가능성은 거의 없다. 프로바이더는 실제상, 자신의 서버를 제공하여, 인터넷으로의 접근을 가능하게 하는 기능을 가진 것만은 아니다. 타인이 범죄목적으로 자신의 시설, 설비, 도구 등을 무단으로 이용한 경우, 생각하자면 이 설비 등의 관리자의 관리책임, 특히 이러한 위법한 목적으로 이용된 것을 미필적 고의에 의해 알고도 방치한 것이라는 부작위책임이다. 통상 이 부작위책임을 근거 지우는 것은 위험원에 대한 관리의무이다. 물론 프로바이더가 특정행위자에게 적극적으로 음란정보의 게재를 부추기고 촉진한 경우에는 방조의 가능성이 있다는 것은 말한 필요도 없다.

2) 부작위의 공범

게다가 부작위책임을 묻는 경우에도 부작위의 정범의 책임을 묻는 것은 무리일 것이다. 타인이 고의로 범죄행위를 행한 것을 고의로 방치한 것이라 해도 규범적 장해의 어떤 자를 개재시키고 있는 것은 정범이 되는 것이 아니라 기껏해야 공범이기 때문이다.

그러나 프로바이더에 의한 서버의 제공이나 인터넷으로의 접속가능성의 제공은 프로바이더에 선행행위에 근거한 관리의무도 위험원의 관리의무가 인정되지 않으며 작위의무를 근거지우는 보증인적지위도 인정되지 않기 때문에 부작위의 방조로서도 처벌되지 않는다고 하여야만 한다.

프로바이더에게는 서버에 축적된 타인의 데이터에 대한 개입 통제의 가능성이 없고 부작위범에 관해서 필요한 위험회피가능성(작위가능성)도 존재하지 않기 때문이다. 또한 검열의 금지, 통신의 비밀이라는 헌법상의 요청에서도 또한 이러한 서비스의 제공은 전기통신사업법에 의해 등록 내지 신고가 필요한 전기통신사업은 사회상당성이 있어 적어도 허용된 위험이 존재하며, 동법에 의해서도 통신의 검열을 금지하고, 통신의 비밀의 보호를 규정하고 있는 것에서도, 우연히 범죄목적에 사용한 자가 있는 것일 뿐 일반적으로 프로바이더에게 이러한 타인의 데이터의 내용을 통제할 권한을 인정하는 것은 가능하지 않다.

10. 음란의 판단기준과 최종적인 판단의 주체

형법 제243조 소정 "음란"의 판단 규준과 최종적인 판단의 주체에 대하여 대법원은 "형법 제243조 소정의 '음란'이라는 개념 자체가 사회와 시대적 변화에 따라 변동하는 상대적이고도 유동적인 것이고, 그 시대에 있어서 사회의 풍속, 윤리, 종교 등과도 밀접한 관계를 가지는 추상적인 것이므로 결국 구체적인 판단에 있어서는 사회통념상 일반 보통인의 정서를 그 판단의 규준으로 삼을 수밖에 없다고 할지라도, 이는 법관이 일정한 가치판단에 의하여 내릴 수 있는 규범적인 개념이라 할 것이어서 그 최종적인 판단의 주체는 어디까지나 당해 사건을 담당하는 법관이라 할 것이니, 음란성을 판단함에 있어 법관이 자신의 정서가 아닌 일반 보통인의 정서를 규준으로 하여 이를 판단하면 속한 것이시 법관이 일일이 일반 보통인을 상대로 과연 당해 문서나 도화 등이 그들의 성욕을 자극하여 성적 흥분을 유발하거나 정상적인 성적 수치심을 해하여 성적 도의관념에 반하는 것인지의 여부를 묻는 절차를 거쳐야만 되는 것은 아니라고 할 것이다."라고 한다.[30]

Ⅲ. 결론

여기서 인터넷을 통하여 음란화상의 홈페이지에의 게재가 음화반포전시죄를 구성하는가의 문제에 초점을 두고, 그 각각의 논점에 관한 형법적 평가의 관점을 정리하였다. 그 결과, 현재 음란정보를 업로드하여 관람 가능한 상황에 둔 자의 형사책임을 현행의 제243조의 해석하는 원칙적으로 가능하다고 본다.[31]

형법상 '외설적인 문서, 도화 기타의 것'의 배포, 판매, 공연한 진열 및 판매목적에 의한 소지를 처벌의 대상으로 하고 있다. '외설'이란 헛되이 성욕을 흥분 또는 자극하거나 또는 보통인의 정상적인 성적 수치심을 해치고 선량한 성적도의관념에 반하는 것을 말한다. 외설문서에 해당하는지의 여부에 관한 판단은 '일반사회에 있어서 행해지

---

30) 대법원 1995. 2. 10. 선고 94도2266 판결.

31) 이에 반대하는 견해에 의하면 인터넷을 통한 화상 등 정보 전달은 민법 제98조에 의한 유체물이나 관리할 수 있는 동력이라고 할 수 없으므로 '물건'에 해당하지 아니하므로 형법 제243조를 적용할 수 없다고 한다. 대법원도 같은 견해이다(대법원 1999. 2. 24. 선고, 98도3140 판결). 그리고 이에 대한 문헌으로는 사이버공간에 대한 형법 제243조의 적용 여부 / 人權과 正義 280號(99.12) 47-58 황승흠 大韓辯護士協會 1999.

고 있는 양식, 즉 사회통념'에 의한다. 그리고 외설문서를 규제하는 근거로 되어 있는 것이 '성행위비공개성의 원칙'이다. 한편, 외설의 개념을 문서가 가지는 예술성·사상성과의 관계에서 상대적으로 파악해야 하는지의 여부에 관해서는 그 견해가 시대적인 관념에 따라 변천해 왔다.

인터넷의 발달에 의한 정보화사회는 개인이 간단하게 세계의 정보를 입수하는 것을 가능하게 하는 것과 함께 개인이 간단하게 정보를 세계로 향하여 발신하는 것 또한 가능하게 한다. 이 정보내용(콘텐츠)에 관해서는 원칙적으로 그 각 개인의 자주규제에 위임되어 있다. 타인의 명예를 훼손할 것 같은 정보도 기술적으로는 용이하게 국경을 초월하여 세계로 흩뿌려질 소지가 준비되어 있다. 그러나 이러한 기술의 발달의 수반한 피해에 유효하게 대처하기 위한 법제도는 아직도 정비되었다고 볼 수 없다.

음란규제의 한계와 헌법상의 문제와는 독립하여, 청소년의 건전한 보호와 육성을 저해할 우려가 있는 음란정보는 현행법의 해석의 범위 내에 가능한 한 그 한계를 명확하게 하여, 처벌의 대상으로 하는 것은 정보화사회에 있어 표현의 자유를 지키고, 합리적인 법적 규제의 모습에 따르도록 적절하게 확보하기 위해서도 필요할 것이다. 죄형법정주의원칙의 틀 안에서 현행법의 적정한 해석론을 제공하는 것이 형법학의 임무이다.

결론적으로 음란화상정보는 기억매체에 화체되어 있는 것에 한하여 물건이다. 확실히 문서 도화에 관해서는 그 자체의 가독성, 가시성을 요건으로 하며, 음란화상정보는 거기에 해당하지 않는다. 그러나 형법 제243조에 있어서 기타의 물건은 이러한 한정은 없다. 음란한 물건이라는 것은 그것 자체가 육안으로 음란물로 인식될 수 있는 것은 아니어도 보조용구, 보조장치와 결합되어 지각 가능하면 족하다. 불가시적인 물선으로부터 가시적인 물건으로의 현재화의 용이성이 있다면 그 자체가 음란물로 볼 수 있다. 다만 음란성을 가진 물건을 지각(시각, 청각)의 대상인 현상(화상)과의 관계는 보조장치를 사용하여 초기조건을 부여하면 자동적으로 물건의 현상이 지각가능하게 될 필요가 있다. 이것은 마스트처리된 음란화상정보의 전시이나 링크를 연결한 행위의 경우도 같다고 볼 수 있다.

공연전시이라는 행위의 사정은 행위 자체만이 아니라 전시결과의 발생도 포함된다. 따라서 업로드한 것뿐만 아니라 이용자가 디스플레이상에 지각할 수 있는 상태에 도달한 때에 공연전시가 된다. 국내로부터 해외의 서버를 이용하여 음란화상을 업로드한 경우에 있어서도 그것이 국내의 사용자의 컴퓨터디스플레이상에 표출되는 것을 조건으로 하여 공연전시의 구성요건이 충족되는 것이라 할 수 있다. 여기에서도 전시결과가 생겨야 비로소 실행행위로 되는 것이며, 국내에서 해외의 서버에 업로드한 것뿐인 단계에서는 아직 실행행위로 평가되지 않고 실행행위의 일부를 행한 것으로 되지는 않을 것이다.

프로바이더의 형사책임에 관해서는 다수의 사용자와 관계하는 프로바이더에게 일반적으로 사용자가 제공한 범죄적 콘텐츠에 관해 관리, 감독책임을 인정하는 것은 부작위범의 이론상 인정할 수 없다.

제3장
전자상거래

제1절 전자상거래란

I. 종이미디어에서 전자미디어로

전자적 수단을 이용한 계약의 청약유인, 청약 등의 의사표시, 계약의 성립에서 이행에 이르는 과정의 전부 또는 일부가 행해지는 거래를 전자상거래(Electronic Contract)라고 한다. 전자거래는 종이미디어를 이용하지 않는다는 점에서 종이 없는 거래(paperless transaction)의 일종인바, 이는 사무의 효율화나 보존공간의 관점에서뿐만 아니라 삼림보호라는 환경상의 요청에서도 일정한 의미를 갖는다. 그러나 종이미디어를 이용하지 않음으로써 전자거래에 사용되는 전자문서의 복제나 개변이 용이하다거나, 그 자체로써는 유일성을 확보할 수 없다거나, 경우에 따라서는 거래의 성부 등을 확인하는 것이 곤란하다는 문제점도 발생할 수 있다.

현재 전자거래의 정의나 전자적 수단으로 이루어지는 의사표시의 법적 효력 등에 대하여 이를 총체적으로 규정하고 있는 국내의 입법례로는 전자거래기본법, 전자서명법 등이 있다. 해외에서는 후술하는 UNCITRAL의 '전자상거래모델법'(UNCITRAL MODEL Law on Electronic

Commerce 1996)[1] 및 이에 근거한 싱가포르의 전자거래법(Electronic Transaction Act 1998. 6.)이 알려져 있는 외에, 미국 또한 위의 모델법에 근접한 구조를 채용하고 있다. 전자상거래의 전제가 되는 전자서명 및 인증에 대하여는 독일의 통칭 멀티미디어법(1997년 8월 시행) 외, 싱가포르, 말레이시아, 한국에서도 잇달아 입법이 이루어지고 있다. 또한 EU에서는 '전자서명의 공동구조에 관한 이사회지침제안'(1998년 5월)이 마련되었으며, 2001년 7월에는 UNCITRAL의 '전자서명모델법'(UNCITRAL MODEL Law on Electronic Signatures)이 확정되었다.

Ⅱ. UNCITRAL 전자상거래모델법

전자상거래에 관한 법으로 가장 대표적인 것으로 국제연합국제상거래법위원회(UNCITRAL)의 전자상거래모델법[2]이 있다. 이 모델법에서는 "정보는 그것이 데이터 메시지의 형태로 되어 있다는 것만을 이유로 하여 그 법적 효력(legal effect), 유효성(validity), 또는 집행력(enforceability)이 부정되지 않는다(제5조)."고 규정하는 한편, 계약에 대하여는 "데이터 메시지의 작성자(originator)와 수신자(addressee) 사이에 의사표시 기타 진술(statement)은 그것이 데이터 메시지의 형태라는 것만을 이유로 하여 그 법적 효력, 유효성, 또는 집행력이 부정되

---

1) UN전자상거래위원회는 전자서명에 대한 통일규칙안에 관한 논의를 1997년 2월부터 시작하여 2001년 작업반 회의에서 통일규칙 초안의 거의 대부분을 타결되어, 지금은 발효되었다.

2) 본 모델법에 대하여는 内田貴, 「電子商取引と法(4)」, NBL 603호 29면(1996)을 참조. 기타 전자상거래전반에 해당하는 해설로 하여 동 「電子商取引と法(1)-(4)」 NBL 600호 38면, 601호 17면, 602호 32면, 603호 28면(1996).

지 않는다(제12조)."고 규정하고 있다. 서면(writing), 서명(signature) 또는 원본(original)에 관하여 그 요건을 규정함으로써 데이터 메시지에 법적 효력이 인정되기 위한 조건을 명시하는 방법을 택하고 있는바, 이는 곧 기능적 등가물(functional-equivalent) 접근방식을 채용한 것으로 볼 수 있다(동법 제6조~제8조).

이와 같은 상황을 본다면, 전자상거래에 관한 법적 과제의 검토 시 전자상거래에 관한 UNCITRAL의 모델법을 참조할 필요가 있다. UNCITRAL은 국제간의 상거래에 관하여 모델법이나 가이드라인의 형식으로 구성된 법정책을 제안하는 국세연합의 기관이다. 여기에서 책정된 모델법은 국제적인 상거래를 직접 구속하는 것도 아니고, 동일한 내용의 국내법을 제정할 의무를 각각의 국가에 부과하는 것도 아니지만, 각국이 이를 모델로 삼아 국내법을 정비하게 되면 국제간의 법정책에 있어 조화를 도모할 수 있게 되는 것이다.

전자상거래에 관한 모델법의 명칭 변화는 그간의 기술혁신과 깊은 관련이 있다. 1993년 5월 당시는 가칭으로 '전자적 데이터교환(electronic data interchange: EDI)에 관한 모델법'으로 불리어졌다. 이에 따라 당초에는 주로 기업 간 전자데이터의 수수에 의한 상거래를 가정한 입법의 성격을 띠고 있었다. 그렇지만 이 모델법은 그 입법과정 도중에 급성장하는 인터넷의 상업이용에 따라 특정자 간의 계속적인 거래관계를 전제로 한 규칙뿐만 아니라 온라인을 이용하는 불특정다수인간의 거래환경에도 적용할 수 있는 규칙의 형성을 고려하여야 할 상황을 맞이하게 되었다. 인터넷에서 수수되는 정보는 EDI와 같이 반드시 예정된 표준에 따라 교환되는 것이 아니다. 전자메일과 같이 자유로운 형식으로 수수되는 정보가 상당부분을 차지하고 있다. 그 결과 인터넷환경하에서의 전자상거래라는 넓은 대상을 목표로 하기 위하여 최종적으로 그 제목이 현재와 같이 결정된 것이다.[3]

나아가 이 모델법의 적용범위를 개관하기로 하자. 이 법률은 '상사활동에서 이용되는 데이터 메시지 형태의 모든 종류의 정보(제1조)'에 적용된다. '모든 종류의 정보'라 함은 'EDI, 전자메일, 전보, 텔렉스 또는 텔레콤을 포함한 전자적, 광학적 또는 유사한 수단에 의하여 창출, 송신, 수신 또는 보존된 정보[제2조(a)]'를 말한다. 데이터 메시지의 정의규정에서는 전보나 텔렉스라는 매체에 의하여 교환된 정보도 포함되지만, 역시 중심은 EDI이다. EDI라 함은 '정보를 구조화하기 위하여 합의된 표준을 이용하여 이루어지는 컴퓨터 간의 정보의 전자적 이동[제2조(b)]'을 의미한다. 그리고, 여기에서 말하는 표준은 단적으로 비즈니스 프로토콜을 의미하고 있으므로, TCP/IP라는 통신 프로토콜은 여기서 말하는 표준이 아니며, 인터넷을 이용한 전자상거래의 모든 것이 EDI에 해당하는 것이다. 다만 EDI에 해당하지 않더라도 데이터 메시지이기만 하면 본 모델법의 적용영역에 포함된다.

---

3) UNCITRAL 전자상거래모델법의 본문 및 사무국작성의 시안은 http://www.un.or.at/uncitral/english/text/election/mi-ec.htm에서 입수할 수 있다. 제목 변경의 경우에 대하여는 동 가이드의 B. Scope Para.8을 참조.

제2절 전자상거래법의 특징

일반사회로의 인터넷의 보급이 그 네트워크를 매개로 한 상거래(전자상거래)에 대한 기대를 한껏 부풀리고 있다. 이에 따라 '전자상거래=인터넷'이라는 도식이 오늘날에는 당연한 것처럼 받아들여지는 경향이 있다. 그러나 전자상거래의 역사를 살펴보면 실제로는 인터넷이 보급되기 전부터 전자상거래는 행하여지고 있었다. 그러한 인터넷 이전의 시대(pre-internet era)에서 전자상거래는 EDI라고 약칭되는 기업 간의 Electronic Data Interchange가 중심이었다.[4]

Ⅰ. EDI

종래의 EDI의 특징은 계속적 거래관계에 있는 기업과 기업이 상호 간에 사무절차의 시간을 줄이기 위하여 개개 자재 등의 수·발주에

---

4) EDI의 정의에 대하여는 see, e.g., United Nations, UNCITRAL Model Law on Electronic Commerce with Guide to Enactment, Article 2 (Definitions), available at 〈http://www.un.or.at/uncitral/en-index.htm〉 (Accessed on Aug. 6, 1998)("EDI란 정보를 구성하는 합의기준을 사용하여 컴퓨터로부터 컴퓨터로 정보를 전자적으로 이동하는 것"으로 규정하고 있다).

대한 구매활동을 전자적이고 자동적으로 행한다고 하는 점에 있다. 이 거래에서는 대부분 상호 간에 신뢰관계를 구축한 기업들 간에 폐쇄된 전용선 등의 네트워크를 사용하여 서로 간에 약속한 룰에 따라 (단순한) 수·발주가 행하여졌다.[5] 즉 EDI는 기업 대 기업(B-to-B: Business-to-Business level)이라는 상호 간에 신뢰관계를 가지는 자들끼리의 정형화(routine)된 단순한, 말하자면 전표처리만을 전자적으로 행하였을 뿐이었으므로 문제는 거의 발생하지 않았고, 널리 일반시민에게는 무관한 존재였다.

II. 폐쇄된 전자상거래의 특징

그러나 전자상거래의 오늘날의 의의는 종래의 EDI와 같이 폐쇄된 (closed) 네트워크에 구속되지 않은 인터넷이라는 매체를 통하여 불특정다수인이 다양한 거래를 하는 점에 있다.[6] 먼저 인터넷이라는 매체를 보면, 그것은 세계의 사람들이 미지의 관계이더라도 용이하게 접촉(communication)할 수 있다고 하는 개방된(open) 네트워크라는 특징을 가진다.[7] 이 열려진 네트워크상의 접촉세계라는 새로운 만남의 場(place)은 가상공간(cyberspace)이기는 하지만,[8] 여기에서는 저렴한 비

---

5) Alan N. Sutin, *Web Judicata: Legal Obstacles Hinder International Trade in Cyberspace*, N.Y.L.J., July 13, 1998, *available at* ⟨http://www.ljx.com/internet/0713 roadcomm.html⟩(Accessed on July 24, 1998).

6) *See, e.g.*, European Initiative in Electronic Commerce, Communication to the European Parliament, the Council, the Economic and Social Committee and the Committee of the Regions, COM(97)157, *available at* ⟨http://www.cordis.lu/esprit/src/ecomcom.htm⟩ (Accessed on July 24, 1998)(인터넷의 발달이 전자상거래를 비약적으로 확대함과 동시에 극적인 변화를 초래하고 있다고 지적하고 있다).

7) 인터넷의 조립, 구조 및 문화적 특징 등에 대하여는 平野晋·牧野和夫, (判例) 國際インターネット法, プロスパー企劃/明文圖書, 1998, 1-36면 참조.http://news.ifeng.com/photo/hdsociety/detail_2011_08/18/8496015_1.shtml

용(cost)으로[9] 흥미를 같이하는 사람들끼리의 만남이 가능하다. 그래서 재화나 서비스를 파는 자와 사는 자가 만나서 거래를 교섭·성립시키는 것도 여기에서는 가능하게 된다. 이 특징과 인터넷의 일반시민사회에 대한 보급은 가상공간이라는 장을 매개로 한 상거래의 기회의 증대를 기대하게 하여 이제까지는 대기업들만의 사치품이었던 전자상거래에 중소기업이나 일반시민에게도 참가할 기회를 부여하였다.[10] 그래서 많은 상인이 이 새로운 사업의 기회를 잃지 않기 위해 전자상거래의 실험에 서두르고 있는 것이다.

그와 같은 실험의 결과로부터 전자상거래에서 이익을 얻는 방법을 유형별로 나누면 예를 들어 다음의 네 종류로 분류할 수 있다고 한다.[11]

① 기존의 제품이나 서비스를 인터넷을 통하여 판매하거나 판매를 촉진하는 경우
② 선전광고의 장을 판매하는 경우
③ 웹사이트에의 접근에 대한 요금을 징수하는 경우
④ 데이터베이스의 검색이나 부가적 서비스에 대하여 요금을 징수하는 경우

한편 인터넷상의 쇼핑몰과 같이 단지 유체물을 인터넷상에서 주문

---

8) cyberspace의 어원에 대하여는 위의 책 36 – 39면 참조.

9) European Initiative, *supra note* 3(낮은 코스트에 의한 지역 간의 거래를 가능하게 한다고 지적하고 있다).

10) Sutin, *supra note* 2.

11) Kate Maddox, Mitch Wagner, & Clinton Wilder, *Making Money on the Web*, available at 〈http://tech web.cmp.com/ia/22 issue/22 cover.html〉(Accessed on July 24, 1998). See also Emerging Digital Economy, *available at* 〈http://www.ecommerce.gov/ederept.pdf〉(Accessed on July 17, 1998)(전자상거래의 유형별 실례를 설명한 미국정부문서).

하는 데 그치는, 즉 기존의 통신판매의 장을 벗어나지 못한 상거래를 간접적 전자상거래(indirect electronic commerce)라고 하고, 무체물 상품의 발송까지도 온라인으로 보내 주는 진정한 전자상거래를 직접적 전자상거래(direct electronic commerce)라고 하는 경우도 있다.[12] 현재 한국에서의 전자상거래논의는 위의 네 가지 분류 가운데 (1)(그것도 서비스의 판매가 아니라 오히려 유체물의 고전적인 판매) 등을 중심으로, (4)의 범위까지 크게 확장되어 전자상거래가 거래의 중심적 역할을 행하고 있다.

선진적인 기업들은 이미 인터넷의 다양한 특징을 편입하여 복합적인 서비스를 제공하고 있다. 예를 들면 우리나라에서 인터파크나 삼성몰 등이 상용서비스를 개시한 사이버몰(cybermall)은 몰에서 접속한 사용자(user)들끼리의 접촉(chat)을 가능하게 하고 있어 현실세계에서의 쇼핑 이상으로 타인과의 접촉을 편하고 쉽게 한다는 부가가치를 주고 있다. 더욱이 최근에서는 인터넷 ISP업체에서 'business network'라는 가상공간도 사용자들끼리의 명함교환이나 사업기회(business chance)의 발굴·검토의 기회(각종 Forum의 제공), 나아가서는 각종 검색서비스까지도 제공하고 있기 때문에 현실세계에서의 단순한 통신판매의 범위를 이미 벗어나고 있어 가상공간(cyberspace)에 특유한 법이 활약하는 장을 제공하고 있는 것으로 보인다.

그런데 미국의 클린턴정권의 특수부서(Task Force)가 1995년에 발표한 유명한 보고서 「知的財産과 國家情報基盤」(이른바 White Paper)은 전자상거래를 다음과 같이 분류하고 있다.[13]

---

12) European Initiative, *supra note* 3.

13) Information Infrastructure Task Force, Working Group on *Intellectual Property Rights, Intellectual*

① 종래의 인도수단을 사용한 온라인에서의 제품판매
② 전자적인 인도수단을 사용한 온라인에서의 제품판매
③ 제품의 판매를 수반하지 않은 온라인에서의 계약
④ 저작물 등의 지적 성과에 대한 온라인에서의 사용허락

이상과 같이 전자상거래의 유형화에는 차이가 있지만, 어느 것이든지 개방된 전자상거래의 발전은 판매상인들뿐만 아니라 그 상대방인 대다수의 시민이나 사용자들(user)에 대하여도 바람직한 효용이 기대되고 있다. 인터넷을 매개로 하여 거래를 하면, 예를 들어 생산자와 최종소비자가 'end-to-end'로 직접 거래를 하므로 이론적으로는 중개업자가 필요하지 않아 그에 대한 비용을 절감하여 소비자는 낮은 가격으로 상품을 구입할 수 있다.14) 나아가 예를 들어 자율적으로 기능하는 로봇(robot)이나 에이전트(agent) 등으로 불리는 프로그램을 사용하면 같은 상품을 보다 낮은 가격으로 판매하는 업자를 선택하여 소비자가 상품을 구입할 수 있기 때문에 가격경쟁을 촉진하여 상품가격 전반을 한층 끌어내리는 데 공헌할 수 있다.15)

그러나 불특정다수인이 다양한 거래를 한다는 개방된 전자상거래는 문제점도 내포하고 있다. 즉 인터넷의 전자상거래는 신뢰관계가 있는 기업 간에 폐쇄된 EDI(또는 Extranet)와는 달리 개방된 "Business

---

Property and the National Information Infrastructure, : *The Report of the Working Group on Intellectual Property Rights*, Sept. 1995, at, 53 - 59.

14) 현실세계에서의 거래보다도 페이퍼리스(paperless)화 등에 의해서 비용이 절감된다는 지적도 있다. See Sutin, supra note 2.

15) *See, e.g.*, J. Bradford De Long & A. Michael Froomkin, *The Next Economy?*, at text accompanying note 10, *available at* 〈http://www.law.miami.edu/~froomk〉(Accessed on July 24, 1998)("ShopBots"나 "BargainFinder"라고 하는 에이전트가 네트상의 판매자로부터 음악CD의 가격을 집중시키므로 판매자들 간에 가격경쟁을 촉진할 수 있다고 기술하고 있다).

−to−Business"(B−to−B)나 "Business−to−Consumers"(B−to−C)와 같은 대중을 상대로 한 거래나 "Individual−to−Individual"(I−to−I)과 같은 일반시민들 간의 거래까지도 포함한다. 따라서 이제까지 신뢰관계가 없는 자들 간에도 거래를 하고, 상관습이나 상식도 다른 자들 사이에서도 국경이나 지리적 원격성에도 불구하고 거래를 한다. 따라서 이 점에서는 당사자의 의사의 불일치나 룰·법의 불일치로 인한 분쟁이 발생할 수 있다. 나아가서는 사기범이나 도둑, 마피아까지도 신분을 위장하여 거래에 참가하여 선량한 시민이나 기업에 손해를 입힐 수도 있다. 즉 인터넷을 매개로 한 전자상거래는 한편에서는 중소기업이나 일반시민에게 효용을 주지만 다른 한편에서는 문제도 내재하고 있다.

제3절 전자상거래의 효과 또는 효용

　종래의 민법이나 상법을 전제로 한 상대적 거래와 비교하면 전자상거래는 어떠한 특징을 가지고 있는가? 또한 전자상거래가 행해지는 것에 의한 사회·경제로의 효과나 효용은 무엇인가? 법적 과제와 밀접한 관계를 가진 점을 다섯 가지로 나누어서 고찰하기로 한다.

Ⅰ. 신속하고 정확하게 대량의 정보 취급

　첫째, 대량의 정보수수를 신속하고도 정확하게 행할 수 있다는 특징이 있다. 컴퓨터에 의해 대량처리하도록 정형화·표준화된 정보를 전달하는 것이 효율적이지만, 거래에 관한 정보의 대부분을 절삭하기 때문에 거래정보의 획일화라는 현상을 초래할 우려가 있다.[16] 그러나 이것만으로는 단순히 거래데이터를 컴퓨터에서 처리한 것에 지나

---

16) 전자화폐시스템이 단일화된 경우 계약자유의 원칙변용에 대하여는 夏井高人, ネットワック社會の文化と法, 日本評論社, 1997, 104면을 참조.

지 않고, 종래 거래와 비교하여 큰 효과는 말할 수 없다.

Ⅱ. 개별수요로의 대응(거래데이터베이스의 생성과 활용)

다음으로는 컴퓨터에서 처리 가능한 거래데이터의 집적에 의하여 작성하여 만들어진 데이터베이스를 이용하여 물류나 생산 등을 제어하는 관리정보를 수집, 가공, 분석할 수 있다는 특성이다. 이 데이터베이스를 생성한 시스템을 통하여 바로 POS(Point of Sales)를 연동시킬 수 있다. 회사판매점이나 서버에 도입되어 있는 바코드를 읽는 POS 단말기에서는 구입자의 성별이나 연령층, 구입시간대 등의 소비자의 구매행동에 관한 데이터를 레지스터(컴퓨터 중앙처리장치 중 연산을 위한 데이터나 명령을 일시적으로 기억하는 장치 또는 금전출납계)로부터 센터의 컴퓨터에 보내고, 구입시점의 기후나 그 날의 속성(휴일인지 평일인지 등) 등의 관련정보와 조합하여 상당히 정확하게 장래의 유사한 상황에서의 판매예측을 행할 수 있다. 그 판매예측을 이용한다면, 상품재고의 출하상황을 제어하고 최종적으로는 생산라인이나 원재료조달까지를 제어할 수 있다. 정확한 판매예측이 가능하게 되면, 재고의 감소가 가능할 뿐만 아니라 기호가 다양화된 현대의 소비자의 수요에 따른 판매전략을 입안할 수도 있다. 정보의 가공과 그 다각적인 이용은 전자상거래의 효용이라고 할 수 있다. 그러나 지금까지의 내용은 컴퓨터에서 거래정보의 처리가 가능하다는 점에서 발생하는 파생적인 효과이다.

Ⅲ. 기업활동의 BPR

세 번째의 특징은 전자상거래의 도입이 재고관리나 생산라인의 제어라는 기능에 그치지 않고 기업활동이나 비즈니스프로세스의 재구축(BPR)에 불가결한 정보기반으로 될 수 있다는 점이다. 지금까지는 전자화된 정보를 활용하여 가능한 한 1기업단위에서의 기업활동의 합리화·효율화가 목표로 된 것에 지나지 않는다. 그렇지만 기업활동이나 기업거래의 상당부분의 비즈니스프로세스를 전자화할 수 있다면 그와 같은 전자화 시스템의 구축과정에서 기업활동 그 자체를 크게 변동시키는 계기가 될 것이다. 당연한 것이지만 이러한 활동은 본점이나 지점, 공장이라는 하나의 기업 내에 그치는 것이 아니다. 전자상거래를 이용하고 있는 동업자 간의 하청거래, 그리고 이종업 간, 나아가 국경을 넘는 데이터교환의 기반이 만들어지고 이를 바탕으로 시장구조 전체의 변혁을 추구할 가능성을 지니고 있다.

Ⅳ. 수평적 신뢰사회의 실현

마지막으로는 결제수단을 수반하는 전자상거래의 경우이다. 전자적 결제수단을 수반하는 전자상거래의 시스템에서 가장 주목을 모으는 것이 전자화폐이다. 전자상거래의 구조가 네트워크에서 전자적인 금전가치에 관한 데이터의 이동을 수반하는 경우, 이미 서술한 것과는 전혀 다른 측면을 가진 상황이 발생한다. 현재 기술상황에서는 꿈일 수밖에 없지만, 궁극적으로 결제수단을 수반하는 전자상거래, 즉,

넷상에서 지불을 포함한 거래의 전체가 완결된다면, 사회나 경제상황을 크게 변화할 수 있을 것이다. 예컨대 전자화폐가 전형적인 예가 될 것이다. 전자화폐에도 다양한 형태가 있지만, 그 금전가치를 현금과 같이 가지고, 예금통화와 같이 은행의 원장에 기재되지 아니한 익명의 가치로서 독립·유통될 수 있다. 말하자면 은행 등의 금융기관, 혹은 국가나 자치체와 같은 기관이 포착할 수 없도록 금전가치가 IC카드 등의 전자지갑이나 바코드에 입력되어 있는 상태를 생각해 볼 수 있다. 자금의 이동이 이입이나 이체라는 금융기관의 구조를 통해 이용되는 경우 이동된 금전가치의 정보는 반드시 금융기관 내부의 센터를 경유하여 전달된다.

전자화폐시스템이 완결되면, 그 가치를 수수하는 데에 지폐나 동전과 같이 금융기관을 경유하는 것이 아니라 세계의 모든 사람들과 수평적으로 수수할 수 있는 구조로 되며 그것은 전 인류에 있어서 아직 경험하지 못한 구조라고 할 수 있다. 이와 같은 관점에서 전자화폐의 효과를 분석한 岩村充의 저서[17]에서는 컴퓨터가 세상을 지배하는 오웰형 관리사회와 토플러형의 신뢰사회를 대비하고, 전자화폐에 의한 금전가치의 수평적 전단의 모델이 후자의 사회를 실현하는 잠재적 가능성을 지적하고 있다. G. 오웰의 『1984년』이라는 소설에서는 Big brother에 의한 관리사회라는 역유토피아가 묘사되고 있다. 이에 대칭하는 토플러형의 신뢰사회상은 전자화폐의 실현에 의하여 현실화될 것인지, 아직도 그 가능성은 미지수이다.

---

17) 岩村充, 電子貨幣－入門, 日經文庫, 1996 ; 岩村充, 新しいコンピュータ技術と法, 法とコンピュータ No. 15, 85면, 1997.

제4절 종래 상거래와의 비교 및 특징

전자데이터는 그 복제나 구조가 용이한 것이므로, 일반적으로 종이매체와 같은 유일성이 담보되지 않는다는 것은 이미 살펴보았다. 예컨대 금전가치의 축적, 전달이라는 용도를 고려하면 위조방지의 기술이 구사되고 있는 현재의 지폐와 비교하여 전자데이터는 열악하다. 또한 데이터가 작성 또는 발생된 때로부터 변경되어 있지 아니한 것을 보여 주는 기술적 수단 등이 강구되지 않는다면 증거력에 대하여도 인정할 수 없다. 그렇다면 신뢰사회로의 진입은 물론 종래 상거래에 관한 법제도가 상정한 상대거래와 비교하여도 해결하기 곤란한 많은 문제점이 발생하게 된다.

I. 인증의 곤란

'인증'이라는 것은 다양한 의미를 가지고 있지만, 본고에서는 서명이 표상하고 있는 사람과 서명자의 동일성의 확인이라는 의미에서도 이용한다. 서명이 나타내고 있는 본인과 서명자와의 동일성을 확인한

다라는 의미에 한정하더라도 전자서명의 경우는 그 의미에서 인증 (authentication)이 어렵다. 서명을 하더라도 디지털화된 데이터에 대한 디지털데이터의 부가에 지나지 않으므로 종이문서의 사인과 같은 인격이 스며 나오지 아니하고, 본인의 특징을 기록하는 것도 아니다. 거래 상대방이 누구인지를 확인할 수 없으므로 '……인 체'나 '……모르는 체'의 위험을 회피하기 위한 기술이 필요하게 된다.

인증 중에는 또 다른 의미에서의 인증이 있다. 이 인증은 통상 메시지인증이라 불려진다. 이것은 결국 전자상거래의 수신자가 수령한 데이터가 발신자가 송부한 데이터와 동일한 것인지, 즉 일관성 (integrity)의 보증에 관한 문제이다. 이를 위해서 데이터가 도중에 복사된다거나, 개작되지 않는지 어떤지, 그것을 확인할 수단이 필요하게 된다. 이 때문에 암호기술을 이용한 인증수단(디지털서명 등)이 계속해서 개발되고 있으며 이를 위한 법제화도 이루어지고 있다. 우리나라의 경우 양자의 의미에서의 인증을 위하여 전자서명법을 개정하였으며 공적인증기관이라는 제도를 두고 있다.

Ⅱ. 블랙박스(black box)

전자화폐의 예를 보면 전자지갑에 표시되는 데이터는 자기에 관한 정보가 어떻게 수수되고 있는지, 어떠한 구조로 전달되고 있는지를 나타내고 있는 점에서 이용자에게는 블랙박스와 같다. 이용자가 아닌, 개발자도 그 구조를 이해할 수 있기는 하지만 개별의 데이터에 대하여 역시 그 내용을 포착할 수 없다는 의미에서 블랙박스성이 있다. 이 블랙박스성이 분쟁 시 원인의 규명이 곤란하다는 점을 나타내는 것은 아니다. 예컨대 전자화폐는 현금과 같이 '익명으로의 양도가능성'이라는 특징을 가지고 있지만, 현금과는 달리 전자화폐의 발행체가 일정시점에 누가 어느 정도의 금전가치를 가지고 있는지를 확인하는 것이 어렵다.

Ⅲ. 리얼타임(real time)성

전자상거래에 수반하는 의사표시의 발신과 수신은 격지자 간에서도 거의 동시에 행해진다. 민법이나 상법이 제정될 당시 격지자 간 거래는 종이나 전보정도의 정보통신수단이 일반적이었다. 그 당시는 주문부터 상품이 송달될 때까지에 상품의 수배, 발송으로 물류 등 과정이 있으므로 시간이 걸리는 것은 당연하여, 그 거래가 성립하였는가의 여부에 대하여 즉시 확인하는 것이 가능하지 않았다. 종래 민상법 체계는 격지자 간의 거래에 관하여 일방 당사자의 의사표시로부터 계약의 성립 시까지 상당한 시간을 요한다는 것을 전제로 하는 규정(민법 제111조, 제530조, 제531조)을 두고 있다. 본 규정은 그 당시 그리고 현재에도 일응 합리적인 규정(편지 등에 의한 거래의 경우)이라고 말할 수 있을 것이다. 그렇지만 전자상거래에 있어서는 격지자 간에서 행해지더라도 대화자 간 거래와 거의 유사하다.

Ⅳ. 위험의 예견가능성이 낮음

인증의 곤란, 블랙박스성에 의한 원인규명의 곤란이라는 전자상거래의 특성을 고려하면 어떠한 분쟁이 야기되는가 그리고 그 영향은 어떠할 것인가를 예측하기 곤란한 면이 있다. 다시 민상법의 제정 시로 거슬러 올라가면, 대화자 간의 거래에서 거래당사자는 분쟁을 어느 정도 예상할 수 있다. 물고기나 야채를 판매하는 현실의 상점에서는 대금이 회수할 수 없다거나 매물이 신선도를 잃어 고객의 건강을 손상한다라는 분쟁을 가정할 수 있다. 그러한 경우 생선·식료품점에서는 대금을 지불할 수 있는 고객을 선택하는 것이고, 생선·식료품의 신선도를 보존하기 위하여 조기에 냉장설비를 구입하는 투자를 함으로써 분쟁에 휩쓸리는 위험을 회피할 수 있을 것이다. 생선식료품점에서의 위험, 운송업의 위험, 보험회사의 위험 등 각각에 다른 위험과 개별업자의 부담을 계산할 수 있다. 그러나 전자상거래라는 환경에서는 개별 영업이 각각에 포함되어 있는 위험에 더하여 인증의 실패 등의 위험에서 발생하는 영향과 그 법적 책임을 예측하기 어렵다.

Ⅴ. 거래비용

IC 카드형의 전자화폐를 예를 들면, 금전적 가치를 충족하기 위한 전용단말기(reload 단말 등이라고 부른다)가 필요하다. 단말기의 설치, 단말기의 사용을 위한 지도, 판촉활동 기타 여러 가지의 비용을 고려하면, 거래환경정비에 요하는 비용이 비대하게 될 가능성이 있다. 그

비용을 누가 부담하여야 하는지는 간단한 문제가 아니다. 현재, 전자상거래를 추진하기 위하여 국가적 규모 또는 자치체 독자로 실증실험을 지원하는 자금소성을 행하고 있어 표면화되고 있지 않지만, 머지않아 이 점이 문제가 될 것이다.

나아가 이와 같은 특징은 기술적으로 해결할 수 있는 문제, 법률의 정비를 가지고 해결하여야 할 문제, 혹은 거래당사자 간의 계약에 대응하여야 할 문제로 구별할 필요성이 있다. 이미 서술한 세 가지의 과제 중에는 전자서명, 인증기관의 구축 등과 같이 기술적 환경정비에 의해 해결 가능한 문제가 있다. 그러나 기술적으로 해결의 단서를 파악한 문제에 대하여도 법률 또는 계약에 의한 대응이 불필요하다고는 할 수 없다.

제5절 전자상거래에 있어서의 분쟁

 전자상거래에 관한 몇 가지의 과제를 기술적으로 해결한다고 하여
도 도입하는 인간 측의 문제가 남는다. 악의를 가지고 거래시스템을
파괴하는 자가 있는 경우에는 분쟁을 면할 수 없을 것이다. 또한 분
쟁은 오·조작에 의하여도 야기될 수 있지만, 거래시스템의 구축으로
오·조작에 의한 분쟁을 최소화할 수 있다. 불특정다수와의 거래는
서로 아는 사이, 거래처, 계열이라고 하는 전통적인 신뢰관계에 기반
을 둔 거래처의 선별이 가능하지 않다는 의미에서, 상호불신의 관계
를 출발점으로 하여야 한다. 거래시스템의 구축에 있어서는 이 상호
불신의 관계하에서 어떤 방법으로 안전성·신뢰성을 실현할 수 있는
지가 문제이다.

I. 개인정보의 보호

 전자상거래의 이용자의 소비행동이나 개인의 성향을 파악할 수 있
는 기술이 개발되어 광고의 히트율을 높이는 방법 등으로 이용되고

있다. 그와 같은 정보가 개인을 특정할 수 있거나 다른 정보와 조합시켜 개인을 특정할 수 있는 정보로 되는 경우에는 그 개인정보의 보호가 중요한 과제로 된다. 개인성보라고 할 수 있는지 어떤지는 별도로 하고 특정의 브라우저가 어느 인터넷의 사이트를 방문하는지에 대한 정보를 수집하는 '쿠키'로 불리어지는 tool이 있다. 이러한 종류의 정보가 일단 사이버몰의 운영자 자체에 모아진다고 가정하자. 사이버몰 운영자는 그 정보를 사용하여 배너 광고(홈페이지상에 표시되는 광고)를 효과적으로 나오도록 판촉활동을 희망할지도 모른다. 경우에 따라서는 집적된 정보를 판매하려고 생각할지도 모른다. 그렇지만 전자상거래의 이용자가 어느 때 어느 전자상점을 방문하여 무엇을 매입하는가라는 정보는 누구의 것일까? 이용자의 입장에서 보면 그와 같은 정보를 제3자에게 자기의 동의 없이 타인에게 누설한다거나 목적 외에 이용되는 것이 불쾌할 것이다. 전자상거래에 있어서는 인증, 신용확인, 상품의 발송, 대금의 회수 등을 위하여 개인정보의 축적이 불가결하므로 인증기관, 출점자 및 전자몰에는 정보주체의 동의(informed consent)를 기초로 한 정보관리의 구조가 검토되어야만 한다.[18]

전자적 환경에서 수집된 정보를 다른 정보와 조합시켜 컴퓨터에서 처리하는 것에 의해 개인의 프라이버시가 용이하게 파헤쳐지는 동시에 정보주체가 인식하지 못하는 상태에서 정보가 누설될 위험이 높다. 온라인, 오프라인을 불문하고, 프라이버시의 침해는 실손해로서 금전으로 환산하기 어렵지만, 일단 잘못된 정보나 정보주체의 동의를 받지 않고 개시된 정보가 누설된 때에 정보주체가 받는 불이익은 예

---

18) OECD 정보안전프라이버시 전문가회합 「OECD 프라이버시 가이드라인의 전자적 환경에서의 적용 – 인터넷을 중심으로」(1998년 9월).

측할 수 없고, 그 구제도 용이하지 않다. 종전에 주목을 모은 금융기관의 위탁처의 파견노동자가 개인정보명부를 매도한 사고에서 금융기관의 신용의 훼손이 화제로 되었지만, 한편에서 정보주체인 개인의 구제가 곤란한 것에 대하여는 간과되고 있는 느낌이 있다.

또한 전자상거래가 실용화되면 출점자의 측에서도 구입청약자로부터 확실히 대금회수가 가능한지, 구입청약자의 신용정보를 확인하려는 요구가 나올 수 있다. 대금에 대하여 변제가 지체된 이용자에 관한 블랙정보를 공유하고, 다중채무자를 방지하기 위해 설립된 신용정보기관이 있지만, 전자상거래에서 수수되는 개인정보에 대하여도 조기에 그와 같은 구조가 인증기관 내에 구축될 것이다. 이와 같은 기관에 집중하는 정보는 부정액세스나 무권한이용의 위험에 노출되어 있어 지금까지 이와 같은 기관에서의 개인정보누설사건이 종종 발견된 예가 있다.[19]

II. 가장, 무권한거래, 부인

예금자로 가장하여 예금의 환급을 한다거나, 도난당한 크레디트카드번호를 이용하여 크레디트카드 회원으로 가장하여 사이버몰로 상품을 구입하고, 상품을 수취한다는 '무권한거래'가 행해진 경우에 대비하여, 가장된 자로부터 발생된 손실에 대한, 손실의 부담자를 결정하는 규칙이 필요하다. 그것은 사이버몰의 운영자로 할 것인지, 혹은

---

19) 大藏省/通商産業省 「個人信用情報保護・利用のあり方に關する談會報告書」(1998년 6월).

출점자로 할 것인지, 결제수단을 제공하고 있는 크레디트카드 회사로 할 것인지, 혹은 크레디트카드 번호나 캐쉬카드의 패스워드를 도난당한 개인으로 할 것인지, 이 규칙이 명확하게 되지 아니하면, 진자상거래 비즈니스에 참여히기 위하여 불가결한 위험의 계산이 곤란하게 될 것이다.

또한 전자상거래의 이용자가 상품이나 서비스의 제공을 받은 후, 결제의 단계에서 고의로 결제를 회피한다면 어떻게 할 것인가? 이용자가 상품이나 서비스의 제공을 받은 자는 자신이 아니라, 어떤 누군가가 가장하였다고 주장하여 상품이나 서비스제공의 사실을 부인한 때, 실제로 가장한 것이 행해졌는지, 혹은 이용자가 부인하고 있는지 어떤지를 정확하게 구별하는 기술적 방법이 강구되지 않는다면 거래의 안전을 도모할 수 없을 것이다. 당연한 것이지만 역의 경우도 있을 수 있다. 어느 이용자로부터 전자결제에 의해 입금을 했음에도 불구하고 입금의 사실을 부인하는 것도 있을 수 있다. 부인방지를 위한 기술은 디지털서명 등의 기본적인 기능 중 하나이지만, 이를 법적으로 어떻게 평가하여야 할 것인가는 의문이다.

Ⅲ. 견본과 현물의 상이

원인은 견본을 표시하는 측의 원인과, 견본을 보는 측의 오해나 조작미스로 나눌 수 있다. 종래 통신판매에서도 마찬가지의 문제가 있지만, 컴퓨터를 매개하는 거래에서 특히 유의하여야 할 것은 카탈로그 책자라는 유체물이 아니라 전자적으로 제공되는 데이터는 카탈로그

제공자가 나중에 자유롭게 변경할 수 있다는 점이다. 소비자가 전자상거래로 구입하고자 송부된 것의 차이를 객관적으로 증거로 하여 보여줄 수 있는지도 어렵다. 법률상은 어떠한 경우에 요소의 착오(민법 제109조)나 사기강박(민법 제110조)이 있다고 하여 거래를 무효 또는 취소할 수 있는지가 문제로 된다. 원인 중 하나가 이용자의 조작미스에 관여하고 있는 때에 조작미스의 결과를 소비자에게 부담시키는 것이 언제 어떠한 경우에 적당하다고 할 수 있는가라는 문제가 있다.

Ⅳ. 대상상품이나 용역의 품질

전자상거래 통신판매에서는 하자담보책임에 기하여 계약해제 또는 할부판매법의 규정에 의한 청약철회권(cooling-off) 등에서 생겨난 반품을 청구할 수 없는 경우가 있다. 디지털데이터로 되는 컴퓨터소프트 등에 대하여 종래와 같은 반품을 인정하는 경우, 구입자가 완전한 복제물을 보존하고 있지 않다는 보증이 없고, 전자점포의 출점자에게 사기의 위험이 수반한다. 그러나 전자점포의 이용자의 입장에서 보면 예컨대 게임이나 음악 등의 소프트의 다운로드, 법률상담, 의사 서비스를 받은 경우 등, 상품이나 용역의 제공이 완료한 후에 그 내용에 불비가 있는 때, 출점자 상대방에게 손해배상을 청구할 수 있다고 하여도 할부판매나 크레디트카드에 의한 지불 등 결제에 제3자가 관여하고 있는 때에는 지불의무의 유무를 둘러싼 분쟁이 야기될 우려가 있다. 상품이나 용역의 제공자에 대하여 할 수 있는 항변권이 과연 제3자에 대하여도 주장할 수 있는지의 문제이다. 이 점에 대해

할부판매법은 종래형의 상품이나 용역에 대하여는 항변권의 접속은 인정하지만, 지정상품제가 취해지고 있으므로 전자상거래가 이용되는 대표적인 상품인 컴퓨터소프트웨어의 나운로드에 대하여는 엄격히 말하면 할부판매법에서 대응할 수 없게 된다.

V. 인증수단의 악용

디지털 서명 등의 기초에 있는 암호기술이 절대적인 안전성을 가지고 있다고 할 수 없는 이상, 전자서명도 궁극적으로 인증수단이 아니다. 암호의 해독은 시간과의 전쟁이라는 면을 가지고 있으므로 현재 최상의 컴퓨터를 가지고 있다고 하여도 해독에 몇 천 년 걸치도록 암호가 컴퓨터 기술의 진전에 의해 수일 안에 해독 가능하게 되는 경우도 예상하여야 한다. 암호가 해독되어 모든 데이터의 신뢰성이 상실하는 염려스러운 시나리오가 현실의 것이 되지 않도록 복수종류의 암호나 암호에 의지하지 않는 안전책을 병용하는 등의 방법에 의하여 대책을 마련하여야 한다.

기타 결제수단의 제공 등의 관련 서비스를 가정하면 인증기관으로의 부정액세스에 의한 분쟁은 대단히 큰 영향을 미치게 될 것이다. 개인정보가 유출된다거나, 실제와 다른 증명서가 나온다거나 정확히 발행된 증명서의 신뢰도 포함하여 인증업무 자체의 신뢰성을 상실할 염려가 있다. 또한 인증기관의 업무에 대하여는 부정액세스대책뿐만 아니라 인증기관이 단순한 내부의 착오로 기한이 없는 증명서를 발행한다거나 역으로 유효한 증명서를 무효한 것으로 하여 취급 등의 분쟁이 고려되어야 한다.

VI. 잠적

　국민생활센터에 의하면 전자몰의 상점의 개설자가, 상품대금의 지급을 받았음에도 불구하고 연락도 하지 않는 등 이른바 '잠적'의 사례가 보고되고 있다. 이와 같이 인터넷상의 익명성을 이용하여 실체가 없는 상대방과의 거래에 소비자가 휩쓸리는 분쟁이 증가하고 있다.

제6절 전자상거래를 둘러싼 법적 문제점

이러한 분쟁을 현재의 법률에서 어디까지 해결 가능한지를 검토한다.

I. 계약청약의 효력과 계약성립의 조건

전자상거래의 하나의 모델로서, 사이버몰을 이용한 형태를 고려하여 보자. 사이버몰 가맹점은 어느 사이버몰에 상품의 전자카탈로그를 게재하고, 그것을 본 소비자(몰 회원)가 구입의 청약을 한다. 몰 회원은 송부처의 주소, 이름, 크레디트카드의 번호 등을 기재하고, 상품을 매입한다라는 의사표시를 한다. 그것에 대하여 가맹점이 주문을 승낙하거나 주문내용의 확인데이터를 표시하여 거래를 진행한다.

이러한 일련의 과정 중에 상품의 매매계약은 언제 성립한다고 할 수 있는지, 사전에 계약의 성립조건에 대하여 특약이 없는 당사자 간에서는 계약성립의 조건이나 시기에 관하여는 민법과 상법이 정한 것에 의해 판단하는 것으로 된다. 격지자 간의 계약의 성립시기는 민법에 의하면 청약에 대한 승낙의 의사표시가 발신된 때이다(민법 제531조). 계약의 성립시기에 관한 이와 같은 규칙을 '발신주의'라 한다. 역으로 승낙의 통지가 상대방에게 이른 때로서 계약이 성립한 것으로 하는 규칙도 있는데, 이를 '도달주의'라 한다. 발신주의를 취하고 있는 국가는 일본과 미국의 2개국 정도이며, 다른 국가에서는 도달주의를 채용하고 있다. UNCITRAL의 전자상거래모델법은 도달주의를 당연한 것으로 하여 명문의 규정을 두고 있지 않다. 발신주의와 도달주의의 각각의 제도에는 각각의 합리성이 있지만, 전자상거래로서 어느 것이 적당한지를 고려하여야 한다. 민상법 제정 시로 거슬러 가면, 왜 격지자 간 의사표시의 효력에 발신주의를 취하고 있는지에 대해 볼 수 있다. 비대화자 간의 거래가 행해지는 데는 승낙의 통지가 발신과 도달에 시간차이가 있는 편지라는 수단이 일반적이었다고 생각해 보면 상품의 매매에서 주문서를 받은 매도인은 승낙의 통지로서 주문승낙서를 상대방에게 우송하게 된다. 그렇지만 주문승낙서가 상대방에게 도달하지 않은 경우 계약이 성립하지 않는다고 말할 수 있는가? 매도인의 입장에서 계약이 성립하지 않았다고 하면 배나 차량을 수배하여 상품의 출하준비를 하는 것에 주저할지도 모른다. 편지로 교환하는 경우 승낙의 통지가 상대방에게 무사히 도착하기 위해서는 확실하고 정확한 고비용의 통신수단으로 취하여야 한다. 편지로 정보의 교환을 하였던 시대에서도 거래의 신속화를 도모하는 위하여 매도인이 승낙의 통지를 발송한 시점에서 즉시 이행의 준비에 착수하도록 계약불성립의 불안으로부터 매도인을 해방시킬 필요가 있다. 물론 매도인은 계약이 성립한 것인지를 간단히 확인할 수 없다라는 점에 배려한 결과이다.

그렇지만 전자상거래가 가능하다면 리얼타임성이라는 특징이 있으므로 승낙의 통지를 발송하여 도달할 때까지의 시간공백이 거의 없고, 게다가 승낙의 통지의 불도달을 발신자가 용이하게 확인할 수 있는 구조가 실현되어 있다. 이와 같은 구조를 전제로 하여도 승낙의 통지발신자에게 계약성립에 대한 불안이 있다고 할 수 있을까? 물론 청약자가 자기의 청약이 승낙되었는지 어떤지를 알기 어렵다는 불안한 입장에 서있는 것으로 될 것이다. 그러나 이러한 사고 또한 명확히 옳다고 할 수는 없다. 전자상거래의 경우 그 사용기술의 내용에 따라 다양한 형태로 나타나기 때문이다(e-mail의 경우 일반우편과 동일한 면이 있다). 물론 e-mail을 이용하는 경우에도 일반의 편지와는 다른 즉시성이 보장되는 측면이 있다. 따라서 전자상거래의 청약과 승낙은 그 유형에 따라 약간의 차이를 갖기는 하지만 대화자 간의 거래와 유사하므로 도달주의의 방법이 보다 좋지 않은가 한다.

II. 무권한거래의 효과의 귀속

1. 문제의 소재

전자적 수단에 의한 인증에 의존하는 전자상거래에서는 인증데이터의 누설이나 도용 등에 의해 무권한거래가 행해진 경우의 효과귀속이 문제될 것이다. 전자상거래에 관련하여 무권한거래가 야기할 수 있는 사례로서 권한자로의 '가장'이 화제로 되고 있다. 전자상거래에 하고자 하는 사업자는 권한자로의 '가장' 시 인증기관 등의 서비스제공자가 어떠한 위험을 부담하고, 또 어떠한 방법으로 위험을 회피할 수 있는지가 주된 관심사로 된다. '가장'이 문제로 되는 것은 단적으로 결제시점이므로, 조금 단순화하여 EFT(Electronic Fund Transfer, 전자적 자금이체)의 경우를 고려할 수 있다. 은행구좌로부터 100만 원을 인출하는 예를 들어 보자. 도난당한 현금카드를 사용하여 정당한 예금구좌의 명의인으로 가장하여 예금의 지급이 행해졌다면 은행이 무권한자에게 한 지급의 효과가 정당한 예금구좌의 명의인에게 귀속하고, 정당한 명의인이 예금잔고의 감소를 수인하여야 하는지가 문제로 된다.

2. 일본의 판례

이와 같은 사례에서 예금의 지급의 유효성이 다툼이 된 유명한 재판례[최3소판 1993(평성5)년 7월 19일 판례시보 1489호 111면]가 있으며, 결과적으로는 도난당한 현금카드에 의한 무권한자로의 지급이 유효하다고 판단하고 있다. 은행의 카드규정에는 현금자동지급기에 의하여 현금카드를 확인하고, 지급기조작 시 사용된 암증과 신청의 암증과의 일치를 확인하고 예금을 지급한 경우, '카드 또는 암증에 대해 위조, 변조, 도용 기타 사고가 있더라도 그 때문에 생겨난 손해에 대하여는' 책임을 부담하지 않고 무권한자로의 지급을 유효한 것으로 한다는 취지의 면책적 약관이 있다. 가령 이와 같은 면책적 약관을 무효로 하고 무권한거래의 효과귀속을 인정하지 않는다고 하면, 현금카드를 도난당한 본인의 예금구좌로부터 인출된 100만 원을 은행의 부담으로 회복하여야 한다. 현금카드의 정당한 소지인으로 가장하여 은행으로부터 예금을 인출당한 피해자를 구제하기 위하여 미국의 EFT법에서는 유명한 50달러규칙[20])이 마련되어 있지만, 우리나라에서도 이와 같은 법률은 없으므로 은행이 카드규정에 있어서 면책약관의 유효성이 인정될 것이다. 이 판결에서는 ① 진정한 현금카드의 사용, ② 정확한 암증번호의 입력, ③ 은행에 의한 암증번호의 관리가 불충분하였다는 등의 특단의 사정이 없다고 하여 면책약관을 유효로 판단하고 있다.

나아가 이와 같이 전형적인 '가장'의 예에서 무권한거래의 본인으로의 효과귀속을 정한 계약약관의 유효성을 인정하기 위하여 보여 준 요건은 전자상거래에서 '가장'의 예에도 어느 정도 참고할 수 있을 것이다. 특히 제3의 요건에서 보여 준 암증번호의 충분한 관리에 관한 책임을 은행에게 부담시킨 것처럼 상거래에서 이용되는 인증수단의 안전성의 책임을 전자상거래의 시스템구축자에게 요구하는 것도 가능할 것이다. 여기에서 주의하여야 할 것은 이 판결에서는 요구되는 안전성의 수준에 관한 고려방식이 상당히 낮다는 점이다. 현재의 현금카드는 제로암증화(현금카드 자체에는 암증번호를 기록하지 않고, CD/ATM단말로 호스트 컴퓨터의 교신에 따라 암증번호의 일치를 확인하는 방법)로 이루어지고 있지만, 이 당시 암증번호는 현금카드의 자기선(magnetic stripe)에 기재되는 것이며, 카드reader에 투입하면 여기에 기재되어 있는 암증번호를 해독할 수 있도록 되어 있다. 현금카드의 도난에 의한 암증번호의 해독가능성과 그에 따른 현금카

---

20) 전자자금이체(Electronic Fund Transfer)에 있어서 소비자의 책임에 대하여 정한 유명한 50달러 규칙에서는 이하 참조.
http://www.lawcornell/uscode/15/1693g.html.

드보관의 중요성에 대하여 예금자에게 충분한 지식이 있었다고 할 수 있는지 의심스럽다. 그와 같은 상황에서 카드의 암증번호관리가 적절하였는지 어떤지에 대하여 이 판결에서는 당시 기술수준이 "소론의 방법으로 암증번호를 해독하기 위해서는 컴퓨터에 관한 상응의 지식과 기술이 필요하므로 면책약관의 효력을 부정하여야 하는 정도의 안전성을 결한 것이라는 할 수 없다."고 판시하고 있다. 그 결론의 타당성에 대하여 제로암증에 이를 때까지의 "이른바 '시스템개발상의 위험'을 어떠한 잘못도 없는 고객에게 일방적으로 전가시키는 것은 재고하여야 하지 않을까." 하는 의문도 들고, "본 판결에서 말하는 '바람직한 안전성의 수준'이 미흡하다."는 이론도 있다는 것을 지적하고 싶다.

이 판결에서 의미 있는 것으로 평가되고 있는 것은 현금보관에 의한 지급시스템의 안전성을 문제 삼은 점이다. 실제로 지급의 효과귀속을 판단하는 데 있어, 현금자동지급기에 의한 지급의 구조(시스템)를 제공하고 있는 금융기관에 안전성확보의 책임이 있다는 것을 언급한 점은 향후 전자상거래 시스템 제공자에게 일정한 안전배려를 촉진하는 효과를 가지고 있다고 할 수 있을 것이다.

3. 통일상법전 4A

전자적 환경에 있어서 가장에 관해 미국에서는 어떠한 고려를 하고 있을까? 우선 일본의 최고재판결과 마찬가지로 안전성의 조건을 마련하고 있는 것이 미국의 통일상법전(UCC) 4A라는 법률[21]이다. 지급의 진정성에 관한 규정(UCC4A-202)에서 UNCITRAL의 전자상거래

모델법과 같은 조건을 규정하고 있다. 그 조건으로는 ① '합의된 안전보호절차의 존재'(security procedure), ② security procedure의 상업적 합리성, ③ Good Faith에 의한 안전보호절차로의 준거라는 세 가지이다. 가장이 있다는 사실을 알고 거래를 한 자를 보호하지 않기 위한 규정이므로, Good Faith(선의)인지가 문제로 된다. 이와 관련하여 1999년 7월 29일에 채택된 미국의 Uniform Computer Information Transaction Act(UCITA, 구 UCC2B)나 Uniform Electronic Transaction Act(UETA)도 초안단계에서는 동일한 사고를 답습하고 있었지만, 결국 이러한 종류의 상세한 규정은 두지 않고 효과귀속의 문제는 재판소의 판단에 일임하고 있다.

4. UNCITRAL 전자상거래 모델법

다음으로 UNCITRAL의 전자상거래모델법 제13조에서는 '가장'의 거래를 본인에게 귀속시키기 위한 2가지의 형태를 기재하고 있다. 엄격하게 말하면, UNCITRAL의 전자상거래모델법은 '각국의 실체계약법에 근간을 두지 않는다.'라는 원칙을 관철하기 위한 데이터 메시지가 발신인으로 되는 자에게 귀속하는지의 문제와, 그것이 계약상의 어떠한 효과를 초래하는지의 문제를 구별하고, 귀속만을 정하는 방법을 채용한 것이지만, 선례에서처럼 예금지급이 진정한 카드소지자에게 귀속한다고 인정한다면 계약상의 효과는 환급의 유효성인정과 은

---

21) UCC4A, UCITA 및 UETA의 조문은 이하의 URL에서 입수할 수 있다.
http://www.law.cornell.edu/uss/4A/overview.html
http://www.law.upenn.edu/bll/ulc/fnact99/1990s/ucita.html
http://www.law.upenn.edu/bll/ulc/fnact99/1990s/ueta.html

행의 면책으로 귀결하게 된다.

제1의 형태는 명의인(addressee)과 발신인(originator)의 사이에서 '합의된 절차'로의 적절한 준거가 되어 있다는 점이다[제13조(3)(a)]. 환언하면 명의인이 금융기관이 되고, 발신인이 예금구좌의 명의인이 되어, 이 당사자의 사이에 '사전 합의된 절차'가 있다고 할 수 있는지가 제1의 요건이다. 예를 들어 현금자동지급기에 의한 지급의 경우, 은행이 신청암증과 사용암증의 조합을 확인할 수 있다면 지급을 한다라는 절차에 관한 합의의 존재와 합의된 절차에 대응된 방법으로 지급이 행해졌는지가 문제일 것이다.

제2의 형태[제13조(3)(b)]는 "데이터 메시지가 originator(발신인) 자체인 것을 보여 주기 때문에 그 자신에 의하여 이용되고 있는 방법으로 액세스할 수 있었던 자의 행위로 인정된다." 예금의 지급이라는 의사표시를 하기 위한 발신인 자신에 의하여 이용되고 있는 방법이라는 것은 앞의 선례에서는 현금카드에 대응하는 암증번호이다. 그 암증번호에 액세스할 수 있었던 자의 행위라면 가장의 결과는 가장된 본인에게 귀속하는 것이 인정되는 것이다.

이 UNCITRAL의 전자상거래모델법에서는 제2의 형태에 대하여 "명의인이 합리적인 주의를 기울이거나 합의된 절차를 이용한 것이라면 데이터 메시지가 발신인의 것이 아닌 것을 알거나 또는 알게 된 때"에는 적용되지 않는다고 정하고, 명의인에게 악의·과실이 있는 때에 그 효과의 귀속을 부정하고 있다[제13조(4)(b)].

이와 같이 보게 되면 국경을 넘는 전자상거래에 있어서 '가장'이 행해진 경우 그 손실의 부담을 면하기 위하여 전자몰의 운영자는 거래처와의 계약에 안전보호절차와 그 법적 효과를 명시하고, 사전 합의된 안전보호절차로의 준거를 주장할 수 있는 상황을 준비하는 것이 필요할 것이다.

그렇다면 그와 같은 합의를 포함한 계약은 언제 체결하면 좋은 것일까? 불특정다수에 개방된 전자상거래의 경우, 이 합의내용에 구속력을 인정하기 위해서는, 계약의 성립이 필요조건이다. 계약의 성립이나 유효성에 대하여 사전 합의하는 것이 곤란하다라는 것도 잊어서는 안 된다. "지금까지의 폐쇄적인 네트워크를 사용하던 일정 업계 내부에서의 계약이 아니라 불특정다수의 자에 대하여 제공을 요구하는 것 같은 전자적 수단이용의 경우에는 기본적 이해를 개별의 상대방과 그 때마다 확립하여 가는 것은 실제상 불가능에 가깝고, 국가마다의 계약법에 의한 대응은 임기응변책에 지나지 않는다."라고 하여, '세계공통의 약관적 규제'를 형성할 필요성이 제기되고 있다.

Ⅲ. 사이버몰에서 출점자(tenant)의 신뢰성 확보

사이버몰 등에서는 출점자의 선택이 몰 사업의 성부를 결정하는 중요한 포인트라고 한다. 출점자의 선택에 대하여 몰운영자가 계산을 한다고 한다면 출점자의 선택이나 감독에 관한 책임이 몰운영자에 있다고 생각된다. 여기에서 출점자의 점포에서 어떠한 사고가 있는 때에는 사이버몰의 운영자에게 출점자의 신뢰성을 확보하여야 할 책임이 있는지 논의되고 있다.

이 문제를 논의하기 좋은 인용판례가 있다. 슈퍼의 애완동물상점에서 잉꼬를 매입하였는데, 그 잉꼬가 병원균을 가지고 있어 그 병원

균 때문에 사망한 사람의 유족이 손해배상청구를 애완동물상점이 아니라 그 슈퍼에 청구한 사건이다. 이 사건에서 최고재판소[최소 1판 1995(평성7)년 11월 30일 민집 49권 9호 2972면]는 슈퍼의 명의대여자 책임을 근거로 손해배상의 청구를 인용하였다. 이를 전자상거래에 비추어 보면 사이버몰 등 출점자를 모집하여 공통의 구조를 이용하여 수익을 받고 있는 운영자는 적어도 출점자의 선별이 법적으로도 중요하다고 하여도 지장이 없다. 다만 사이버몰의 운영에도 다양한 형태가 있을 수 있으므로 개개의 운영자가 출점자의 책임을 어디까지 부담하여야 하는지를 판단함에 있어서는 이 판결과 동일한 상황에 있는지를 구체적으로 검토할 필요가 있으며, 반드시 이 판례의 결론이 적합하지 않는 경우도 있을 것이다.

이 판결에서는 명의대여인과 동일한 책임을 인정한 3가지 요건에 대해 ① 외관상, 다른 영업주체라는 식별가능성이 있는가, ② 명의사용의 허락이 있는지, 및 ③ 오인이 있는지의 여부를 적극적으로 검토하여야 하지만, 이 조건 중에서 논의의 핵심은 명의사용의 허락 유무일 것이다. 이 점에 대해 판결은 오인저지를 위한 적극적 조치가 취해지지 않은 것으로서 묵시의 허락이 있다고 판단하고 있다. 전자상거래에서도 영업주체의 식별이 불가능하여 몰의 운영자를 영업주체로 오인하는 거래형태가 있을 수 있다고 생각된다. 사이버몰은 일반 쇼핑몰과 동일 또는 그 이상으로, 몰운영자와 출점자의 상호작용으로 이용자를 모집하게 된다. 결제의 안전성, 수수료의 저렴이라는 몰의 매력과 출점자의 회원이나 상품이라는 매력과의 상승효과가 없다면 이용자가 모집되지 않았을 것을 고려하면 몰과 출점자의 영업이 식별하기 어려운 상황에서는 이 사례는 다른 관계에서 명의대여자책임과 동일한 책임을 부담하게 될 가능성도 있다. 즉 출점자가 몰이나 다른 출점자의 책임을 부담할 우려도 없지 않다.

Ⅳ. 인증기관의 조건과 책임

1. 인증기관의 역할과 조건

종래 상거래와 비교하여 전자상거래상 인증의 곤란성을 극복하기 위한 방법으로 암호기술 등의 인증시스템을 이용한 전자인증이 필요로 된다. 이 전자인증업무를 실시하는 주체(이른바 CA: Certification Authority)의 요건에 대하여도 논의가 이루어지고 있다.

인증이 거래당사자의 본인확인이라면 구청 등이 실시하고 있는 인감등록과 가깝기 때문에 인증기관의 주체를 공적 기관이 담당하여야 한다는 의견도 있지만, 인증의 대상으로 되는 상거래의 종류나 인증의 대상에 의해 반드시 공적 기관(이른바 인증국)이 행하는 것이 아니라, 경우에 따라서는 복수의 민간기관이 적당하다는 의견도 주장되고 있다. 여기에서는 공적 기관이지 않으면 안 된다는 주장이유가 충분하지 못하다는 것만 지적하고 싶다.

인증기관의 조건이나 책임에 대하여 논의하기 전에 인증기관의 역할에 대하여 이해할 필요가 있다. 인증기관은 ① 등록자의 본인확인을 하고, ② 등록자의 공개키를 등록하고, ③ 등록된 공개키에 관한 증명서를 발행하고, ④ 공개키의 관리, 파기를 행함과 동시에, ⑤ 공개키의 조회에 따라, ⑥ 무효처 리스트의 발행 등을 행한다. 이와 달리 비밀키의 생성·관리 등의 기능을 담당하는 서비스도 검토되고 있다.

인증기관이 발행하는 증명서에 기재된 사항(예를 들면, 공개키, 유효기간 등)에 예정되어 있는 인증기관에 등록된 특정의 자의 공개키와 당해 공개키에 의해 개봉 가능하게 되는 데이터 메시지의 발신인이 동일하다라는 것을 증명하는 것이 인증기관의 역할이다. 그렇다면 인증기관의 조건은 공개키의 보관에 필연적으로 수반하게 되는 개인정보를 안전하게 보호할 규정의 정비, 타인에게 누설되지 않도록 안전기구의 기술, 전자서명에 관한 기술을 가지지 않으면 안 된다. 나아가 증명이 오류인 경우에 그것을 신뢰하여 행동한 자를 어떻게 보호하는가에 대해 최종적으로는 손해배상이라는 해결도 필요하지만, 손해를 배상할 수 있는 상당한 경제적 기반(자력)도 필요하다. 이 때문에 인증기관에 관한 조건을 법률로 결정하여야 하는 제도설계의 문제가 생겨난다. 예컨대 인증기관으로서의 적격성을 미리 법률로 정한 조건에 따라 공적기관이 심사하는 것에 의해 신뢰성을 확보하여야 하지 않을까 한다. 우리나라의 경우 이미 인증기관의 성립에 관한 요건을 규정하는 입법화가 이루어져 있다.

2. 인증사무에 관한 법적 사무

'인증기관에 의한 표시를 신뢰한 자에 대한 책임의 내용'을 어떻게 결정할 것인가도 중요한 문제이다. 민법 등의 전통적인 사법의 체계에서는 직접적으로 인증기관에 적용되는 규정이 없지만, 인증사무의 위임이라는 계약에 기인하여 계약책임이라는 구성을 취할 수 있을 것이다. 그렇다면 계약책임의 범위나 금액을 제한하는 어떠한 면책규정을 인증업무의 계약약관 등에 둔 경우, 그 면책규정을 어느 정도 유효한 것으로 할 것인지 문제다. 전자서명의 입법화로는 미국의 ABA 초안이나 유타주법(1995년), 일리노이주법(1998년), 독일의 멀티미디어법(1997년)의 디지털서명 등이 유명하지만, 국제기관으로서는 이미 서술한 EU지침안(주 1)과 별도로 UNCITRAL이 1996년부터 디지털서명(전자서명)에 관한 모델법이 검토되었다. 이 모델법은 인증기관의 역할을 상당히 한정하고 있고, 증명서에 기술하고 있는 표시내용을 신뢰한 사람을 보호하는 책임의 내용도 한정하는 방향으로 설정되어 있다.

V. 계약에 의한 해결과 그 한계

전자상거래에서는 국경을 넘는 상거래가 빈번하게 된다. 국제간의 거래에서는 법제도의 차이나 집행(enforcement)의 문제로 지금까지 본 문제가 한층 더 복잡하게 된다. 예를 들면 소비자보호를 위한 법제도는 국가에 따라 크게 차이가 있다. 또한 가령 손해배상의 청구가 인정된 판결이 나온다고 하더라도 집행을 어디까지 담보할 수 있을지가 문제이다.

이러한 문제를 계약으로 해결하려는 시도가 도처에 이루어지고 있다. 우리나라의 경우 공정거래위원회가 승인한 인터넷 사이버몰 이용 표준약관, 일본의 경우에는 전자상거래실증추진협의회(ECOM)가 작성한 크레디트를 사용한 전자상거래의 표준약관[22]이 그 예이다. 크레디트카드를 사용한 전자상거래의 표준약관은 2가지로 나누어지고 있다.

하나는 크레디트의 가맹점과 크레디트카드회사 간의 약정이고, 다른 하나는 카드회원과 카드회사 간의 약정이다. 이 모델약관은 크레디트카드를 이용한 제3자 간의 거래관계에 대응하여 작성되고 있다.

인터넷쇼핑과 같이 소비자와 사업자 간의 통신판매에는 방문판매법의 금지행위(방문판매법 제14조)나 계약서 작성교부의무(동법 제8조 등)가 적용되고, 나아가 크레디트카드를 이용한 할부판매에는 할부판매법이 적용된다. 컴퓨터소프트웨어의 다운로드는 할부판매법이나 방문판매법의 지정상품에 해당하지 않으므로 이러한 소비자보호법에 의한 규제의 대상 밖이라고 해석할 수 있다. 이에 대하여 일본의 표준계약약관 α판에서는 그러한 경우에도 할부판매법이나 방문판매법상 소비자보호규정의 준수의무를 가맹점의 의무로 기재되어 있으며, 카드회사는 그것이 정확하게 보호되고 있는지 조사할 권한이 있으며, 준수상황에 따라서는 권고라는 절차에 의해 제어할 수 있는 규정을 두고 있다.

전자상거래의 특색으로서 인증절차를 계약에서 어떻게 처리할지도 문제이다. 카드회사가 현재 염두에 두고 있는 프로토콜은 SET(Secured Electronic Transaction) 및 SECE(Secured Electronic Commerce Environment) 등이 있다. 계약은 기술적 중립규정으로 되어 있으며, 단순히 '크레디트회사가 지정한 것'을 사용하는 것으로 결정되어 있다.

개인정보의 관리에 대하여는 데이터보관에 관한 조항에 명기되어 있다. 표준계약약관의 안에서는 카드회사와 가맹점과의 관계에서 가맹점의 측에 의무를 두어 그 감독권한을 크레디트회사에 인정하는

---

22) 厚見靖男, クレヂット 『電子商取引用標準約款』α 版の概要, NBL 621호 19면(1997).

구성으로 되어 있다.

한편 카드회원의 약관에는 크레디트 거래특유의 흥미로운 논점이 있다. 상품에 하자가 있는 경우 등 반품의 희망이 있으면, 우선 가맹점이 하자 등의 분쟁의 당사자로서 반품 여부를 결정한다. 그러나 당사자가 이에 대한 의사표시를 카드회사에 하지 아니하고, 카드회사가 가맹점에 이미 신용에서 대금을 지불한 경우, 반품이 인정되어도 카드회원은 카드회사와의 관계에서는 채무를 계속 부담하게 된다(할부거래법 제7조 제2항). 이 문제에 대해 일본의 ECOM의 α판 약관초안에서는 카드회사에 가맹점에 대한 지불거부의 항변권의 접속을 인정하고, 카드회원은 지불의무를 면하는 대신에 수수료를 환급(charge back)받지 못하고, 카드회사는 가맹점과 카드회원 간의 분쟁해결에 협력할 의무를 부담하는 제도를 두는 검토도 이루어지고 있다. 상당히 의욕적인 내용으로 평가할 수 있지만, 현실의 운용면에서는 카드회사가 분쟁대상으로 된 상품, 용역의 내용에 대하여 충분한 정보를 가지고 있지 아니하므로, 곤란한 경우가 있을 것이다.

Ⅵ. 기타의 문제점

지금까지 주로 계약관계를 중심으로 하여 문제를 살펴보았지만, 법적 문제점은 다양하게 나타나고 있다. 1997년 7월 1일에 미국 클린턴 대통령이 '전자상거래를 위한 체제(framework)'[23]를 공표하고, 5가

---

23) http://www.whitehouse.gov/WH/New/Commerce/summery.html

지의 원칙과 9가지의 과제를 시사하였다. 5가지의 원칙을 한마디로 보면, 정부는 규제를 위한 규제를 하지 않는다라는 시장주도의 원칙을 천명한 것이라고 할 수 있다. 다른 한편 9가지의 과제는 모든 법적 문제점의 해결에 관계되는 것이다. 최초로 전자상거래에 관한 비과세의 제안, 둘째로 전자결제시스템을 규제하지 않는다는 방침, 셋째로 전자상거래를 위한 표준약관에 대하여 전자공증의 유효성이나 표준적인 거래규칙에 대해 통일상법전을 정비하는 것, 네 번째로 지적재산권의 보호이다. 전자상거래의 주요한 대상으로서 저작물이 유력시되고 있다. 또 저작물이 아니라 단순한 데이터이지만 재산적 가치를 가진 것도 있다. 후자의 데이터에 대하여 유럽에서는 원본이 아닌 데이터베이스(저작권에서 보호되지 않는 것)에 대하여도 독자 입법의 지침이 나왔으며(데이터베이스의 법적 보호에 관한 유럽공동체지침), 미국에서도 일본에서도 또 국제기구의 WIPO에서도 마찬가지로 보호법의 필요성에 대하여 논의되고 있다. 우리나라에서 이에 대한 논의가 이루어져 국회 과학기술정보통신위에서 2001년 12월 3일 전체회의를 열어 온라인상에서 콘텐츠를 무단으로 복제하는 경우 형사처벌을 할 수 있는 '온라인 디지털 콘텐츠 산업 발전법안'을 의결하기에까지 이르렀다. 또한 인터넷 특유의 문제로서 전자상거래의 출점 시 필요한 도메인명과 상품과의 관계를 어떻게 볼 수 있는지도 중요한 문제 중 하나이다. 다섯 번째로 개인정보의 보호에 대한 검토도 이루어지고 있다. 어린이로부터의 정보수집이 특히 문제시되고 있다. 전자적 환경에서는 퍼스컴을 조작하고 있는 사람이 어른인지 어린이인지를 식별하는 것이 거의 불가능하다.

여섯 번째는 안전성의 문제로 주로 암호정책의 문제로 귀착되고 있다. 전자서명에도 이용되고 있는 암호기술은 거래의 익명성을 확보하기 위하여 유용하지만 동시에 범죄로 이용된 경우 그 적발·수사나 범죄의 방지가 곤란하다는 우려가 있다. 범죄 등이 행해진 경우, 수사기관 등이 인증기관 등에게 보관된 키에 액세스하고 암호화된 정보를 합법적으로 복호화하는 수단을 가지는 것이 필요하다는 견해가 제시되고 있다. 암호화키로의 합법적 액세스를 인정할 필요성은 인정된다고 하여도 엄격한 요건을 부가하지 않으면 정부에 의한 프라이버시침해의 위험이 높다. 키 복구시스템(key-recovery system)[원래는 key exlaw 시스템이라 한다. 데이터 암호화 시 암호화용 분할키(section key)를 복구하기 위한 정보를 캡슐화(capsule)하고, 암호화된 데이터와 함께 보존하는 시스템으로 키의 분실 시 등에 데이터의 해독에 사용한다. 미국에서는 키 복구를 행하지 않는 고도의 암호제품의 수출을 인정하지 않는 정책을 취하고 있지만, 순차적으로 완화되어지고 있다] 문제나 클리퍼 팁(clipper tip)(미국 정부가 개발한 암호통신용의 팁으로 조립에 의해 암호통신이 범죄에 악용된 경우에 대비하여 암호해독이 가능한 키가 정부 등에 보관되는 것을 전제하고 있다)을 둘러싼 공방은 미국에서는 논의되고 있으며, 암호정책에 대하여 시민의 관심이 높아지는 것을 실감나게 하고 있다.

일곱 번째로 수출규제의 문제가 있다. 수출규제, 특히 암호의 수출규제가 엄격하며 이에 대해 산업계에서도 반발하고 있다. 국제적 테러나 범죄에 대하여 충분히 대응할 수 있는 구조가 이루어지면서, 설명한 키 복구시스템이 수출의 규제완화의 대상이 되어 산업계와 조정의 대상이 되었다.

여덟 번째는 본질적인 측면에서는 언론의 자유 등의 기본적 인권에 관한 문제가 있지만, 유해한 콘텐츠의 규제에 관한 것이다.24) 전통적인 통신미디어에 관한 법적 규제의 한계에 대한 것, 유해정보를 매개할 우려가 있는 전자상거래의 운영자에 어떠한 책임을 부담시키는가 하는 문제도 이에 포함된다.

마지막으로 아홉 번째의 과제는 표준화보다도 경쟁의 촉진을 중시하는 정책을 제안하고 있다. 활발한 경쟁이 시장주도형의 전자상거래의 건전한 촉진에 불가결하다라는 인식은 미국에서도 같다고 할 수 있다. 미국의 사법당국이 경쟁법의 적용에 정면으로 대응하는 마이크로소프트사에 대하여 1995년부터 해온 대응책에서 단적으로 볼 수 있다.

전자상거래를 둘러싼 문제점의 하나하나는 전통적인 법제도의 재검토를 수반하는 것이다. 법률의 개정을 각국이 행하고 있는 이상, 한국도 민간주도의 원칙에 따르면서, 다른 국가의 입법에 무관심해서는 안 된다. 전자상거래의 문제는 국경을 넘는 광범위한 분야의 문제로, 한 국가의 새로운 규칙이 세계의 사실상 표준(defacto standard)으로 될 가능성이 있다. 국제적 동향에 점점 눈을 떨어뜨려서는 안 될 것이다.

기술이나 비즈니스 환경이 크게 변동하고 있는 지금, 항상 새로운 문제에 몰두하여야 한다. 문제의 새로움에 혼동되지 않고 일관된 전자상거래의 법제도를 설계하기 위해서는 항상 새로운 변화에 주시할 필요가 있다.

---

24) 위법 · 유해컨텐츠에 대해 자녀들과 인간의 존엄을 보호하기 위한 산업계의 자주규제를 촉지하는 유럽이 사회권고(1998년 9월) http://europa.eu.int /eur-lex/en/lif/dat/en_398X0560.html에서 본 바와 같이 유럽이 자주규제에 의한 대응으로 일치하고 있다.

제7절 사이버법의 필요성

Ⅰ. 전자상거래에서 사이버법의 필요성

이상과 같은 종래의 전자상거래의 비즈니스·모델에 부합하는 검토에 그치지 않고 진정한 전자상거래법을 검토함에 있어서는 상거래라는 미시적 시야에서의 자유방임적인 접근방법에 한정하는 것만으로는 부족하다. 범죄나 사기적 거래에 대하여 공권력이 개입하는 것은 물론, 그 밖의 재산법이라든가 계약법과 같은 순수한 민사적 측면에서도 가상공간(cyberspace)의 특색을 이해한 후에 일반시민이나 사용자의 이익을 보호하기 위한 법이 강제적으로 개입될 필요가 있다. 더욱이 진정한 직접적 전자상거래의 대상으로 되는 정보는 이제까지의 상품과는 다른, 공공적인 특수성도 가지므로 이를 충분히 검토한 후가 아니면 적절한 전자상거래법은 구축할 수 없다. 그와 같은 주장이 미국의 사이버법학에서는 주장되고 있다. 이하에서는 한국의 전자상거래법에 있어서도 사이버법의 검토가 필요하다는 점을 이해시키기 위하여 미국의 사이버법학자의 주장을 소개하기로 한다.

1. Lessig 교수(하버드대학/사이버법)의 지적

대표적 사이버법학자 중 한 사람인 하버드대학의 Lawrence Lessig 교수의 유명한 강연록[25]에서 민사적 측면에도 공권력에 의한 검토의 필요성이 있다는 주장을 소개해 보기로 한다. 동 교수가 말하는 가상공간(cyberspace)은 현실세계와 달리 '0'과 '1'의 조합에 의한 디지털 프로그래밍에 의한 '규격'에 의해 질서가 크게 규율된다. 따라서 규격은 개개인의 행동을 규제하고 법에 대신한 규제를 실행한다고 한다. 예를 들면 '저작권관리'라는 규격에 관한 제안은 저작물에 대한 접근을 완전히 통제할 수 있을 뿐만 아니라 그 저작물이 사용되는 빈도를 완전하게 기록할 수 있다. 이 규격에 의해 넷상의 저작권관리는 현실세계의 그것보다도 널리 효과적으로 행해지게 된다. 그러나 여기에서 문제는 '효과적으로' 관리할 수 있다는 규격은 저작권자에게는 좋은 조건이지만 사용자(user)·일반대중에 대하여는 불이익이 생기는 점에 있다. 즉 현실세계에서 저작자의 권리가 인정되는 것은 공중에 의한 자유로운 저작물의 사용이라는 예외를 제외한 제한적인 부분에 대해서뿐이다. 따라서 현실세계에서는 공중이 일정한 목적을 위하여 자유롭게 저작물을 사용할 수 있다. 그러나 '저작권관리'가 제안하는 바와 같은 완전한 보호시스템에서는 공중의 자유로운 사용('fair-use' 라는)의 예외를 인정하지 않는다. 즉 규격은 저작권법이 인정하는 보호를 넘어 저작권자의 권리를 확대하고 있다. 즉 그것은 저작권자의 권리에 대하여 법이 부과한 제한을 '규격'이 무시해 버리는 것이 된

---

25) Lawrence Lessig, *Law of the Horse*, *available at* ⟨http://stlr. stanford.edu/STLR/WorkingPapers/97 Lessig 1/index.htm⟩(Accessed on Jan. 22, 1998).

다. Lessig 교수는 이러한 '규격'을 인정할 것인가의 여부에 대하여는 결국 법이 개입하여 유효성을 결정하여야 한다고 지적한다.

지저재산권 다음으로 동 강연에서 Lessig 교수가 분석한 것은 '계약법'에 있어서 규격의 영향이다. 동 교수에 따르면, 아직 법이 완비되어 있지 않은 가상공간에서는 법이 아니라 계약이 개개인의 행동을 통제한다. 그러나 현실세계의 계약법에서 사적인 계약의 내용이 모두 완전히 법적으로 추인되는 경우는 드물다. 계약상의 권리가 집행되기 전에 법원은 계약상 권리의 유효성판단에 개입하여 public policy에 반하는 내용에 대하여는 무효를 선언하는 것에 의해 법목적에 합치하는 계약법을 실현하기 위해 기능한다. 그러나 가상공간에서 규격으로 된 계약은 법이 관심을 가지는 그러한 public policy를 무시하여 법원을 개입시키지 않고 계약내용을 규격을 통하여 행사해 버린다. 규격을 만드는 자는 공공복리를 무시하여 자신에게 유리한 규격을 만드는 것이다. 규격은 그것을 만드는 자의 사적인 목적에 이바지할 뿐이고, 또한 그것은 계약법의 사적인 부분을 반영하고 있을 뿐이고 공공복리를 포함한 전체로서의 계약법을 반영하고 있지는 않다고 지적한다.

이상과 같은 지적재산과 계약의 2개의 예에서 분명한 것은 가상공간에서 규제나 통치가 법으로부터 규격으로 이전하고 있다고 강연록은 거듭하여 강조하고 있다. 이러한 이전의 과정에서 잃은 것은 사적 자치에 대하여 법이 과하였던 공적인 가치관이다. 따라서 동 교수는 공적 권력이 개입할 필요성이 있다고 지적하고 있다.

이 강연내용에서도 분명한바, 가상공간에서의 상거래는 규격을 만든 판매자 측에 유리한 양식이 상관습으로 되어 사용자측의 권리를 부당하게 감축할 우려가 있다.[26] 따라서 바람직한 전자상거래법을 검토할 때에는 단순한 자유방임적인 당사자자치에 위임할 것이 아니라(그렇게 하면 교섭상 일방의 당사자에게 현저하게 유리한 계약관습법이 전자상거래를 지배할 우려가 있다) 공권력에 의한 개입·검토가 필요하다고 지적하고 있다.

다만 Lessig 교수의 다른 논문을 보면 그가 위로부터의(top-down) 법규제의 강제를 권장하고 있지는 않음을 알 수 있다.[27] 오히려 그는 유연성이 있는 판례법의 집적에 의한 사이버법의 형성을 지지하고 있다.[28] 그러나 Lessig 교수가 우려하는 것은 판례법이라는 사법부에 의한 공공복리성에 대한 검토가 이루어지지 않는 규격이나 계약양식의 상관습이 전자상거래의 법으로서 권위가 부여되는 것은 아닌가 하는 점이다.[29]

2. Tribe 교수(하버드대학/헌법)의 지적

사이버헌법상 사적 재산권의 보장이라는 관점에서도 전자상거래

---

26) *See also* John Perry Barlow, *The New Economy of Ideas*, WIRED 2.03(1994), *available at* ⟨http://www.wired.com/wired/2.03/features/ economy.ideas.html⟩(Accessed on Aug. 6, 1998).

27) Lawrence Lessig, *The Path of Cyberlaw*, 104 YALE L. J. 1743-55(1995)(어떤 룰이 가상공간에 바람직한 것인가를 결정하기 전에 가장 많은 경험이 필요한 것이므로 판례법에 의한 집적이 바람직하다고 지적하고 있다).

28) *Id.*

29) 예를 들면 소프트웨어적인 어떤 정보거래계약에 관한 상관습에 법적 효력을 부여하기 위하여 현재 미국에서 검토되고 있는 UCITA(통일컴퓨터정보거래법)의 案은 사용자의 이익에 반하는 관행을 법으로서 하려고 하고 있다고 하여 소비자단체나 학설 등으로부터 강하게 비판되고 있다. *See, e.g.,* The Consumer Project on Technology, *available at* ⟨http://www.cptech.org/⟩(Accessed on June 29, 1998) ; Mark A. Lemley, *Intellectual Property and Shrinkwrap Licenses*, 68 S. C. L. Rev. 1289(1995)(라이선스에 유리한 Shrinkwrap · License를 긍정하는 상관습법인 UCITA의 舊案을 비판하고 있다). *See also* David Nimmer, Elliot Brown & Gary N. Fisching, *The Metamorphosis of Contract into Expand*, 87 CAI. L. Rev. 17(1999)(同旨) ; Julie E. Cohen, *Copyright and the Jurisprudence of self-Help*, 13 BERKELEY Tech. L. J. 1089(1998)(저작권관리시스템을 비판).

에 있어 적절한 정보재산권의 검토의 필요성이 주장되고 있다. 아래에서는 하버드대학의 헌법학자 로렌스 트라이브(Lawrence Tribe) 교수의 '가상공간에서의 헌법'30) 중에서 동 교수의 주장을 예시하여 보기로 한다.

트라이브 교수가 말하는 '0'과 '1'로 구성되는 복제와 정보교환이 용이한 넷(net)상에서는 "정보는 소유되어야 하는 것이 아니라 전체가 자유"라는 리차드 스탤만(Richard Stallmann)의 '자유소프트웨어재단'과 같은 사적 재산권에 대한 도전도 있고31) 반대로 '가상공간재산권'을 만들어 낸 인센티브(incentive)를 보장하기 위해 다양한 저작권이나 특허권에 의한 보호가 필요하다는 주장도 제기되고 있다. 어디까지가 사적 재산에 속하고, 또 어디까지가 일반의 자유로운 사용의 범위에 속하는 것인가에 대한 판단의 대부분은 정치적 결정의 문제이다. 그러나 이러한 정치적 결정에도 일정한 헌법적 제약이 부여되어야 한다고 트라이브 교수는 지적한다. 예를 들면 선거권이라도 이론적으로는 매매 가능한 것이지만, 그러한 매매는 헌법상 허용되지 않는다. 마찬가지로 기본적인 의료나 주택, 자양섭취 그리고 정확하게 컴퓨터화된 정보서비스를 모두 단순한 상품으로서 최고의 가격을 제시한 자에게만 이용 가능하게 하는 것도 곤란한 문제이다. 트라이브 교수는 그러한 문제는 공학기술로 가능한 것인가, 현실적으로 어떤 것이 강요 가능한 것인가와 같은 단순한 문제는 아니라고 주장하고 있다.

---

30) Lawrence H. Tribe, *Constitution in Cyberspace*, Keynote Address at the First Conference on Computer, Freedom, and Privacy (1991), *available at* 〈http://www.sjgames.com/SS/tribe.html〉(Accessed on June 3, 1998).

31) 平野晋 & 牧野和夫著, (判例)國際インターネット法, (プロスパー企劃/明文圖書, 1998)의 44-46면 참조(Stall mann의 '自由소프트웨어財團'에 대하여 개설하고 있다).

그러나 이와 함께 동 교수는 헌법상 어떤 것을 공공의 것으로 하여 그것을 필요한 자 모두에게 이용 가능하도록 하는 것까지 허용하는 것은 아니라고 지적하고 있다. 예를 들면 정부가 공용수용권을 행사하여 인체장기를 유용한 인재를 위해 이용할 수 있도록 하는 것은 문제이다. 자신의 인체나 사상 또는 창작물에 대하여 각 개인이 가지는 권리는 단순한 비용 대 효용의 계산이나 인공대체물의 용이성이나 공학적인 실현가능성으로만 판단할 수 없는 것이라고 주장하고 있다.

트라이브 교수가 위에서 시사한 바와 같이[32] 사적 재산권의 행사에는 공공복리에 의한 제약이 따른다. 동시에 사적 재산권에는 일정한 보장이 주어져 있다. 전자상거래에 있어서도 당연히 상술한 헌법원칙이 미치는 것은 물론이다. 그러나 필자가 강조하고 있는 것은 상거래상의 이익이나 공학기술상의 검토만을 우선하는 경향이 이제까지 지배적인 전자상거래에 관한 논의의 위험성이다. 전술한 사이버법학이 지적하는 바와 같은 한층 넓은 법률상의 시야나 배려가 전자상거래의 논의에도 필요할 것이다.

Ⅱ. 사이버법의 범위

전자상거래논의에 사이버법학으로부터의 분석이 필요한 것은 앞에서의 설명에서 이해되었을 것으로 생각한다. 그런데 그 사이버법학이란 도대체 어떤 것인가? 우선 대표적 사이버법학자의 한 사람인 윌리

---

32) 이 강연의 결론으로서 트라이브 교수는 미국헌법의 인권규정에 새로운 조문을 첨가해야 한다는 유명한 제안을 하고 있다. Tribe, *supra note* 9.

엄 & 메리 대학의 하아디(I. Trotter Hardy) 교수가 발표한 유명한 논문
「사이버스페이스에 있어서의 적절한 법체제」[33]에서 소개하기로 한다.

하아디 교수에 따르면, 사람이 행위를 규율하는 방법으로서는 그
사회에서 시민이 스스로의 관습을 형성해가는 방법도 있고, 계약(가
상공간에서는 우선 인터넷 서비스제공자(ISP)가 가입자에게 체결을
요구하는 계약이 주요한 부분을 차지한다)으로 규율하는 방법도 있
다. 나아가 성문법을 제정하여 규율하거나 판례의 집적에 따른 판례
법에 의해 규율하거나 또는 국제적으로 모범법을 제정하는 방법도
있다.[34] 그런데 가상공간에서의 법률문제의 해결에 있어서는 위의
방법 가운데 어느 것을 사용하는 것이 바람직한 것인가는 우선 전통
적인 법을 적용할 수 있는 문제와 가상공간에 특유한 문제를 분류하
여 고찰함이 전제되어야 한다고 주장한다.

가상공간에 관계되는 법적 문제에는 현실세계의 법을 적용하는 것
만으로 충분한 것과 그렇지 않은 새로운 문제도 존재한다. 전자상거
래에서 문제가 발생하는 경우를 유형화하면, 현실세계에서도 발생하
지만 가상공간에서 그 빈도가 현저하게 많이 발생하는 경우(용이하게
익명으로 메시지를 송신하는 경우 등)나 정말로 새로운 사실이 발생
한 경우(예를 들면, 가상공간에서는 무엇이 합리적인 행동규범인 것
인가가 아직 확정되어 있지 않으므로 그것이 문제가 되는 경우나 시
스템관리자의 책임문제 등)가 있다. 특히 커뮤니케이션의 중개자로서
의 서비스제공자의 역할은 서점과 같은 경우나 전화회사와 같은 운
수업자(commom carrier) 또는 공공통신업자의 경우나 출판사와 같은

---

33) I. Trotter Hardy, *The Proper Legal Regime for "Cyberspace"*, 55 PITT. L. Rev. 993(1994).
34) *Id.* at. 994-995.

경우나 나아가서는 그 어느 경우도 아닌 경우도 있어 권리의무관계를 결정하는 것이 때로는 어렵다. 가상공간의 권리의무관계는 입법이나 사법에 의해 위로부터의(top-down) 규율이 가능할 수도 있고 자력구제나 계약, 단체의 규약(그것도 계약인 경우도 있다)이나 관습의 발전에 의한 아래로부터의(bottom-up) 규율의 제정에 의해서도 가능할 수 있다.

이상과 같이 하아디 교수는 먼저 가상공간에 특유한 문제와 그렇지 않은 것으로 나누고, 전자에 대하여는 가상공간에 특유한 사이버법을 검토·적용하여야 한다고 지적하고 있다. 그 때에 공학기술의 발전·변화의 유연성을 필요로 하는 가상공간에서는 하아디 교수가 시사하는 바와 같이 아래로부터의(bottom-up) 규범을 제정하는 것이 하나의 지침이 될 수 있다. 그러나 동시에 계약자유의 원칙이나 사적자치의 원칙에 대한 무차별적인 맹신이 위험하다는 것은 필자가 이미 지적한 바 있다. 이러한 지적은 그대로 전자상거래의 검토에도 해당한다고 본다.

Ⅲ. 전자상거래에 대한 사이버법의 적용 (통치모델로부터의 시사)

1. 윤리, 교육, 업계가이드라인에 의한 관리

하아디 교수가 말한 바와 같이 가상공간(cyberspace)이라는 사회를 통치하는 룰은 위로부터의(top-down) 제정법에 의한 방법만 존재하

는 것은 아니다. 관습이나 계약 또는 판례법에 의한 규범형성의 방법
도 존재한다.

제정법, 판례법, 계약 또는 관습이라는 요소 이외에도 가상공간에
서 행동을 규율하는 방법은 다양하게 존재한다. 예를 들면 Lessig 교수
는 앞의 강연록 소개 중에서(본서에서는 소개를 생략한 부분) 규격만
이 아니라 시장원리나 사회상식에의 작용에 의해서도 행동규범형성
에 영향을 미친다고 분석하고 있다. 즉 시장원리에의 작용이란 예컨
대 담배에 대한 과세를 고액으로 적용하여 담배소비를 줄이도록 하
는 행동을 유인하는 것과 같이 시장원리를 매개로 하여 정책적으로
일정한 행동을 규율하는 방법이다. 이때에 입법자는 제정법을 통해
과세율을 인상하는 간접적인 방법으로 시장원리를 작용시키는 정책
을 채용하고 있다. 또한 사회상식에의 작용이란 예컨대 흡연이 해롭
다고 하는 광고(프로퍼갠더, propaganda)활동에 의해 사회상식이나 윤
리·예절을 변혁시켜 시민의 행동에 영향을 주는 것이다. 이때에도
입법자는 금연캠페인의 예산획득이라는 제정법을 통해 광고홍보활
동을 매개로 하는 간접적인 시책을 채용하고 있다. 그리고 규격의 작
용으로서는 예컨대 담배에 포함된 니코틴의 양을 아주 적은 양으로
하도록 하는 법을 제정하여 담배의 규격을 변하게 하면 니코틴에 의
한 습관성을 억제하여 금연이라는 목적을 달성하게 된다. 그런데 제
정법이 시장원리나 사회상식 또는 규격에 간접적으로 작용하는 것
외에, 예를 들어 공공시설 내에서 흡연한 자에게는 벌금을 과하는 방
식과 같이 직접적인 시책으로 행동을 규율하는 것도 가능하다.

하아디나 레씨그의 예가 시사하는 바와 같이 사이버법학에서는 그 논
제의 하나인 自治(self-governance)의 측면에 있어서 가상공간에서 통치의

나아갈 방향이 검토되어야 하며, 가상공간에서 조직사회(community)의 법에 의한 통치에 이르기까지에는 윤리나 예절(흔히 에티켓 등으로 불린다) 또는 사적인 계약이나 관행에 대한 자주적인 규율에 의한 통치도 존재한다고 자주 지적하고 있다. 즉 이러한 여러 가지 요소가 가상공간에서 통치, 룰 또는 행위규범 등에 영향을 미친다고 분석하고 있다.

그런데 필자는 이상에서와 같이 제정법 이외에도 다양한 요소들이 통치에 영향을 미친다는 사이버법학에서의 분석은 실제로는 이미 전자상거래의 룰의 바람직한 방향에 관한 논의에도 아래에서와 같이 적절하다고 생각한다.

(1) 사회상식(광고홍보 · 교육활동, 윤리 · 예절의 형성)에 의한 규제의 예

해적판추방 캠페인에서 예산을 모아 사회상식에 작용하는 부정행위를 규제하는 방법 등은 전자상거래에 있어서 간접적인 통치의 예가 될 것이다. 다만 이 캠페인은 정부가 정책으로서 한다기보다는 업계단체가 자기의 이익을 위하여 한다는 사적인 통치의 예가 현재까지는 많아 보인다. 예를 들면 미국에서는 저작권자 측의 단체가 저작권교육의 필요성을 주장하고 있다고 한다.[35] 널리 대중일반이 인터넷을 이용할 수 있으므로, '누구라도 출판사가 될 수 있으므로 누구라도 출판의 룰을 알아야만 한다.'는 의미이다.[36] 더욱이 미국에서는

---

35) I. Trotter Hardy, *Project Looking Forward : Sketching the Future of Copyright in a Network World* (May, 1998 Final Report) at, 266 – 267.

36) *Id.*

지적재산권 의식을 고양시키기 위한 계몽캠페인이 행해지고 있다.[37] 일본에서도 최근의 TV 프로그램 등에서 넷상에서의 저작권침해행위를 저지하기 위한 광고활동이 눈에 띄는 것은 저작권자 측 단체의 나름대로의 의도가 크게 영향을 미치고 있는 것이라고 할 수 있다.

(2) 시장원리(경제)에의 의도에 의한 규제의 예

디지털방식의 녹음·녹화기기를 구입하는 경우 당해 기기의 가격에 보상금이 포함되어 있고, 그 보상금은 제조업자를 통해 저작권자에게 지급된다.[38] 이것들은 저작권자가 주장하는 손실을 경제적으로 전보하는 구조를 제정법을 통해 강제하는 방법이다.

(3) 규격에의 의도에 의한 규제의 예

미국에서는 디지털녹음장치로 이루어지는 복제의 수를 감시(monitor)할 수 있는 칩(chip)을 만들어 일정수의 복제를 초과하는 복수의 복제를 하면 복제품의 질이 자동적으로 떨어지도록 하는 규제가 제조업자에게 부과되어 있다.[39] 이것들은 제품의 규격을 제정법이 변경하는 것을 통해 간접적으로 룰을 규제하는 방법일 것이다.

(4) 제정법·강행법규에 의한 직접적인 규제의 예

침해에 대한 형사벌을 강화하는 법개정 등은 직접적인 행위규제의

---

37) Information Infrastructure Task Force, Working Group on *Intellectual Property Rights, Intellectual Property and the National Information Infrastructure: The Report of the Working Group on Intellec tual Rights*(Sept. 1995).

38) 저작권법 제30조 제2항 참조.

39) *See* Lessig, supra note 2. *See* Audio Home Recording Act of 1992, Pub. L. 102-563, 106 Stat. 4237. 저작권법 제30조 제2항도 참조.

예가 될 것이다. 인터넷상에서의 침해는 파악하기 어렵기 때문에 어떤 의미에서는 빙산의 일각과 같이 발견된 위반행위에 대해 엄격한 벌을 과하는 것으로서 균형을 이루는 것이 유효하다는 법과 경제학적 분석에 의지하는 자세일지도 모른다.[40]

(5) 이른바 지침(guideline)이나 계약에 의한 사적인 규제의 예

사이버몰(cybermall)에 관한 다양한 지침 등은 법적인 강제력은 없지만 자주적 규제의 일종으로 볼 수 있다. 그리고 가상공간에 있어서 다양한 업자들 간이나 사용자와의 약관에 의한 계약 등도 법적 구속력을 가지는 사적 약속이라는 형식에 의한 자주적 규제의 일종이다. 사이버법학에서는 이전부터 이러한 사적 계약에 의한 통치가 가상공간에서의 통치의 주류가 될 것으로 지적하고 있었다.[41] 그 예상에 따라 최근 한국에서의 전자상거래에 관한 논의에서도 지침이나 계약에 의한 자주규제의 폭이 확대되어야 할 것이다.

2. 당사자자치와 법률개입의 조율의 필요성

이상과 같이 전자상거래를 규율하는 요소는 단순히 제정법만이 아니라 공적인 시장원리에 의한 조종이나 사적인 광고홍보(propaganda) 활동에 이르기까지 다양하다. 그런데 사용자의 이익을 고려하고 공익에 합치하는 전자상거래를 위해서는 이러한 여러 가지 요소들이 형

---

40) RICHARD A. POSNER, ECONOMIC ANALYSIS OF LAW 221-231 (4th ed. 1992).

41) *See, e.g.,* Llewellyn Joseph Gibbons, *No Regulation, Government Regulation, or Self-Regulation: Social Enforcement or Social Contracting for Governance in Cyberspace,* 6 CORNELL J. L. & PUB. POL'Y 475(1997).

평을 유지하고 있는가를 검토하여야 한다.

예를 들면 사적인 홍보활동을 통해 사회상식에 간접적으로 유인하는 예를 생각해 보자. 전술한 바와 같이 미국에서는 지적재산권지단체가 스스로의 이익보호·확대를 위해 해적판추방 캠페인을 벌이고 있다. 또 이와 같은 교육의 필요성을 역설한다. 그러나 미국의 사이버법학자는 이러한 행동에 비판을 하고 있다. 왜냐하면 광고홍보의 내용이 반드시 공익이나 사용자의 이익에 적합한 것이라고는 한계 지울 수 없기 때문이다. 예를 들면 전술한 광고홍보·교육활동에 의한 사회상식이나 윤리·예절의 형성이라는 활동에서는 권리침해의 죄악만을 집요하게 강조하여 공유정보를 널리 공중이 사용하는 것은 적법하고 장려되어야 한다는 측면은 정확하게 소개되지 않는다. 즉 광고홍보·교육활동에 참여하는 자가 중립성을 잃고 스스로의 이익을 위해 행동하고 있는 이상 그것에 의해 형성된 예절이나 윤리도 잘못된 것일 우려가 있다. 확실히 타인의 재물을 절취하는 것은 나쁜 것이라는 것과 같이 지적재산권을 위법하게 사용하는 것도 나쁘다는 교육을 하는 것은 옳은 일일 것이다. 그러나 본래 타인의 재물도 아니고 위법하지도 부정하지도 않은 행위까지도 부정의 표식이나 이미지를 형성시키는 광고에 대하여 사용자와 일반대중은 의심을 가질 것이다. 이와 같은 비판이 미국에서 존재한다.

더욱이 지침(guideline)이나 계약에 의한 자주규제는 아직 초기적(plottype) 발전단계에 있는 전자상거래에 장래 발생할 예측 불가능한 사태에 대한 유연한 대응이라는 의미에서는 제정법보다는 탄력성(flexibility)을 가질 필요가 있다. 그것은 이미 예시·소개한 대표적 사이버법학자인 트라이브·하아디 교수 등도 인정하고 있다.[42] 그러나 계약이나 지침 등의 사적 자치는 힘의 불균형으로 인해 형평성을 잃은 룰이 작용하거나, 발신력(發信力)이 작은 자나 발언의 유효한 기회를 부여받지 않은 자의 목소리가 무시될 우려가 큰 것도 또한 사실이다. 따라서 이미 강조한 바와 같이 그리고 사이버법학이 지적한 바와 같이 중립적인 법의 입장에서의 전자상거래에 대한 검토가 중요하다.

---

42) Hardy, *supra note* 12.

제8절 전자상거래와 과세

　전자상거래는 일반상거래와 법적 또는 경제적 관점에 본질적인 차이가 있는 것이 아니다. 전자상거래란 개별적인 거래의 유형에 따라 재화의 매매 또는 임대, 용역의 공급 등과 같은 전통적인 상거래의 성격을 가지는 것이고, 다만 거래의 성립이 전자적인 의사교환에 의해 이루어진다는 특성이 있을 뿐이다. 따라서 일반상거래와 마찬가지로 경제거래인 전자상거래에 대하여도 과세가 되어야 하므로, 과세관청의 입장에서는 최적의 과세를 위하여 누가, 언제, 어디서, 어떠한 거래를 얼마나 행하였는지에 대한 거래의 실태를 파악하는 것이 중요하다[43].

　그러나 전자상거래 역시 인터넷을 이용하므로 인터넷이 가지는 특성인 익명성 등을 고려할 때, 과세관청은 현재 전자상거래의 실태를 파악하기 위한 세제 및 집행적 측면에서 새로운 문제를 직면하고 있는 실정이다. 전자상거래는 세제에 있어서 긍정적인 측면과 부정적인

---

43) 이철송, 전자상거래와 조세, 세무사 92호, 2001. 4., 51면. 한편 OECD에서는 전자상거래를 '문자 · 소리 · 시각이미지를 포함하여 디지털화(digitalized)한 정보의 전송 및 처리에 기초하여 이루어지는 모든 형태의 상업적 거래'로 정의하고 있다[OECD, Measuring Electronic Commerce, DSTI/ICCP/AH(97)6/REV1].

측면으로 나타나고 있다. 긍정적인 측면으로는 과세대상을 투명화를 들 수 있다. 대부분 전자상거래의 주된 결제수단이 신용카드 결제이고, 다음으로 인터넷 사이트에서 공개된 사업자의 구좌를 통한 무통장 입금이 활용되고 있기 때문에, 과세관청은 전자상거래의 거래 자체에 대한 정보를 제외하더라도 거래의 결제와 외형에 관한 정보를 수집하는 데 큰 어려움이 없어 전자상거래가 일반상거래보다 투명화를 이룰 수 있다. 부정적인 측면으로는 우선 인터넷상에서는 상거래를 하는 자의 이름, 주소의 정보가 표시되어 있지 않는 한, 그 정보가 정확한지 확인하기 어렵고, 누가 어디에서 거래를 하고 있는지 파악하기 곤란하다. 다음으로 거래형태의 변화로 인하여 생산자와 소비자가 직접거래를 함에 따라 도매업자, 소매업자로 이어지는 복수의 거래관계자로부터의 납세신고, 정보제출, 세무조사를 통한 거래파악의 기회가 감소한다. 또한 전자상거래는 공간적 제약을 받지 않게 되어 종전의 국제간 상거래가 영세한 규모의 상인에 의해서도 가능해짐에 따라 전 세계적으로 이에 대한 대책이 시급한 실정이고, 이를 해결하지 않을 경우에는 상당수의 국가가 세수부족현상에 직면하게 될 것이다[44].

특히 전자상거래는 탈국경화, 즉 국경을 넘는 거래로 국가 간의 과세관할, 이전가격 등 새로운 국제조세문제를 일으키는 요인이 되고 있다. 대표적인 문제로는 소득의 분류로서 디지털재화(예컨대, 컴퓨터프로그램이나 데이터베이스, 책, 음악, 영상 등), 인터넷통신방송서비스, 금융서비스 등을 어떻게 분류하여 과세할 것인가이고, 다음으로는 소득의 과세배분으로서 거주지주의 또는 원천지주의 중 어느

---

44) 옥무석, 전자상거래와 조세문제, 상사법연구 제19권 제2호, 123면.

것을 취할 것인가이다. 그리고 간접세, 예컨대 부가가치세에 있어서
는 그 징수방법과 디지털재화의 거래 시 이에 대한 과세권의 관할 등
을 들 수 있다. 위와 같은 국제적 과세문제를 해결하기 위해서 OECD
를 중심으로 각국은 지속적인 노력을 하고 있다. 특히 각국의 이해관
계가 첨예하게 대립하는 직접세와는 달리 간접세는 비교적 논의가
활발히 진행되고 있고, 상당한 진척을 보이고 있다. 따라서 종전의
OECD 등 제외국의 동향을 지켜보는 차원에서 이제 우리나라에서도
간접세에 대한 대책을 마련하여야 할 시점에 와 있다고 생각된다.[45]

---

45) 윤현석, 전자상거래와 부가가치세, 인터넷법률 2001. 11., 89-91면 참조.

제 4 장
전자결제

제1절 서언

전자상거래(electronic commerce)는 널리 디지털 네트워크를 이용하는 거래를 가리킨다. 기업 간 폐쇄된 시스템에서의 거래와 인터넷을 이용한 개방된 시스템에서의 거래[1]가 고려되는바, 현재 주목을 받고 있는 것은 후자이다. 인터넷을 이용한 개방된 시스템에서 거래하는 경우 그에 따른 결제는 계약의 교섭·체결 후의 이행문제와 법적으로는 대금지급채무나 소비대차에 의한 변제 등 금전채권의 변제문제가 발생하는데, 이를 해결하기 위한 방법이 전자지급결제시스템이라고 할 수 있다.

전자결제시스템은 화폐의 특성인 익명성, 양도성, 이동성, 즉시결제성뿐만 아니라 디지털화의 부가기능인 원거리양도성과 분할성 이외에 실물화폐의 발행비용 및 관리비용을 줄일 수 있는 장점을 가지고 있다. 그러나 현재 인터넷상에서 이용되는 지급결제수단은 보안상의 문제 등으로 활성화되지는 못하고 있다. 이러한 전자결제에서 활

---

1) 폐쇄된 시스템 내의 처리이지만, 현재 각광을 받고 있는 것이 이용자의 예금구좌잔고의 존재를 한도로 하여 가맹점에서 매입하는 물건을 현금카드에 의해 즉시 결제하는 debt card가 있다. 상세한 것은 일본 debt card추진협회의 홈페이지 http://www.debitcard.gr.jp을 참조.

용되거나 활용가능성이 있는 대표적인 것으로는 신용카드, 전자수표, On-Line형 전자화폐, 전자 Coin 등을 들 수 있다.

최근 인터넷 쇼핑의 결제방법을 보면, 전체 인터넷 쇼핑 경험자의 대다수(98.5%)가 온라인 송금·계좌이체 방법이 소수이고, 대다수가 신용카드 등으로 쇼핑대금을 결제하고 있고, 점차 신용카드 이용으로 대체될 전망이다.

지로와 신용카드에 의하여 네트워크상에서 완결을 짓는 전자결제 방식을 취하고 있다. 그러나 전자는 안전하지만 네트워크상에서 대금 결제를 함에 있어서 이용자가 상당한 불편을 느끼고 있고, 후자는 보안성에 대한 우려가 있으며, 특히 신용카드에 의한 전자결제는 신용카드회사의 사무처리비용의 면에서 소액결제에는 부적합한 점이 있고, 또한 카드를 보유하고 있지 않은 소비자가 이를 이용하는 것이 불가능하다는 점 등의 제약이 지적되고 있다.

네트워크상의 전자상거래를 활성화하기 위해서는 전자결제가 신속하게 완결되어야 한다. 따라서 새롭게 등장하는 전자지급수단은 결제상의 신속성과 완결성을 지니면서도 일상의 소비생활에서 발생하는 작은 규모의 대금결제도 가능하여야 한다. 또한 우리나라에서도 전자결제가 현실적으로 행해지고 있고 이에 관한 입법이 추진되고 있다. 이하에서는 전자상거래에서 새로운 전자결제시스템의 요건과 유형을 살펴보고, 그중에서 전자결제의 가장 유용한 수단이 될 수 있는 전자화폐를 중심으로 그 법적인 문제를 검토하고자 한다.

제2절 전자결제의 의의 및 요건

I. 의의

전자결제란 상품 또는 서비스에 대한 대가를 전자적인 수단을 통하여 지급, 결제하는 것을 말한다. 전자결제시스템은 결제수단으로 사용하는 매체를 포함하여 총체적인 결제과정을 의미하는 것으로, 현재 신용카드에 의한 대금결제방식이 주로 행해지고 있다. 신용카드를 이용하는 방식은 일종의 신용대출로서 자금의 유동성을 보다 용이하게 확보할 수 있고 상품거래와 더불어 대금결제가 이루어지는 동시이행의 문제가 해결되고 있지만, 네트워크상에서 신용카드정보가 노출되어 개인의 정보가 유출될 수도 있다. 신용카드 이외에 네트워크에 의한 안전한 상거래를 지원하기 위하여 전자화폐, 전자수표, 전자자금이체 방식 등이 전자상거래의 주된 대금결제방식으로 인정되고 있다.

Ⅱ. 전자결제시스템의 요건

첫째, 인터넷을 통한 상거래를 행하는 경우, 구매자와 판매자가 안전하게 대금지급을 할 수 있도록 다양하고, 보다 안전한 결제시스템이 제공되어야 한다.

둘째, 판매자를 가장하여 인터넷상에서 쇼핑몰을 구축한 다음 구매자의 신용정보 등을 입수하여 이를 악용하는 것도 가능하므로, 거래당사자가 서로 정당한 상대방인지를 확신할 수 있어야 한다.

셋째, 디지털로 전송되는 거래금액 정보를 불법적으로 변조하는 경우에 대비한 대책이 필요하다. 또한 전자화폐를 복제하여 이를 이중으로 사용하는 위험에 대한 대처가 필요하며 부인방지(否認防止)에 대한 대책도 마련되어야 한다.

넷째, 사용자 프라이버시 보호를 위해 개인의 정보 및 익명성이 보장되어야 한다.

다섯째, 소액결제를 지원할 수 있어야 하고 처리비용도 경제적이어야 한다.

Ⅲ. 전자결제의 유형

전자결제는 결제수단에 따라 신용카드, 전자화폐, 전자수표, 전자자금이체 등으로 구분할 수 있다.

1. 신용카드에 의한 결제

신용카드 결제방식이란 고객이 Internet과 같은 통신망상에서 물품을 구매하거나 서비스를 이용하고 자신의 신용카드정보를 전송하여 결제하는 방법을 말한다. 현재 Internet 대금결제에 가장 많이 이용되는 방법으로 신용카드정보 누출을 방지하기 위하여 E-Mail 방식 또는 암호화 방식을 이용하고 있다.

인터넷 지급결제를 개발, 서비스 중인 회사의 신용카드 결제방식은 다음 표와 같다.

개발사	처리방식	비고
First Virtual Holdings Inc.	E-Mail방식	'94년 초 설립된 Internet 지급결제관련회사
CyberCash, Inc.	암호화방식	'94년 8월 설립된 Internet 지급결제관련회사

(1) 일반적인 방식

1) 개요 및 결제절차

고객이 신용카드정보를 판매자에게 전송하면, 판매자는 기존의 신용카드거래 승인방법과 동일한 방법으로 카드거래 승인을 받는 방식으로서 초기단계에서는 많이 이용되었으나 보안상의 문제 등으로 점차 이용이 감소하는 추세에 있다.

결제절차를 보면 다음과 같다.

① 고객이 인터넷상에서 물품구매신청서, 신용카드정보(보통 카드번호 및 만료일) 등을 판매자에게 전송

② 판매자는 기존의 신용카드거래 승인방법과 동일한 방법으로 신용카드 처리기관을 경유하여 신용카드사에 카드거래 승인을 요청

③ 신용카드사는 신용카드 처리기관을 경유하여 판매자에게 신용카드거래 승인을 통지

④ 판매자는 인터넷상에서 물품구매 및 카드거래 승인내역을 고객에게 전송

2) 문제점

이 방식의 문제점으로는 암호화를 위한 별도의 프로그램을 사용하지 않아 신용카드정보가 쉽게 유출될 우려가 있고, 판매자가 고객의 정보를 파악할 수 있으며, 제3자에게 동 정보를 유출시킬 수 있어 개인의 프라이버시가 침해될 수 있다. 그리고 인터넷상에서 제3자가 신용카드정보를 쉽게 가로챌 우려가 있다.

(2) 암호화 방식

1) 개요 및 결제절차

암호화 방식은 일반적인 방식과 동일하나 신용카드정보의 유출을 방지하기 위하여 신용카드정보를 특별한 S/W를 이용하여 암호화한 후 전송하는 것으로서 이 경우 고객 및 판매자는 암호화 또는 복호화하기 위하여 동일한 S/W를 설치하여야 한다.

암호화를 위하여 여러 가지 Protocol이 사용되는데, Netscape사의 SSL(Security Socket Layer), MasterCard와 VisaCard사가 개발하기로 한 SET(Secure Electronic Transactions) 등이 있다.

2) 장단점

① 장점

암호화 방식으로 처리되어 후술하는 제3자 처리방식에 비하여 비용이 지렴하고, 암호화 및 복호화하기 위해서는 약간의 시산이 소요되지만 일반적으로 제3자 처리방식에 비하여 처리시간이 적게 소요된다.

② 단점

신용카드정보를 암호화하기 전에 가로채는 프로그램이 고객의 PC에 상주해 있을 때에는 보안문제가 제기될 수 있다. 실제로 First Virtual Holdings, Inc.가 신용카드번호 및 기타 중요정보를 암호화하기 전에 가로채는 프로그램을 개발하여 시연회를 가진 바 있다. 또한 판매자가 신용카드정보를 해독하여 타 용도로 사용할 수 있어 개인의 사생활이 침해될 수 있다.

(3) 제3자 처리방식(Third Party Processing Method)

1) E-Mail방식

① 개요

1994년 10월부터 First Virtual Holdings Inc.에서 개발, 서비스 중인 결제방식으로 First Virtual사에 고객과 판매자가 Virtual PIN이라는 ID를 송부하면, 同社는 고객의 구매의사를 E-Mail로 확인한 후 기존의 신용카드거래 승인방법과 동일한 방법으로 카드거래 승인을 받는 방식이다. 이는 1996년 9월 현재 약 175,000명의 고객과 약 2,500개의 가맹점이 이용하고 있다고 한다.

② 결제절차

  ⓐ 고객이 신용카드거래를 위하여 First Virtual사에 Virtual PIN을 신청하여 부여받음.

  ⓑ 고객이 물품구매신청서와 자신의 Virtual PIN을 판매자에게 전송

  ⓒ 판매자는 물품구매신청서, 고객의 Virtual PIN, 판매자의 Virtual PIN을 First Virtual사로 전송

  ⓓ First Virtual사는 고객의 물품구매의사를 확인하기 위하여 판매자로부터 전송받은 물품구매신청서를 고객에게 E-Mail로 전송

  ⓔ 고객은 물품구매신청서 내역을 확인한 후 구매의사를 E-Mail로 First Virtual사에 전송

  ⓕ 고객으로부터 구매확인 E-Mail을 전송받으면 First Virtual사는 기존의 신용카드거래 승인방법과 동일한 방법으로 신용카드 처리기관을 경유하여 신용카드사에 카드거래 승인을 요청

  ⓖ 신용카드사는 신용카드 처리기관을 경유하여 First Virtual사에 카드거래 승인내역을 통지

  ⓗ First Virtual사는 고객의 물품구매확인서와 신용카드거래 승인내역(승인번호)을 판매자에게 전송

  ⓘ 신용카드사는 카드거래 내역을 고객에게 통지

③ 장단점

  ⓐ **장점:** Internet상에서 신용카드정보 대신 Virtual PIN을 사용하여 거래승인을 요청하므로 신용카드정보가 판매자 또는 외부에 유출될 가능성이 거의 없어 안전하고, 제3자 암호화방식에 비하여 수수료가 저렴하다. 또한 고객이나 판매자가 암

호화 등을 위한 별도의 S/W를 설치할 필요성이 없다.

   ⓑ **단점**: First Virtual사에서 E-Mail로 고객의 물품구매의사를 확인한 후 카드거래 승인신청을 하므로 고객이 즉시 응답하지 않을 경우 처리시간이 많이 소요되고, 물품구매 의사 확인과정에서 고객이 물품구매 의사를 변경할 수 있으므로 이에 따른 판매자의 부담이 크다.

2) 제3자 암호화 방식

① 개요

1995년 4월부터 CyberCash, Inc.에서 개발, 서비스 중인 결제방식으로 고객과 판매자는 암호화 S/W인 Cyber Cash Wallet을 이용, 신용카드정보를 암호화하여 전송하면 동 회사는 기존의 신용카드거래 승인방법과 동일한 방법으로 카드거래 승인을 받는 방식이다. 이는 1일 거래건수는 수천 건 이상이고, 약 40만 매의 고객용 암호화 S/W가 배포되었으며, 미국 은행의 80% 이상과 접속, 신용카드거래를 처리하고 있다.

② 결제절차

   ⓐ 고객이 CyberCash Wallet을 CyberCash사로부터 Internet을 통하여 Down받아 설치한 후 ID, 신용카드정보, 비밀번호 등을 등록

   ⓑ 고객이 물품구매신청서와 신용카드정보를 암호화하여 판매자에게 전송

   ⓒ 판매자는 물품구매신청서를 해독하여 확인한 후 고객의 신용카드정보에 신용카드거래 승인요청서를 첨부, 암호화하여

CyberCash사로 전송(이때 판매자는 고객이 암호화한 신용카드 정보를 해독할 수 없으며, 판매자가 다시 암호화하여 전송하므로 신용카드정보는 2중으로 암호화가 된다)

ⓓ CyberCash사는 판매자가 전송한 정보를 별도의 Bank Payment Server에서 해독하여 기존의 신용카드거래 승인방법과 동일한 방법으로 신용카드 처리기관을 경유하여 신용카드사에 카드거래 승인을 요청

ⓔ 신용카드사는 신용카드 처리기관을 경유하여 CyberCash사에 카드거래 승인내역을 통지

ⓕ CyberCash사는 카드거래 승인내역을 판매자에게 통지

ⓖ 신용카드사는 카드거래 내역을 고객에게 통지

③ 장단점

ⓐ **장점:** 신용카드정보의 유출을 방지하기 위하여 고도의 암호화기법을 사용하고 있고, 판매자가 고객의 신용카드정보를 해독할 수 없어 판매자에 의한 정보유출을 방지할 수 있다. 그리고 First Virtual사의 E−Mail 이용방식에 비하여 처리시간이 적게 소요(15∼20초)되고, CyberCash Wallet은 Browser와 독립적으로 운용되기 때문에 고객의 취향에 따른 Browser 선택이 가능하다.

ⓑ **단점:** 고객 및 판매자 모두 CyberCash사의 암호화 S/W를 설치하여야 하고, 판매자는 CyberCash사와 제휴한 은행의 계좌를 보유하여야 한다. 따라서 다른 처리방식에 비하여 수수료가 높다.

2. 온라인형 전자화폐 결제방법

(1) 개요 및 현황

온라인형 전자화폐(Electronic Money) 결제방법이란 고객이 인터넷과 같은 통신망상에서 물품을 구매하거나 서비스를 이용하고 은행계좌나 PC에 저장된 전자화폐를 이용하여 대금을 결제하는 방법을 말한다. 전자화폐에는 화폐가치의 이전 가능 여부에 따라 카드소지인 사이에 자유롭게 이전이 가능한 개방형과 카드소지인 간 이전이 불가능한 폐쇄형이 있는데, 온라인형 전자화폐는 IC카드형과는 달리 대부분 익명성이 보장되어 거래내역을 추적할 수 없으며, 개인 간 자유로운 화폐가치 이전이 가능한 개방형이다.

온라인형 전자화폐는 이용금액에 대한 한도는 없으나 주로 소액지급결제분야에 이용되고 있다.

온라인형 전자화폐를 개발하고 있는 회사를 보면 다음과 같다.

개발사	명칭	비고(소재지)
DigiCash	E－Cash	본사, 암스텔담에 소재 특히 DigiCash사의 E－Cash는 1994년 10월부터 시범서비스를 운영하고 있으며 현재에는 미국의 Mark Twain 은행과 제휴하여 발행하고 있음
Software Agents, Inc.	NetCash	미국
Mondex UK	Mondex	영국의 National Westminster 은행과 Midland 은행이 공동출자한 회사로 최근 On－Line형 전자화폐 서비스를 실시하였음

(2) E-Cash 방식

1) 개요 및 결제절차

E-Cash는 현재 DigiCash사가 개발하여 서비스 중인 결제방식으로, 고객이 동 사에서 발행한 전자화폐를 판매자에게 제시하여 결제하는 방식으로서 결제절차를 보면 다음과 같다.

① 고객이 DigiCash사의 전자화폐 S/W를 Down받아 PC에 설치

② 고객이 자신의 거래은행 계좌에서 전자화폐를 Down받아 PC에 저장

③ 고객이 Internet상에서 물품구매 또는 서비스 이용 후 기 설치된 S/W를 이용하여 판매자에게 전자화폐를 전송

④ 판매자는 고객으로부터 전송받은 전자화폐의 진위 및 이중사용 여부를 파악하기 위하여 고객거래은행(전자화폐 발행은행)에 조회

⑤ 고객거래은행은 판매자가 조회한 전자화폐의 진위 및 이중사용 여부를 체크하여 판매자에게 통지하면, 판매자는 전자화폐를 자신의 PC에 저장하거나 거래은행 계좌에 입금

2) 장단점

① 장점

적은 수수료로 원격지 송금 또는 개인 간 송금이 가능하여 편리할 뿐만 아니라 비용도 절감할 수 있고, 공개키 암호방식과 디지털 서명을 함께 사용하여 보안성이 높다.

② 단점

전자화폐 이용 시마다 진위 및 이중사용 여부를 고객거래은행에

의뢰하여 체크하여야 하므로 시간이 많이 소요되며, 고객이 일정시간 대 몰릴 경우에는 통신접속이 어려워 장시간 대기하여야 한다. 그리고 위·변조 방지를 위하여 많은 비용이 소요되어 이용수수료가 높고, 거래내역 추적이 불가능하여 탈세, 자금의 해외도피 등의 수단으로 악용될 우려가 있다.

(3) NetCash 방식

1) 개요 및 결제절차

고객이 회사에서 발행한 쿠폰(Coupon) 형태의 전자화폐를 판매자에게 제시하여 결제하는 방식으로서 Software Agents사가 개발하여 서비스 중에 있다. 이 경우 Coupon의 한도금액이 $100로 주로 소액의 물품구매 또는 서비스 이용에 사용되고 있다. 이 방식의 결제절차를 보면 다음과 같다.

① 고객이 E-Mail 또는 우편으로 NetCash 구매를 요청하고 구매대금은 수표 또는 송금환을 이용

② 고객은 Software Agents사로부터 E-Mail로 전송받은 Net Cash를 PC에 저장

③ 고객이 NetCash를 이용하기 위하여 물품구매 대금과 동일한 금액으로 NetCash를 교환(NetCash는 고객 또는 판매자가 별도로 잔액을 교환할 수 없어 발행회사인 Software Agents사에서만 교환이 가능하고 반드시 물품구매 대금과 동일한 금액의 Coupon을 발급받아 판매자에게 전송하여야 한다)

④ 고객이 판매자에게 물품구매 대금으로 NetCash를 E-Mail로 전송

⑤ 판매자는 고객이 전송한 NetCash의 진위 여부를 Software Agents사
   에 의뢰하여 체크한 후 자신의 계좌에 입금시키거나 PC에 저장

⑥ Software Agents사는 주기적으로 또는 일정한도가 넘을 경우 수
   표를 발행하여 우편으로 발행자에게 송부[Software Agents사와
   판매자가 NetCash 현금화에 관한 약정을 체결하는데 주기적(1
   월, 6월, 1년)으로 수표를 발행하는 방법과 일정한도($100)를 초
   과할 경우 수표를 발행하는 방법이 있다]

2) 장단점

① 장점

NetCash는 구매 및 현금화 수수료 2% 이외에는 거래수수료가 없어
여타 지급결제수단에 비하여 수수료가 저렴하고, 인터넷상에서 신용
카드번호 노출을 우려하는 고객에게 적합한 결제방식이다. 또한 인터
넷 E-Mail 주소가 있는 경우 누구나 이용할 수 있다.

② 단점

물품구매 시마다 물품구매 대금에 맞게 NetCash를 교환하여야 하
므로 번거롭고, NetCash 전송방식이 E-Mail을 이용하고 있으나 별도
의 보안장치가 없어 보안성이 낮다.

3. 전자수표 결제방법

(1) 개요 및 현황

전자수표(Electronic Check) 결제방식이란 고객이 Internet과 같은 통

신망상에서 물품을 구매하거나 서비스를 이용하고 기존의 수표를 전자화한 전자수표를 이용하여 대금을 결제하는 방법을 말한다. 전자수표는 기명날인이나 배서는 전자서명을 이용하고, 지급인, 지급인 거래은행, 거래계좌 등에 대한 인증은 전자증명서를 발급하여 확인하여야 한다. 그리고 전자수표는 원래 Network상에서 이용될 수 있도록 개발되었으나 향후에는 기존의 수표 성격과 다른 다양한 용도로 개발될 것으로 예상되며, 직접 전송방식 또는 전자메일 이용방식 등 전송방법도 다양하다.

전자수표는 보증수표(Certified Check), 자기앞수표(Cashier's Check), 신용카드 매출전표(Credit Card Charge Slip), 여행자수표(Traveler's Check) 등 다양하게 발행할 수 있다.

전자수표를 현재 개발 중이거나 계획 중인 회사는 다음과 같다.

개발기관	전자수표명
FSTC(Financial Services Technology Consortium)	E-Check
USC(University of Southern California)	Net Cheque
Net1, Inc.	Netchex

(2) E-Check 방식

1) 개요 및 결제절차

FSTC에서 개발·계획 중인 결제방식으로 고객이 전자수표를 발행하여 판매자에게 전송하면 판매자는 동 수표에 배서를 한 후 판매자 거래은행에 제시하여 교환·결제하는 방식으로서 결제절차를 보면 다음과 같다.

① 고객이 판매자로부터 물품구매 또는 서비스 이용 후 전자수표를 발행하여 판매자에게 전송(전자수표 발행 시 지급인명, 지급인 거래은행 및 계좌번호, 수취인명, 수표금액 등을 기재하여 카드를 이용, 암호화한 후 전송)

② 판매자는 고객으로부터 받은 전자수표에 카드를 이용 배서한 후 거래은행에 제시

③ 판매자 거래은행은 전자수표의 진위 및 이중사용 여부를 체크한 후 고객거래은행에 ACH 또는 ECP(Electronic Check Presentment) 네트워크로 제시, 교환하여 해당 자금을 판매자계좌에 입금

④ 고객거래은행은 수표 결제내역을 고객에게 통지

2) 장단점

① 장점

전자수표는 기존 수표와 유사한 방식으로 교환, 결제되기 때문에 일반인에게 친숙하여 쉽게 보급될 가능성이 높고, 하드웨어 방식의 전자서명이 이용되고, 은행의 인증을 받아야 하기 때문에 안전하고 믿을 수 있는 결제방식이다. 또한 전자수표는 보증수표, 자기앞수표, 여행자수표 등 다양한 종류로 발급될 수 있고, 개인 간, 개인-기업 간, 기업 간 등 여러 분야에서 사용될 수 있어 용도가 다양하고, 은행은 전자수표를 사용하는 인터넷 이용자를 고객으로 확보할 수 있다.

② 단점

교환·결제에 소요되는 시간이 짧아 은행의 부유자금(float) 운용일

수가 대폭 단축(미국의 경우 5일 이상→2일)되어 은행의 경영악화 요인으로 작용할 수 있다. 수표의 경우는 여타 지급결제수단에 비하여 금액이 커 범죄의 표적이 될 가능성이 높고, 다른 지급결제수단에 비하여 수수료가 높다.

4. 소액지급 결제방법

(1) 개요

소액지급(Micro-Payment) 결제방법이란 고객이 인터넷과 같은 통신망상에서 이용요금이 소액인 On-Line서비스를 이용하고 전자Coin과 같은 소액의 지급결제수단을 이용하여 대금을 결제하는 방법을 말하는 것으로서 아직까지 실용화되지는 못하고 있다.

소액지급 결제방법으로는 신용카드를 이용하는 방법, 전자Coin을 이용하는 방법 등이 검토되고 있으나, 전자Coin 이용이 가장 빨리 현실화될 것으로 보인다.

대표적인 것으로는 Digital Equipment Corp.에서 개발·계획 중인 결제방식으로 Scrip이라는 소액 전자화폐(Digital Cash)를 판매자가 발행, Broker를 통하여 고객에게 판매하면, 고객은 Scrip을 판매자에게 제시하여 결제하는 Millicent 방식이다.

Broker 유형으로는 단순히 판매자가 발행한 Scrip을 유통시키는 Scrip Warehouse Model, Broker가 특정 판매자와 계약을 체결하여 Broker가 판매자의 Scrip을 발행하는 Licensed Scrip Producer Model, 복수의 Broker가 존재하는 Multiple Broker Model 등이 제시되고 있다. Broker는 카드사나 은행과 같은 금융기관, 주요 인터넷서비스 제공기관이 될 수 있다.

(2) 결제절차

① 고객이 전자화폐, 신용카드 등을 이용하여 Broker Scrip을 구매

② 고객이 Broker A에게 Broker A Scrip을 제시하여 판매자 Scrip의 구매를 요청

③ Broker A는 판매자와 거래관계가 없어 판매자 Scrip을 보유하지 않은 경우 판매자에게 구매를 요청

④ 판매자는 자신의 Scrip을 Broker A에게 판매함. 만일 판매자가 Broker B와 전속거래계약을 체결할 경우 Broker B의 상호명을 통지

⑤ Broker A는 Broker B에게 자신의 Scrip을 제시하여 판매자의 Scrip 구매를 요청

⑥ Broker B는 Broker A Scrip을 판매자 Scrip과 교환

⑦ Broker A는 고객이 제시한 Broker A Scrip을 판매자 Scrip과 교환

⑧ 고객은 판매자의 가상 상점에서 물품구매 또는 서비스 이용 후 판매자 Scrip을 제시(고객은 Scrip 발행 상점에서만 해당 Scrip을 사용할 수 있고, 여타 상점에서는 사용할 수 없음)

⑨ 판매자는 고객이 제시한 Scrip을 구매금액만큼 공제한 후 잔돈으로 새로운 Scrip을 발행

(3) 장단점

1) 장점

Scrip은 일반적으로 발행자인 판매자가 Scrip의 진위 및 이중사용 여부를 즉시 체크할 수 있어, 동 여부를 확인하기 위한 통신비용을 절

감할 수 있고 대기시간을 단축할 수 있다. 그리고 Scrip은 소액이기 때문에 인터넷상에서 제3자가 가로챌 가능성이 낮아 고도의 보안이 필요하지 않다.

2) 단점

Scrip은 특정 가상점포에서만 사용할 수 있어 사용처가 제한적이며, 관리하기가 불편하고, Scrip의 구매절차가 복잡하다.

제3절 전자결제의 법적 문제

전자결제의 측면은 매매에서 상품의 인도채무이행 등의 유체물의 이동과는 다르고, 교환가치, 금전가치의 이동이 일방에서 상대방에 이루어진다면 충분하다고 하므로, 현금통화에서 어음·수표, 예금구좌상의 결제(지급, 이체), 선불카드 등으로 편리함·신속함의 관점에서 다양한 방법이 고려되어 왔다. 그 궁극이라고 할 수 있는 것이 전자화폐이다. 이는 전자자금이체(Electronic Fund Transfer=EFT)가 네트워크를 이용한 예금결제의 문제에 대하여 나아가 그 결제수단을 통화와 독립한, 강제통용력이 없는 디지털데이터로 행한다고 하는 것이다. 그러하지 않다면 누구도 특별히 위험이 큰 결제수단을 이용할 리가 없을 것이다. 현재 각국에서 데이터의 암호화 기술, 인증(authentication)기술을 포함한 실험적 실행을 반복하는 상황이므로 본격적 보급은 또 장래의 문제이다.[2] 또한 이는 어느 정도 표준화가 이루어지지 않는다면 인터넷을 통한 국제거래에 대응할 수 없다고 한 문제도 있다. 전자화폐에는 현재, 네트워크형과 IC카드형(혹은 대면거래형)이 있다. 선불

---

[2] 전자화폐의 일본에서 보급예측에 관하여는 일본경제신문 홈페이지상의 세계정보통신세미나의 온라인회의기록이고, http://satellite.nikkei.co.jp/summit/ nihongo.online/mlec1.html을 참조.

카드의 법적 성질에 있어 유가증권설과 금권설이 있는 것에 대응하여, 전자화폐에 있어서도 두 가지의 방안이 있을 수 있다. 후자의 이해는 전자화폐를 통화와 마찬가지의 금전적 가치가 있는 것으로 볼 수 있지만, 과연 그것이 가능한지는 아직 해결되지 않은 문제이다. 또한 위의 관점은 나아가 기존의 결제수단과의 유사성이라는 관점에서 ① 네트워크상에서 크레디트카드 정보 및 거래정보를 송부하는 것에 의해 기존의 크레디트카드 결제를 실현하는 형태, ② 네트워크상에서 지급지시를 행하는 것에 의해 기존의 예금지급결제를 실현하는 형태, ③ 네트워크상에서 수표정보를 교환하는 것에 의해 수표유사의 결제를 실현하는 형태, ④ 이용자가 발행자에 대해 예금 없이 현금의 사전 지급과 인출로 발행자로부터 휴대 가능한 IC카드나 기억장치에 디지털정보의 발행을 받고, 네트워크상 또는 대면거래에서 상품이나 서비스의 제공과 인출에 그 제공자에게 동 정보를 이전하는 방법에 따라 기존의 현금지급유사의 결제를 실현하는 형태로 세분할 수 있다. ①에서 ③의 형태가 기존의 결제방법의 연속선상에 고려되는 것에 대비하여, ④의 형태는 결제의 즉시완료성, 익명성이라는 점에서, 가장 이질적인 소액결제, 신속한 결제에 적합하고, '전자화폐'로 부르기에 적합하지만, 그럴듯한 입법상의 방법이 필요하다.[3]

소비자보호의 관점에서는 지급거래가 기업 간에 행해진 경우와 소비자인 경우와는 다른 배려가 필요할 것이다. 예컨대 미국통일상법전

---

[3] 다른 관점에서 분류하여 1회의 결제로 환류하는 폐쇄형 회로(closed loop)와 전전유통할 수 있는 개방형 회로(opened loop)의 구별, 발행자가 일원화되는 일원형과 복수의 발행자가 발행하는 다원형의 구별, 개개의 독립화폐정보마다 발행자나 유통경로 등을 관리·특정하는 것이 가능한 독립정보 집적형과 그것이 불가능하며 잔고정보만을 관리할 수 있는 잔고관리형의 구별 등이 있다. 유럽에서는 현재 IC카드를 기초로 한 전자화폐시스템의 표준화가 진행 중이다. 형태는 CEPS(Common Electronic Purse Specification)라고 부른다. http://www.ecom.or.jp/seika/press/990825.htm을 참조.

(UCC) 4A가 기업 간에 지급거래만을 규율하고 있는 것은, 이 점을 고려한 것이다. 소비자보호의 관점에서는 은행이 제공하는 약관과 민법이 규정하는 각각의 보호규정(의사표시의 무효·취소에 관한 규정)의 관계가 문제로 된다. 단순히 전자가 우선하여 적용된다고 생각하는 것이 불가능하고, 지급거래에도 항상 민법규정이 중첩적으로 혹은 우선하여 적용된다고 생각하는 것이 가능하지 않다면, 지급거래의 성질에 배려 동시에 지급거래에 관한 당사자로 구별되도록 특별법이 필요하다.

마지막으로 전자화폐가 실현되기 위한 법적 기초로서 이와 같은 문제가 해결되어야 한다. 예컨대 전자화폐에 대하여 강제집행할 경우 기존의 방법 중 어느 것이 사용되는가, 전자화폐가 위조된 경우 어떻게 대처하여야 하는가, 전자화폐 발행자가 도산한 경우 이용자의 보호는 어떻게 도모할 것인가, 이른바 출자법이 규제하는 '예금'에 해당하는 경우가 있는지 등이다.

제5장

인터넷과 저작권

제1절 서언

　저작권법은 저작자의 권리와 이에 인접하는 권리를 보호하고 저작물의 공정한 이용을 도모함으로써 문화의 향상발전에 이바지함을 목적으로 하고 있다. 저작물이라 함은 '문학·학술 또는 예술의 범위에 속하는 창작물(저작권법 제2조 제1호)'로서, 예를 들면 소설, 음악, 미술, 영화 등이 이에 속한다. 저작물의 창작자인 저작자는 그 인격적 이익의 보호를 위한 저작인격권과 그 재산적 이익의 보호를 위한 저작재산권을 갖는다. 본 장에서는 인터넷에 의한 저작물의 유통에 관한 저작권법상의 문제를 검토하는데, 그 전에 우선 정보의 디지털화, 네트워크화가 저작권법에 미치는 영향에 관하여 검토한다.

　한편, 저작권법은 저작물에 관하여 저작자의 권리와 함께 실연, 레코드, 방송 및 유선방송에 관하여 실연가, 레코드제작자, 방송사업자 및 유선방송사업자의 권리(저작인접권)도 정하고 있으나, 이에 관하여는 다루지 않는 것으로 한다.

제2절 디지털화, 네트워크화와 저작권법

I. 정보의 디지털화

디지털기술의 발달에 따라 정보의 디지털화가 급격한 속도로 진행되고 있다. 디지털정보는 아날로그정보와 비교하여 다양한 특징을 가지고 있으며, 그중 하나가 바로 동일한 품질의 복제가 무한정으로 쉽게 가능하다는 것이다. 아날로그정보의 경우 복제물은 원본보다 품질이 떨어지지만, 디지털정보의 경우에는 이를 복제하여도 품질은 떨어지지 않고, 게다가 복제는 순식간에 대량으로 이루어질 수 있다. 또한, 디지털정보는 아날로그정보에 비하여 정보의 가공, 변개가 매우 용이하다. 종래에 정보는, 예컨대 문자정보는 인쇄물, 음악은 레코드와 같이 그 종류에 따라 다른 매체에 담겨져 전달되어 왔지만, 디지털 기술에 의하여 모든 정보가 디지털화되어 통합됨으로써 CD-ROM 등의 하나의 매체에 담길 수 있도록 되어 있다.

Ⅱ. 디지털화된 저작물

'디지털화'는 특정한 저작물을 디지털화하는 경우의 문제와 디지털화된 저작물 그 자체의 문제를 낳을 수 있다. 전자는 주로 아날로그 형식의 저작물을 디지털화하는 행위가 저작권법상의 복제에 해당하는가, 즉 저작권자의 복제권이 이에 미치는지 여부에 관한 것인데, 현재는 긍정적으로 이해되고 있다.

후자와 관련해서는 다음과 같이 다양한 문제점 등이 있다.

우선, 저작물의 종류에 관한 것이다. 저작권법 제4조 제1항은 저작물의 예시로서 언어의 저작물, 음악의 저작물, 미술의 저작물 등을 열거하고 있다. 저작권법에는 저작물의 종류에 따라 특정한 종류의 저작물에 관해서만 적용되는 규정 등을 두고 있다. 때문에 디지털화에 의하여 다양한 종류의 저작물이 통합된 제품에 관하여, 그에 포함되어 있는 저작물의 종류에 따라 다른 규정이 적용되는 결과, 획일적인 처리가 곤란하게 된다는 문제가 있다.

이 점과 관련하여, 종래에는 저작물의 전달매체별로 출판, 레코드, 영화, 방송과 같은 산업이 성립하였고, 저작권법에 의하여 각 산업별로 저작자와 저작물의 유통업자 및 사용자 사이의 이익을 조정하는 것이 가능하였지만, 디지털화는 이러한 산업을 융합하거나 또는 신규 산업을 만들어 내기 때문에, 새로운 이익조정의 기능을 원하는 소리가 높아지고 있다.

다음으로, 디지털정보의 단위는 저작물 또는 저작물을 구성하는 단순한 정보와 반드시 일치하지도 않는다. 때문에 정보 단위의 설정에 이용되는 대상이 저작물인 경우와 그렇지 않은 경우가 발생하므로 그 구별이 불명확하게 된다는 문제가 있다. 예를 들면, 음악저작물인 경우 종래에는 레코드에 녹음·고정되어 있어서 사용자는 그 레코드를 재생하든가, 곡, 즉 저작물 단위로 복제하였으므로, 저작물 자체에 착안함으로써 창작자의 보호를 도모할 수 있었다. 그러나 이것이 디지털화되면, 곡을 구성하고 있는 '음', '리듬', '멜로디'의 정보도 그 단위별로 개별적인 소재로서 이용할 수 있고, 더군다나 이러한 정보가 경제적인 가치를 갖는 경우가 있으므로, 그 취급에 대한 검토가 필요하게 되었다.

저작자의 결정에 관한 문제 또한 발생하고 있다. 디지털 기술을 이용하는 최첨단의 제작 현장에서는 지금까지와 같은 '기획 — 제작 — 검사 — 사용자'라는 일방향의 과정으로 제품이 만들어지는 것이 아니라, '기획 — 제작 — 검사 — 사용자'가 소용돌이처럼 상호의 노하우나 기술을 구사하고, 기술적인 의미를 갖는 최소단위에서부터 그 향상을 위하여 노력한다는 스파이럴 방식으로 제품이 완성되고 있다. 2인 이상의 자가 저작물의 창작에 관여하는 경우는 공동저작물(저작권법 제2조 제21호)이나 2차적 저작물(저작권법 제5조)의 문제로서 처리되는데, 이 스파이럴 방식에 의한 작성에서는 작성자 각각의 저작물에 대한 관여가 창작행위로는 인정하기 어려운 경우가 있고, 그 경우의 저작자의 취급도 검토를 요한다.

Ⅲ. 정보의 네트워크화

디지털화와 함께 네트워크화도 저작권법에 커다란 영향을 미치고 있다. 네트워크망의 정비에 따라 네트워크에 의하여 저작물을 유통시킬 수 있게 되었는데, 인터넷은 그 대표적인 예이다. 지금까지 저작물의 유통은 주로 저작물이 복제된 유체물(예컨대, 서적이나 레코드)의 이전에 의하여 이루어졌지만, 네트워크화의 진전에 따라 일일이 복제물을 작성하지 않고서도 저작물을 송신하고 유통시키는 것이 가능하게 되었다. 게다가 저작물의 공급은 종래 출판업자나 레코드제작자 등의 일부의 사람들이 행하고, 일반인은 제공된 저작물을 이용할 뿐이었지만, 네트워크를 매개로 함으로써 일반인도 용이하게 저작물을 발신하고 유통시킬 수 있게끔 되었다. 이하에서는 인터넷에 의한 저작물의 유통을 둘러싼 몇 가지 문제에 관하여 검토하기로 한다.

제3절 인터넷에 의한 저작물의 유통

Ⅰ. 전송

A가 무단으로 B의 아날로그 형식의 저작물을 디지털화하여, 이를 네트워크 제공자 C의 서버에 개설한 홈페이지에 게재한 경우를 가정하고, 누구의 어떠한 행위가 저작권법상 문제가 되는지를 생각하여 보자.

아날로그 형식의 저작물을 디지털화하는 행위는 전술한 바와 같이 복제에 해당하며, 또한 그 저작물을 서버에 축적하는 행위도 복제에 해당한다. 저작물을 무단으로 복제하여도 이것이 사적 사용을 목적으로 하는 경우에는 저작권법 제27조에 따라 저작재산권의 침해가 되지 않는다. 그러나 위와 같은 복제는 인터넷상에서의 유통을 위하여 이루어진 것이며, 사적 사용을 목적으로 하는 것이라고는 말할 수 없기 때문에 이 규정은 적용되지 않는다.

축적된 B의 저작물은 홈페이지에 액세스한 사용자에게 자동적으로 송신된다. 이러한 송신은 2000년 저작권법이 개정되기 전에는 '방송'의 개념에 포함되는 것인지의 여부가 논란의 대상이 되었다. 그러나 개정에 의하여 동시적 송신을 의미하는 방송과는 달리, 일시적이고 쌍방향적인 의미의 '전송'이라는 개념이 새롭게 신설되었다. 즉, 전송이란 일반 공중이 개별적으로 선택한 시간과 장소에서 수신하거나 이용할 수 있도록 저작물을 무선 또는 유선통신의 방법에 의하여 송신하거나 이용에 제공하는 것을 말한다. 이는 1996년 12월에 채택된 WIPO저작권조약 제8조에 대응하는 의미도 함께 갖는 것으로 볼 수 있다.

한편 일본의 경우에는 1997년 저작권법의 개정으로 '공중송신', '자동공중송신', '송신가능화'라는 개념을 새로이 도입함으로써 이러한 문제를 해결하였다.[1]

---

1) '공중송신'이라 함은 일본저작권법 제2조 제1항 제7호의2에 정의되어 있는 바와 같이, 공중에 의하여 직접 수신될 것을 목적으로 하여 무선통신 또는 유선전기통신의 송신을 행하는 것이다(일본저작권법에 있어서 '공중'에는 특정된 다수의 자도 포함된다. 동법 제2조 제5항). 공중송신으로서 가장 먼저 생각에 떠오르는 것은 무선통신의 송신인 방송과 유선전기통신의 송신인 유선방송일 것이다. 이것들은 공중에 의하여 동일한 내용의 송신이 동시에 수신될 것을 목적으로 하여 행하여지는 것인데(동법 제2조 제1항 제8호 · 제9호의2), 여기에서 문제가 되고 있는, 공중으로부터의 액세스에 응하여 개별적으로 송신이 자동적으로 행하여지는 것은 '자동공중송신'이다(동법 제2조 제1항 제9호의4). 그리고 동법 제23조 제1항은 저작자는 그 저작물에 관하여 공중송신을 행할 권리를 專有하며, 공중송신에는 자동공중송신의 경우에 있어서는 송신가능화를 포함한다는 취지를 규정하고 있다. '송신가능화'라 함은 자동공중송신할 수 없는 상태에 있는 것을 자동공중송신할 수 있도록 하는 행위로서, ① 네트워크에 접속된 서버에 정보를 기록 · 입력하는 것 또는 ② 정보가 기록 · 입력된 서버를 네트워크에 접속하는 것을 말한다(동법 제2조 제1항 제9호의5). 정보를 서버의 홈페이지용 메모리에 기록하는 행위는 ①에 포함된다. ①의 기타의 예로서는 서버에 정보가 기록된 디스크를 더하거나, CD 체인저를 접속하는 행위, 메일용의 메모리를 게시판용의 메모리로 변환하는 행위가 있으며, 또한 기록을 수반하지 않고 카메라 · 마이크로부터 서버에 정보를 계속하여 입력하는 행위도 ①의 송신가능화이다. 따라서 타인의 저작물을 무단으로 자동공중송신하는 행위가 공중송신권 침해가 되는 것은 물론이지만, 송신이 입증되지 않고도 또는 아직 실제로 송신이 이루어지고 있지 않아도, 권리자는 자동공중송신할 수 있도록 하는 행위를 공중송신권 침해로서 포착하여 그 유지를 청구할 수 있다. 한편, '송신가능화'는 자동공중송신의 경우에만 공중송신권의 내용에 포함되며, 자동공중송신의 정의에서는 방송 또는 유선방송에 해당되는 것은 제외하고 있기 때문에, 최초의 액세스에 의하여 동일한 내용을 동시에 송신할 수 있도록 하는 행위는 공중송신권을 침해하는 것은 아니다. 다만, 이러한 행위에 관하여는 실제로 송신이 행하여지는, 즉 방송 또는 유선방송이 행하여질 염려가 있으므로, 권리자는 공중송신권 침해를 예방하기 위한 유지를 청구할 수 있을 것이다.

Ⅱ. 네트워크 제공자의 책임

우선 디지털화는 네트워크 제공자의 관여 없이 행하여지는 것이므로, C의 책임은 문제되지 않는다. 또한, 서버에의 축적에 관하여도, C는 서버를 관리하고 있는 것이기는 하지만, 그곳에 어떠한 정보가 복제되는지를 통제할 수 없는 경우, C가 행위주체라고 하여 그 책임을 묻는 것은 어렵다고 생각된다. 다만, C가 이러한 행위를 행하도록 A를 교사하고 있었던 경우 등에는, 공동불법행위책임을 지게 될 것이다.

전송에 관하여는 어떠할까? 어떠한 정보가 서버에 기록되었는지를 체크하지 않는 네트워크 제공자는 사용자에게 서버의 일정영역을 제공하고 있는 데 불과하다고도 말할 수 있고, 또 전송은 서버에의 축적으로부터 자동적으로 행하여지는 것이므로, 그러한 제공자가 전송을 행하고 있다고 하기에는 불합리한 면이 있다고 생각한다. 그렇지만, 공중에의 송신은 자기가 관리하는 서버로부터 행하여지고 있는 것이고, 게다가 보다 중요한 것으로 제공자는 보통 축적된 정보를 인식하고, 이를 삭제한다거나 접근을 금지하여 송신되지 않도록 하는 것을 용이하게 할 수 있는 것이다. 그러한 경우에는 자기 스스로 송신을 행할 수 있는 상태에 있는 것이고, 이로써 송신을 행하고 있다고 평가할 수 있는 것은 아닐까? 다만, 전송이 가능한 상태로 두는 것은 서버에의 축적과 동시에 행하여지기 때문에, 역시 제공자가 행하였다고 보는 것은 곤란할지도 모르겠지만, 전송에 관하여는 적어도 전송이 가능한 상태를 유지하고 있다고 말할 수 있기 때문에, 제공자의 행위로 생각할 수 있을 것이다. 인터넷에서는 정보의 익명성이 높고, 누가 서버에 정보를 축적하였는지를 알 수 없는 경우가 있기 때문에, 무단송신을 배제하기 위해서는 권리자가 제공자에 대하여 정지를 청구할 수 있도록 할 필요가 있는데, 저작권법은 저작권 등을 침해하는 자 또는 침해할 염려가 있는 자에 대한 정지청구만을 규정하고 있지 않기 때문에(동법 제91조), 이 점에서도 제공자의 행위주체성을 인정하는 것이 요구될 것이다. 그리고, 제공자가 무단송신을 행하여 전송권을 침해하고 있다고 하여 정지가 청구되어도, 서버에 축적된 무단복제물을 삭제하면 충분한 것이므로, 제공자에게 특별한 불이익을 초래하는 결과가 되지는 않는다. 또한, 손해배상에 관해서는 고의 또는 과실이 요건인 까닭에(민법 제750조), 침해로부터 곧바로 손해배상책임이 주어지게 되지는 않는다. 제공자는 송신되는 정보의 내용을 주체적으로 결정하지 않으며, 정보를 모두 체크하는 것은 사실상 불가능한데, 과실 여부를 판단함에 있어서 이러한 사정을 고려한다면, 제공자에게 가혹한 결과가 되지는 않을 것이다.

그러나 제공자가 용이하게 서버에 축적된 정보가 어떠한 것인지를 인식하여 삭제 등을 할 수 없는 경우에는 그 침해책임을 부담시키는 것은 가혹하며, 제공자가 정보의 송신을 행할 수 있는 상태에 있다고는 평가할 수 없을 것이므로, 그와 같은 제공자는 전송을 행하고 있지 않다고 판단되어야 하며, 이러한 경우 침해책임을 부담시키는 것은 가혹하다.

이상의 점에서, C는 용이하게 서버에 축적된 정보를 인식하고 삭제 등을 할 수 있는 경우에는 A와 함께 전송을 행하고 있고, 전송권을 침해하고 있는 것이 될 것이다.

III. 저작자인격권

지금까지 저작재산권인 복제권, 전송권의 문제를 검토하였는데, 이제는 저작인격권인 공표권, 성명표시권 및 동일성유지권의 문제에 관하여 서술하기로 한다.

공표권이라 함은 미공표의 저작물을 공표할 것인지의 여부, 공표하는 경우에 그 시기, 방법 등을 어떻게 할 것인지를 결정할 권리이다. B의 저작물이 미공표였던 경우, A는 무단으로 그 저작물을 전송함으로써 '일반 공중에 …… 제공'한 것이 되므로, 전송권과 함께 공표권도 침해하는 것이 된다. C도 전송을 하고 있다고 평가되는 경우에는 침해자가 될 것이다. 전송을 하고 있는 자만이 공표권을 침해하는 일반 공중에의 제공을 행하고 있다고 해석할 필요는 없다고 생각되지만(후술 '링크' 참조), C에게 전송의 행위주체성이 인정되지 않는 경우라면, 이는 C가 송신되는 정보를 통제할 수 없다는 사실에 의하는 것이므로, 그러한 경우에는 일반 공중에의 제공이 이루어지고 있다고 평가할 수도 없을 것이다.

다음으로, 성명표시권이라 함은 저작자의 성명을 표시할 것인지의 여부, 표시하는 경우 어떠한 표시를 할 것인지를 결정할 권리이다. A가 B의 저작물에서 저작자의 성명을 삭제하였다거나 다른 저작자의 성명을 표시하였다거나 한 경우, 공표권의 경우와 마찬가지로 A는 무단으로 그와 같은 저작물을 전송함으로써 일반 공중에 제공한 것이 되므로, 성명표시권도 침해하는 것이 된다. C도 전송의 행위주체로 인정되는 경우에는 침해자가 될 것이다.

동일성유지권이란 저작물의 내용·형식 및 제호의 동일성을 유지할 권리이다. A가 B의 저작물을 무단으로 변경하면 그 행위는 저작자의 동일성유지권을 침해하는 행위인 점이 분명하다. C도 또한 스스로 전송행위를 하고 있다고 판단되는 경우에는 동일성유지권을 침해하는 것이 된다. "이 경우 개변행위만이 침해가 되는가 아니면 개변된 저작물을 전송하는 것도 별도로 침해가 되는가. 동일성 유지의 경우에도 공표권이나 성명표시권과는 달라서 공중에의 제공·제시 당시 저작물의 동일성이 유지되어 있는지 여부가 중요하다고 볼 수 있으므로 법도 같은 취지에서 판단함이 타당하다." 실제로 저작자의 인격적 이익은 개변된 자기의 저작물이 공중에 제공·제시됨으로써 개변행위 이상으로 손상된다. 따라서, 동일성유지권은 공중에 제시·제공되는 저작물이 '개변을 받지 않은' 것임을 확보하는 것도 포함한다고 해석하여야 할 것이다. 그렇다고 하면, C는 A가 개변한 B의 저작물을 전송함으로써 동일성유지권의 침해자가 될 것이다. 더욱이 개변행위만이 침해행위가 되는 것으로 한정적으로 해석하게 되더라도 개변된 B의 저작물이 전송됨으로써 B의 명예·명성이 침해되는 때는 저작권법 제92조에 의하여 C는 저작인격권을 침해한 자로 할 수 있을 것으로 생각된다.

Ⅳ. 수신행위

사용자가 A의 홈페이지에 액세스하여 송신을 받는 행위 자체는 전술한 바와 같이 사용자의 송신행위는 아니므로 저작권법상의 문제는 생기지 않는다. 그러나, 사용자가 그 컴퓨터 화면 위에 홈페이지의 정보를 표시하는 경우, 컴퓨터 내의 메모리(RAM: Random Access Memory)에 정보가 일시적으로 축적(전원을 끄면 소멸한다)되기 때문에, 이 축적이 저작권법상의 복제에 해당하는지 여부가 논의되고 있다.

이러한 축적이 저작권법상의 '유형물로 다시 제작하는 것'인 점은 부정할 수 없을 것이다. 그러나, 이는 정보의 송신에 수반하여 필연적으로 발생하는 것인데, 저작권법상의 복제라고 한다면, 저작물의 송수신에 있어서 송신하는 측에는 전송권이, 그리고 수신하는 측에는 복제권이 미치게 된다. 그 때문에, 적법하게 송신을 받았음에도 불구하고, 복제권의 행사에 의하여 저작물을 향유할 수 없다는 폐해가 발생할 염려가 있다. 다른 한편, 축적은 일시·임시적인 것이므로, 이것이 송신과는 다른 면에서 권리자의 경제적 이익에 영향을 미치는 경우는 거의 생각할 수 없다. "송신을 전송으로 인정하는 것만으로 권리자의 경제적 이익을 충분히 확보할 수 있을 것이므로, 송신에 수반되는 축적까지도 복제권의 내용으로 인정하여서는 안 될 것이다." 현행법에서는 이와 같은 임시적 축적에 대하여 복제권을 제한하는 규정을 두고 있지 않기 때문에, 축적은 복제에 해당하지 않는 것으로 해석함이 타당하다.

이에 대하여, 브라우저 소프트에 의하여 자동적으로 사용자의 하드디스크 내에 축적(cashing)되는 경우가 있는데, 이 축적은 송신에 수반하여 필연적으로 발생하는 것은 아니므로, 저작권법상의 복제에 해당한다고 보아야 할 것이다. 이에 대해서 이러한 복제가 인터넷에서의 통신량 삭감을 위하여 유익한 것이며, 수신한 문서의 신속한 재열람이라는 목적만으로 사용되는 경우에는 적법한 복제라 하여야 하고, 송신자의 묵시적인 허락이 있다고 생각하여도 무방하다고 주장하는 견해가 있다. 적절한 지적이기는 하나 송신이 위법하였던 경우까지 복제가 묵시적으로 허락되어 있다고 보는 것은 무리이다. 다만, 복제가 사직 사용을 목적으로 하는 경우에는 지작권법 제27조에 의히여 허용된다.

V. 링크

인터넷에 의한 저작물의 유통에 관하여는 타인의 홈페이지에 링크를 연결시키는 행위도 문제가 되고 있다. 우선, 저작권의 문제를 생각해 보자.

X가 Y의 홈페이지에 링크를 연결함으로써, X의 홈페이지에 액세스하고 있는 자는 당해 홈페이지에 강조되어 기재된 단어 등을 링크하는 것만으로 Y의 홈페이지에 담겨 있는 정보를 수신할 수 있다. 마치 Y의 정보가 X로부터 송신되고 있는 것 같지만, X는 Y의 홈페이지의 소재를 표시하는 URL(Uniform Resource Locator)을 기재하고 있는 데 지나지 않으며, Y의 정보를 축적하고 있는 것도 아니다. 또한 송신은 실제로는 X가 아니라 Y의 홈페이지로부터 행하여지고 있는 것이므로, 링크를 연결하는 것 자체가 저작권을 침해하는 것은 아니다. Y의 홈페이지에 위법복제물이 게재되어 있고, 그곳으로부터의 송신이 저작권의 침해가 되는 경우에도 마찬가지이다. 다만, 링크를 연결함으로써 공중에의 무단송신을 확대하고 있는 것이므로 불법행위책임의 문제가 발생할 수 있다.

일부 학설은 페이지 전체가 아니라 일부에 링크되는 곳의 정보가 표시된 채로 링크가 연결되어 있는 경우에는 전송권 침해가 문제된다고 한다. 그와 같은 형태의 송신이 허락되어 있지 않았음을 근거로 하는 것인데, 표시되는 일체의 정보와의 관계에서 페이지의 일부로서 표시되는 것이 바람직하지 않은 것이라면, 이는 저작인격권의 문제로서 대처하여도 충분할 것이며, 일부에서의 표시 그 자체가 침해를 긍정하여야만 할 정도로 권리자의 경제적 이익을 해한다고는 생각되지 않는다. 다양한 형태에서의 정보의 유통에 의하여 얻을 수 있는 공중의 편익도 감안한다면, 이와 같은 경우에도 권리의 침해는 아니라고 해석하여야 할 것이다.

다만, X가 자기의 홈페이지 일부에 Y의 정보가 표시되도록 링크를 연결할 뿐만 아니라, Y의 정보를 자기가 독자적으로 송신하고 있는 것처럼 수신자에게 알리는 형태를 취하고 있는 경우에는 전송권 침해로 보아야 할 것으로 생각된다. 왜냐하면, X가 Y와는 별개의 송신주체인 것처럼 행동하고, 그와 같이 인식되어 있음에도 불구하고, X의 행위가 허용된다고 하면, 배타적 권리인 전송권의 의의가 실제적으로는 완전히 소멸되어 버리기 때문이다. 이러한 경우, X가 독자적으로 송신하고 있다는 외관을 도출하는 것은 Y의 홈페이지 어드레스를 기재하고 있다는 사실이 아니라, Y의 정보 그 자체를 자기의 홈페이지에 편입시켜 그 곳으로부터 송신하고 있는 것과 동시할 수 있다는 사실인 점에 근거하여, X가 송신주체라고 평가하는 법적 구성을 취할 수 있을 것이다.

링크에 관한 판례로서 스코틀랜드의 민사상급법원 제1심부(Court of Session, Outer House)의 Shetland Times Ltd. v. Dr. Jonathan Wills (1997) F. S. R. 604가 있다. 원고는 신문을 발행하고 있는 회사인데, 인터넷

상에서 신문기사의 공표도 시작하였다. 그 최초의 페이지에는 기사의 색인이 표시되어 있었고, 액세스한 자가 이를 클릭하면 기사의 본문 페이지로 이동하게 되어 있있다. 원고는 이 정보 서비스기 알려지게 되면, 최초 페이지의 광고 스페이스를 판매할 수 있을 것으로 기대하고 있었다. 이에 대하여, 피고도 동일한 정보 서비스를 행하고 있었는데, 원고의 기사 색인도 게재하고 있었으며, 그것이 링크되면 원고의 최초 페이지를 뛰어넘어 기사의 본문으로 이동하도록 하고 있었다. 그리하여 원고가 잠정적 유지명령을 청구한바, 법원은 원고의 기사 색인이 저작물이며, 이를 피고가 자기의 홈페이지에 게재한 것은 일단 권리의 침해에 해당하는 것으로 인정할 수 있다고 하여, 원고 승소의 판결을 내렸다.

위 판결에서는 신문기사의 색인을 저작물이라고 판단한 것인데, 만약 인정되지 않았다면, 피고의 행위는 원고의 기사 본문에 링크를 연결한 데 지나지 않고, 따라서 저작권 침해의 문제는 생기지 않았을 것이다. 그러나, 이를 방치하면, 원고는 예상하고 있었던 광고수입을 받을 수 없게 되고, 그 홈페이지를 폐지하여야 할지도 모른다. 피고가 행하였던 링크의 연결방법은 타인이 수집·작성한 정보로부터 얻을 수 있을 이익을 소실케 하고, 정보를 제공하는 수단을 빼앗는 것이므로, 불법행위로 판단하여 당해 타인의 손해배상청구를 인정하여야 한다는 것이다. 본건에서는 피고는 그 최초 페이지에 광고를 올려놓고, 원고의 정보를 이용하여 이익을 얻고 있었던 것이며, 행위의 부당성은 한층 분명하다고 말할 수 있을 것이다.

다음으로, 저작인격권에 관하여는 X의 링크 연결 방법에 의하여 X의 홈페이지에서 Y의 홈페이지로 이동한 사용자에 대하여 저작물에 표시되어 있는 저작자 명칭이 표시되지 않는 경우(예컨대, 저작자 명칭이 최초의 페이지에만 표시되어 있고, 도중의 페이지에 링크가 연결되는 경우), X는 성명표시권을 침해하고 있다고 말할 수 있을 것이다. 이 점에 관하여, 전술한 전송의 주체로 평가되는지 여부의 문제는 성명표시권 침해의 성립 여부와는 관계가 없다고 생각된다. X가 전송의 행위주체가 되지 않는 경우에도, 링크를 연결한다는 적극적인 행위를 행하고 있는 이상, 스스로 '저작물의 일반 공중에의 …… 제공'을 하고 있다고 말할 수 있으며, 성명표시에 관계되는 저작자의 인격적 이익이 침해되는 것은 행위주체성이 인정되는 경우와 다름이 없기 때문이다. 따라서, X는 저작자 명칭이 표시되도록 링크의 연결방법을 변경하든지 또는 자신이 저작자 명칭을 표시하도록 하여야 한다.

또한, 페이지 일부에 표시되도록 링크를 연결하는 것 등에 의하여 저작물이 사용자에게 잘못 이해되는 경우, 이는 저작물의 변경으로서 X가 변경행위를 하였다고 평가하는 것이 가능할 것이다. 게다가 변경되었다고는 인정되지 않더라도, 링크가 연결됨으로써 저작자의 명예·명성을 해치는 양태로 저작물이 표시되는 경우에는 저작권법 제92조 제2항을 적용할 수 있을 것이다.

제4절 기술적 보호수단의 회피

　서두에 서술한 바와 같이, 디지털화·네트워크화의 진전은 저작권법에 커다란 영향을 미치고 있으며, 이러한 변화에 대응하는 새로운 제도·구조를 마련할 것이 강력히 주장되고 있다. 그러나 여기에서는 인터넷에 관련되는 문제로서 저작권법상의 기술적 보호수단의 회피에 관계되는 규제조치에 관하여 간단히 소개하기로 한다.

　정보의 디지털화가 진전되고, 고성능의 복제기기가 저가격화되어 보급됨으로써, 일반인도 품질이 열악하지 않은 복제물을 단시간에 대량으로 작성할 수 있게 되었다. 게다가, 네트워크화의 진전으로 누구나 용이하게 정보를 발신할 수 있게 되었다. 그 때문에, 무단복제나 송신과 같은 침해행위가 일어나도, 이를 발견하기가 점차 곤란한 지경에 이르고 있다. 그리하여, 이미 이루어진 침해행위를 포착하는 것이 아니라, 침해행위가 일어나지 않도록 저작물에 미리 일정한 기술적 보호조치를 마련할 것이 고려되고 있다. 예컨대, 음악CD의 SCMS(Serial Copy Management System: 1세대만의 복제를 가능케 하고, 2세대 이후의 복제를 불가능하게 하는 시스템)나, DVD 소프트의 CGMS(Copy Generation Management System; 복제 불가, 1세대만 가능, 복제자유의 3종의 디지털신호를 조합함으로써 복제를 통제하는 시스템), 영화 등 비디오의 의사 씽크펄스 방식(조합된 일정한 신호를 녹화기기로 식별 반응시키는 것으로, 감상에 적당하지 않은 상태로 기록되게 하거나, 전혀 기록되지 않도록 하는 시스템)이다. 침해행위를 포착하는 것이 그리 쉽지 않은 현 상태에서는 이러한 기술적 보호조치를 마련함으로써 권리자는 안심하고 저작물을 유통과정에 둘 수 있고 그 경제적 이익을 확보할 수 있으므로 그 필요성은 부정할 수 없는 바이다.

그런데, 기술적 보호조치를 회피하여 그 효과를 잃게 하는 기술도 나오고 있으며, 회피에 필요한 기기 등이 시판되는 경우도 있다. 그 때문에 기술적 보호조치의 회피에 대한 규제가 세계적으로 논의되어 왔던바, WIPO 저작권조약은 제11조에 이에 관한 규정을 두었다.

이에 따라 저작권법에서는 침해행위를 방지하거나 또는 침해행위(그 자체는 금지하지 않지만)의 결과에 현저한 장해를 발생시킴으로써 침해행위를 억지하는 수단인, 기술적 보호수단의 회피에 관계되는 규제로서, 회피를 행하는 것을 오로지 그 기능으로 하는 장치·프로그램을 공중에 양도하는 등의 행위를 형사벌로써 금지하였다. 또한, 회피행위 그 자체는 원칙적으로 규제대상이 되지 않았지만, 업으로서 공중으로부터의 요구에 응하여 회피를 행하는 행위에 관하여는, 그것이 회피전용장치 등의 양도 등과 동일한 효과를 갖는 것이므로, 형사제재의 대상이 되었다(저작권법 제104조의2·3·4 참조).

제5절 도메인 네임과 상표법 · 부정경쟁방지법

Ⅰ. 도메인 네임

지금까지 논한 저작권법상의 문제 외에, 인터넷에 관계되는 지적 재산권법의 문제로서 도메인 네임과 상표법 · 부정경쟁방지법의 관계에 관하여도 국제적으로 활발한 논의가 이루어지고 있다.

인터넷에서 네트워크에 접속된 컴퓨터 사이에 커뮤니케이션을 취하기 위해서는 서로를 인식할 필요가 있는데, 그 수단으로서 도메인 네임이라 불리는 표기방법이 사용되고 있다. 도메인 네임에는 알파벳 문자가 사용되고 있으며, 사람들이 많이 알고 있는 단어에서부터 자기의 명칭이나 상표를 도메인 네임으로 등록하는 것이 일반적이다. 특히 기업은 도메인 네임을 사람들의 기억에 남길수록 사용자로부터의 액세스를 촉발함으로써 인터넷상에서의 사업활동을 효과적으로 전개할 수 있다고 생각할 수 있기 때문에, 그러한 도메인 네임을 등록하기를 바라고 있다.

그러나, 도메인 네임 등록기관(현재 ccTLD인 .co.kr 등 도메인 네임의 등록은 국내 인터넷의 기능유지 및 도메인등록업무를 수행하고 있는 민간기구인 한국인터넷진흥원이 담당하고 있다)은 도메인 네임의 등록을 그와 동일한 것이 이미 등록되어 있지 않는 한 등록을 자유로이 인정하여, 등록 당시 타인의 명칭이나 상표와 동일 또는 유사한지의 여부에 관한 문제는 거의 고려하고 있지 않다. 그 때문에, 타인의 명칭이나 상표와 동일 또는 유사한 표시가 당해 타인 이외의 자의 도메인 네임으로서 등록되고, 그중에는 당해 타인에게 매도하기 위하여 등록하는 자까지 출현하고 있어서, 도메인 네임을 둘러싼 분쟁이 다발하고 있다.

이러한 상황에 대응하기 위하여, 도메인 네임 등록제도의 개혁이나 분쟁처리절차의 확립 등이 검토되고 있다. 이하에서는 타인의 명칭이나 상표와 동일 또는 유사한 표시를 도메인 네임으로 사용하는 것이 상표법·부정경쟁방지법상의 문제가 될 수 있는 경우를 검토한다.

Ⅱ. 상표법상의 문제

우선, 어떠한 표시를 도메인 네임으로 사용하는 경우 그러한 행위가 어떻게 평가되는지를 생각하여 보자. 왜냐하면, 그 표시가 '상표로서의 사용', 요컨대 누구의 상품(역무)인지 식별하는 기능을 수행하는 형태로 사용되고 있지 않으면, 상표법이 방지하고자 하는 출처 혼동이 발생하는 것은 아니므로, 상표권의 침해가 되지는 않기 때문이다.

도메인 네임은 원래 특정한 컴퓨터의 어드레스를 표시하는 것인바, 도메인 네임의 기능이 그것으로 한정되는 것이라면, 특정한 표시를 도메인 네임으로서 사용하는 행위는 상표적 사용이라 말할 수 없다.

그러나 도메인 네임은 단순한 문자의 무작위적인 집합이 아니라, 그 등록자에 의하여 의도적으로 선택된 것이며, 보통 그 자의 명칭 등이 반영된 것이라는 사실을 인터넷상의 사용자들이 잘 알고 있는 것이므로, 사실상 등록자니 그 상품·역무를 식별하는 기능도 함께 가지고 있다고 생각할 수 있다.

다만, 도메인 네임이 이러한 복합적인 성질을 갖는다고 하여도, 도메인 네임으로서 사용하는 행위가 항상 등록자 등을 식별하는 기능을 실제로 수행하고 있다거나, 그것이 등록상표와 동일 또는 유사하면 출처 혼동을 낳는다거나 하는 것은 아닐 것이다. 등록자 등의 식별은 도메인 네임의 본래적인 기능은 아니므로, 인터넷의 사용자가 어떠한 경우에나 이에 구속될 수는 없을 것이다. 경우에 따라서는 등록자 등을 식별하는 기능은 배후로 후퇴하는 경우도 있는 것으로 생각된다. 예컨대, 도메인 네임의 입력에 의하여 액세스되는 홈페이지에 별개의 식별표지가 명료하게 나타나 있는 경우에는, 도메인 네임의 식별기능은 주목되지 않게 되고, 혼동이 발생하지 않는 경우도 있을 것이다. "상표법은 구체적인 혼동을 묻지 않고 등록상표와 동일 또는 유사한 것을 사용하는 것만으로 침해로 하고 있는데, 혼동이 생기지 않는 도메인 네임으로서의 사용도 모두 상표적 사용으로 파악하여 침해로 보는 것은 타당하지 않다. 결국, 상표적 사용이 되는 것도 있을 수 있으나, 이는 도메인 네임의 사용 양태나 액세스되는 홈페이지의 표시내용 등에서 총합적으로 판단되어야 할 것이다."

도메인 네임으로서의 사용이 상표적 사용으로 인정되는 경우, 타인의 등록상표와 동일 또는 유사한 도메인 네임으로써 개설된 홈페이지에서 상품의 판매·역무의 제공을 행하고 있다면, 그 행위는 '상품에 관한 광고 ……에 상표를 표시하고 전시'하는 행위(상표법 제2조 제6호 다목)에 해당하고, 따라서 상표의 '사용'이 된다고 생각할 수 있다. 그 때문에, 당해 상품이 지정상품과 동일 또는 유사한 것이면, 상표권을 침해하고 있는 것이 될 것이다(상표법 제50조, 제66조). 한편, 도메인 네임의 수는 유한적이며, 또 사용자는 조금이라도 다른 도메인 네임을 입력하면 전혀 다른 홈페이지에 액세스된다는 것을 알고 있어서 상당한 주의를 기울여서 도메인 네임을 관찰할 것이므로, 등록상표와의 유사성 판단은 엄격하게 이루어져야 할 것이다.

Ⅲ. 부정경쟁방지법(부정경쟁방지 및 영업비밀보호에 관한 법률)상의 문제

부정경쟁방지법에서는 상품주체혼동행위(국내에 널리 인식된 타인의 성명·상호·상품의 용기·포장 기타 타인의 상품임을 표시한 표지(주지의 표지)와 동일 또는 유사한 것을 사용하거나 이러한 것을 사용한 상품을 판매·반포 또는 수입·수출하여 타인의 상품과 혼동을 일으키게 하는 행위 및 영업주체혼동행위(국내에 널리 인식된 타인의 성명·상호·표장 기타 타인의 영업임을 표시하는 표지, 즉 주지의 표지와 동일 또는 유사한 것을 사용하여 타인의 영업상의 시설 또는 활동과 혼동을 일으키게 하는 행위)를 부정경쟁행위로 규정하고 있다. 주지의 표지라 함은 상품 또는 영업을 표시하는 것이다. 전술한 바와 같이, 도메인 네임은 등록자나 상품·영업을 식별하는 기능도 가지고 있기 때문에, 도메인 네임으로서의 사용이 주지의 표지를 사용하는 행위에 해당하는 경우도 있을 것이다. 그리고 도메인 네임이 주지의 표지와 동일 또는 유사하고, 도메인 네임의 사용에 의하여 그 등록자의 상품·영업이 당해 타인의 상품·영업이라서나 또는 등록자와 당해 타인과의 사이에 영업상의 관련이 있다는 오인을 발생시키는 경우에는 위의 규정에 해당하게 될 것이다.

부정경쟁방지법은 상표법과는 달리 구체적인 혼동을 요건으로 하므로, 주지의 표지의 사용인지 여부를 엄밀하게 생각할 필요는 없다고 말할 수도 있다. 그러나 도메인 네임으로서의 사용을 일반적으로 주지의 표지의 사용으로 파악하여 혼동의 요건으로서 일괄적으로 논하기보다는 그 사용을 둘러싼 상황에서 혼동이 생기지 않는다고 생각되는 경우를 미리 제거하여 두는 편이 판단의 적정성을 도모할 수 있다고 생각된다. 따라서 주지의 표지의 사용이 되는지 여부에 관하여도 도메인 네임의 사용 양태나 액세스되는 홈페이지의 표시 내용 등을 고려하여 종합적으로 판단하는 편이 좋을 것이다.

또한 이 규정은 주지의 표지가 갖는 고객흡인력의 무상사용(free ride)이나 주지의 표지의 식별력의 희석화(dilution)를 방지할 것을 목적으로 하는 것인데, 무상사용은 주지의 표지가 상품 등의 표시로서 사용되고 있지 않은 경우에도 행하여질 수 있다. 그 때문에, 위 규정의 적용범위를 확대하기 위하여, 상품 등 표시의 사용을 완만하게 해석하여야 한다는 견해도 있을 수 있을 것이다. 그러나 만약 이러한 견해를 채택한다고 하여도, 그것이 단순히 도메인 네임으로서 사용되는지 상품 등 표시의 사용에 해당되는지 여부의 판단은 상표법이나 부정경쟁방지법과 동일한 방법에 의하여야 한다고 생각된다. 왜냐하면, 사용 현황 등을 판단하여 도메인 네임이 상품 등의 표시로서 사용하고 있지 않다고 인정되는 경우 사용자에 있어서는 그 본래적 기능인 어드레스 표시로서 인식되는 데 불과하고, 무상사용은 일어날 수 없다고 생각되기 때문이다.

그런데, 도메인 네임이 등록만 되어 있을 뿐이고 아직 사용되고 있지 않는 경우에는 상표의 사용이 있다고는 말할 수 없으므로 상표권 침해의 문제는 생기지 않을 것이다(이 경우 어떠한 상품·영업에 관하여 사용되는 것인지도 분명하지 않다). 또한, 부정경쟁방지법에서도 주지의 표지를 사용할 것을 요건으로 삼기 때문에, 도메인 네임 등록만으로는 부정경쟁이 되지는 않을 것이다. 다만, 타인의 명칭이나 상표를 도메인 네임으로서 등록하는 것이 당해 타인의 도메인 네임 등록을 저지하거나 또는 당해 타인에게 매도할 것을 목적으로 한 것인 경우에는, 부정하게 당해 타인의 영업을 방해하는 것으로서, 불법행위가 될 수도 있다고 생각된다. 다만, 불법행위로 인정되어도, 그 구제로 도메인 네임 등록의 취소나 당해 타인에의 이전을 포함하는 것은 곤란하며, 이는 등록기관의 대응에 기대할 수밖에 없을지도 모른다.

제6절 음악파일 전송

Ⅰ. 미국

최근 화제가 되고 있는 MP3란 MPEG(Moving Pictures Experts Group) Audio Layer 3의 약칭으로서, 국제표준규격 MPEG의 음악압축 포맷 Audio Layer 3으로서 개발된 것이다. 음악이나 영화 소프트를 고음질·고화질 그대로 압축하여 디지털정보로 변환할 수 있는 기술로서, 인터넷상에서의 송수신이나 매체에 의한 운반을 용이하게 하는 것을 목적으로 한 기술이다. 예컨대 영화소프트(음성＋영상)의 경우에는, 2시간의 영화소프트를 휴대용 DVD(Digital Video Disc)에 넣어 운반하는 것이 가능하다. 또한, 음악의 경우에는 CD의 데이터를 약 10분의 1로 압축하여, 인터넷상에서도 용이하게 교환을 가능하게 한 기술이다.

미국에서는 개인이 MP3의 압축기술을 사용하여, 권리자의 허가 없이 그 개인의 홈페이지에 음악소프트를 업로드하고 있는 위법사이트가 많고, 누구든지 당해 위법사이트에 접속하여 당해 음악소프트를 자기의 컴퓨터로 다운로드하여 무상으로 그 음악을 즐길 수 있는 등, 저작권법상의 커다란 문제가 되고 있는 점은 주지하는 바와 같다. 일본과 우리나라에서도 마찬가지의 위법사이트가 종종 발견되어, 저작권법상의 문제가 발생하고 있다.

II. 넷상 음악파일전송의 새로운 논점: 냅스터와 그누테리

근래 넷상에서 다른 회원의 컴퓨터 하드디스크에 보존되어 있는 음악파일을 찾아내서, 그것을 회원의 컴퓨터로 송신함으로써 음악파일을 회원 간에 공유하는 무료음악교환소프트인 '냅스터'가 미국에서 문제된 바 있다. 미국레코드협회는 저작권침해를 들어 냅스터사를 제소하였고, 2000년 7월에 미국연방지방법원에서, 그리고 2001년 7월에 항소법원에서 승소하였다.

한편, 미국에서는 냅스터 이외의 무료음악교환소프트가 급속히 보급되고 있다. 예컨대, '그누테라'라는 소프트는 퍼스컴끼리 자동적으로 교신하여 파일을 교환하는 것이며, 음악파일뿐만 아니라 영상파일이나 문자파일도 포함되기 때문에, 저작권침해의 위험은 냅스터보다 높다고 말할 수 있다.

2000년 7월 샌프란시스코연방지방법원은 최신음악을 무료로 다운로드하여 듣는 수단을 제공하고 있는 냅스터사에 대하여 복제의 방조를 금지하는 가처분명령을 내렸는데, 그 후 냅스터사가 가처분에 항소하였고, 연방항소제9순회법원은 다시 미국레코드협회의 승소로 판결하였다.

냅스터는 미국에서 보급되어 온 개인 간 음악파일교환기술인데, 인터넷에서 MP3라는 음악파일압축기술을 이용하여 냅스터사의 서버를 거쳐, 다른 회원의 컴퓨터 하드디스크에 보존되어 있는 음악파일을 발견하고, 이를 회원의 컴퓨터로 송신함으로써 음악파일을 회원 간에 공유하는 '음악무료교환소프트' 시스템이다. 최신음악을 CD로 구입하지 않고서 무료로 다운로드하여 들을 수 있는 점에서, 냅스터는 미국 국내, 특히 대학을 중심으로 급속히 보급되었다. 대학에 따라서는 인터넷 이용 대부분이 냅스터로부터의 음악파일 다운로드를 차지하는 경우도 있어서 냅스터 사용을 금지하는 대학도 출현하였고, 커다란 사회문제로 대두된 바 있다.

한편 미국에서는 냅스터 이외의 음악파일무료교환시스템, 예컨대 '그누테라'(영상이나 문자파일의 교환도 가능)나 '프리넷' 등이 급속히 보급되고 있다. 또한 영화파일의 무료교환서비스로는 '스카우어' (음악파일의 교환도 가능), 그리고 게임파일의 무료교환서비스로서는 '스와프'가 유명하다.

예컨대 '그누테라'의 경우에는, '냅스터'와 같이 서비스의 중심이 되는 서버나 사이트가 존재하지 않고, 퍼스컴끼리 자동적으로 교신하여 파일을 교환하는 것이다. '그누테라'는 분산형이라 불리는데, '냅스터'와 같이 중앙서버에서 회원의 관리를 하지 않는 구조이므로, 법적으로 무료교환서비스를 강제로 정지시키는 것이 대단히 곤란할 것으로 생각된다. 이러한 점에서 '냅스터'의 업무정지는 '그누테라'나 '프리넷' 이용자를 증가시킬 뿐이고, 근본적인 문제의 해결책은 될 수 없다고 보는 것이 일반적인 견해이다.

다음으로 영화나 음악파일의 무료교환시스템으로 유명한 '스카우어' 사이트(scour.com)인데, 이것은 UCLA의 학생이 만든 비디오 및 음악 파일의 검색엔진을 모체로 하고 있다. 2000년 4월부터 이용자가 파일을 공유할 수 있는 기능의 서비스를 개시하였고, 이에 따라 이용자는 다른 이용자와의 사이에서 비디오, 영화, 음악이나 화상 등의 콘텐츠를 공유하고, 무료로 다운로드하여 이용할 수 있다.

미국영화협회에서는 scour.com의 서비스는 복제권 등 저작권의 침해라는 입장을 가지고 있는데, 사이트의 폐쇄를 법적으로 요구할 자세를 보이고 있지는 않다. 이는 이러한 서비스가 장래 유료가 되면 이러한 서비스도 영화업계의 커다란 수익원이 된다는 생각과, 인기배우그룹 등 권리자 측이 scour.com의 주요 주주로 되어 있는 점에서, 철저한 조치가 채택되기 어려운 상황도 존재한다.

한편, 게임소프트의 무료교환서비스로 유명한 '스와프' 서비스는 원래 17세의 소년이 개인적 취미로 개발한 것이다. 그 소년이 개설한 사이트로부터 무료 소프트를 다운로드하여 자기의 컴퓨터에 넣으면, 같은 소프트를 인스톨하고 있는 다른 사람과 게임소프트를 무료로 자유롭게 교환할 수 있는 구조이다.

인터넷에서의 저작권 보호는 정말로 새로운 국면을 맞이하고 있으며, 권리자 측에서는 복제방지장치 등 기술적 대책을 검토함과 동시에, 유료·무료를 불문하고, 넷상 콘텐츠 이용을 위한 비즈니스모델을 신속하게 구축할 것이 요구된다고 말할 수 있다.

Ⅲ. 한국에서의 소리바다 문제

P2P[2](peer to peer) 방식으로 MP3 음악파일을 공유할 수 있게 중개하는 인터넷 '소리바다(www.soribada.com)'가 법원 결정에 의하여 폐쇄

되었다.3) 이러한 폐쇄조치에 대하여 'MP3 파일 공유는 저작권 침해'
란 견해와 '인터넷상의 정보 교환 자유를 막는 행위'라는 견해로 양
분되어 있다.4)

우선 인터넷상의 정보 교환 자유를 막는 행위라는 견해에 의하면,
디지털 시대에도 창작에 대한 권리는 존중되어야 하나 이용자들이
책이나 음반을 서로 돌려보고 듣는 것처럼 비영리적이고 개인적인
이용까지 저작권으로 제한되어야 하는가는 신중히 검토되어야 할 문
제로 보고, 정보공유라는 인터넷의 긍정적 기능을 저작권 보호라는
이름으로 위축시키는 것은 바람직하지 않다고 본다. '소리바다' 문제
는 온라인 세상의 변화를 오프라인 제도가 제대로 뒷받침하지 못한
데서 기인하고, 인터넷의 가능성을 최대한 살리면서 창작자들을 보호
할 수 있는 새로운 제도가 필요하다고 본다. 이에 반하여 저작권 침

---

2) P2P방식이란 Peer to Peer의 약자로 '개인 대 개인'이란 뜻이다. 서버가 모든 데이터를 관리하고 전송하는 '클라이언트 – 서버'방식과 달리 개인컴퓨터가 클라이언트(고객)는 물론 서버 역할을 하며 중앙서버를 통하지 않고 직접 정보를 교류한다. 즉, P2P방식이란 인터넷을 통해 개인 컴퓨터끼리 연결하는 기술을 의미한다.

3) 최근 저작권 침해 시비를 피하기 위해 선보인 '소리바다2'로 과거의 명성을 되찾고 있다. '원조소리바다'는 각 이용자가 중앙서버를 통해 다른 이용자의 MP3 파일을 검색하는 방식이었던 반면, 새로운 소리바다는 중앙서버를 거치지 않고 다른 이용자의 음악을 직접 검색하는 '수퍼피어'방식을 채택하고 있다.

4)

소리바다에 대한 법적 규제 논쟁의 핵심	
규제반대	규제찬성
저작권법은 개인이 사적인 용도로 저작물을 복제하거나 가족·친구 등 가까운 사람끼리 복제해 이용하는 것을 '사적 복제'라 하여 허용	MP3 파일을 타인에게 전송하는 것은 저작자만의 권리다. 또 인터넷에선 언제든 여러 사람들에게 배포될 가능성이 커 이를 '사적 복제'로 보기 어려움
소리바다는 저작권 침해 판결이 난 미국의 냅스터(www.napster.com)와 달리 음악파일을 저장하지 않고, 이용자들이 원하는 음악파일을 쉽게 찾을 수 있게 중개 역할만 함.	법을 위반한 것은 MP3 파일을 주고받은 회원들이지만 이러한 사실을 미리 예견할 수 있으면서 적절한 조치를 하지 않은 소리바다는 방조 책임이 있음.
인터넷상에서 사람과 사람을 연결해 주는 P2P 프로그램은 IT기술의 발달에 따라 필연적으로 발생	법은 사회 유지를 위한 최소한의 규범으로 기술의 진보가 위법적인 행동을 정당화할 수는 없음.

해라는 견해에 의하면, '소리바다'가 사용하고 있는 특별한 기술 프로그램을 일반 불특정다수에게 무료로 제공한다면(공유) 사회적 자선행위로 받아들일 수 있지만, 타인이 그 기술을 이용해 창작 음악을 계약상 동의 없이 무료로 배포시킨다면 저작자의 저작권을 침해라는 주장이다.

이번 '소리바다'의 문제의 해결은 저작권 보호와 정보의 공유라는 문제를 모두 충족할 수 있는 해결점을 찾는 데 있다고 볼 수 있는데, 이에 대한 해결점은 다른 사람의 지적인 권리를 보호해 주면서, 정보를 공유하는 방안을 찾아야 한다는 것이다. 즉, '소리바다' 문제는 P2P 등 사이트 운영방식의 문제가 아니라 '저작권료 지불' 문제가 핵심이라고 지적하고 있으며, 일부 사이트 운영자들이 '저작권료 지불 의사'를 밝히고 있어 이번 결정을 계기로 사이트 유료화 속도가 더욱 빨라질 것으로 예상되고 있다. 그리고 이와 더불어 저작권 불법공유를 막을 새로운 기술개발이 시급하다. 또한 불법공유뿐만 아니라 저작권 보호에 관한 인식을 새로 다듬을 법령 개발과 강력한 단속이 필요하다.[5]

국내 정보화 고속도로가 P2P와 웹하드에 점령당했다. 소리바다의 등장과 함께 국내 파일공유서비스가 시작된 지 10년 만이다.

정부와 관련업계에 따르면 2010년 5월 기준으로 국내에 개설된 웹하드·P2P사이트는 240여 개가 존재하는 것으로 파악되고 있지만 이들이 차지하는 인터넷 트래픽은 상·하향 모두 전체 국내 초고속 인

---

5) 미국의 하워드 버먼 공화당 하원 의원은 콘텐츠업체들이 자사의 영화나 음악이 인터넷 파일 교환(P2P)을 통해 오고 가는 것을 기술적으로 봉쇄해도 처벌받지 않도록 하는 법안을 의회에 제출했고, 업체들이 인터넷을 감시하다가 불법복제 사용자를 발견하면 바로 인터넷 연결을 교란하는 식의 '즉결 처분'을 합법화하자는 것이다.

터넷망의 절반을 넘어선 것으로 확인됐다. 상향트래픽은 인터넷에 파일을 올릴 때, 하향은 파일을 내려받기할 때를 의미한다. 과도한 트래픽 유발은 물론이고 막대한 유지보수 비용이 들어 정부 차원의 규제가 시급하다.

KT가 서울 마포구에 위치한 KT서울중부네트워크서비스센터의 트래픽을 분석한 결과 상향 트래픽 중 웹하드와 P2P가 차지하는 트래픽은 각각 37.5%와 31.1%로 나타났다. 이와 함께 12.3%로 집계된 미분류 트래픽 가운데 상당 부분도 개인 컴퓨터끼리 직접 연결하고 검색해 파일을 주고받는 P2P로 추정, 실제로 80%에 육박하는 것으로 분석됐다.

일반 사용자의 인터넷 품질에 큰 영향을 주는 하향 트래픽에서도 파일공유 사이트들의 트래픽 장악은 마찬가지였다. 웹페이지에서 소비되는 트래픽은 22.7%에 그친 반면에 웹하드와 P2P는 각각 32.2%와 13.9%를 차지했다. '사설' P2P로 추정되는 미분류 트래픽도 9.3%에 이르러 실제 하향트래픽 부문에서도 절반을 넘어선 것으로 풀이됐다.

KT 관계자는 "파일공유서비스가 차지하는 트래픽이 포털이 발생한 트래픽으로 추정되는 32.1%보다 훨씬 더 높다."며 "P2P로 추정되는 알려지지 않는 포트를 사용하는 미분류 트래픽도 최근 급증하는 추세"라고 설명했다.

미국 인터넷 트래픽 조사기관인 CAIDA가 최근 조사한 통계에 따르면 미국의 파일공유 사이트의 트래픽 발생 비율은 인터넷 전체 트래픽의 23%로 국내의 절반 수준에도 미치지 못한다. 전문가들은 국내의 발전된 초고속인터넷 환경과 함께, 저작권에 대한 이해 부족이 파일공유 서비스를 확대시킨 배경으로 진단했다. 정부는 저작권자 동의 없이 각종 저작물을 유통할 수 있는 환경을 제공하거나 업로더의 콘텐츠 불법전송 행위를 방조하는 것을 불법행위로 보고 있다. 하지만 불법과 합법 콘텐츠가 공존해, 일괄 단속이 어려운 실정이다.

외국은 P2P를 통한 불법복제물 유통을 강력히 규제하고 있다. 지난해 프랑스는 온라인 해적행위 금지법을 통과시켜 불법 다운로드를 하는 사용자 접속을 1년간 차단할 수 있는 법안을 제정한 바 있다. 지난 4월 영국 정부도 인터넷서비스제공업체(ISP)들이 불법 다운로드에 대해 의무적으로 접근을 차단하도록 하는 '디지털 경제' 법안을 통과시켰다. 또 최근 미국에서 구글과 버라이즌도 P2P 업체 등 사설사이트에 대해서는 "망 중립성을 적용하지 않는다."고 합의한 바 있다.

Ⅳ. 소결

최근 정보법학에서 가장 큰 이슈는 아마도 소리바다문제일 것이다. 소리바다란 P2P(peer to peer)방식으로 MP3 음악파일을 공유할 수 있게 중개하는 인터넷사이트이다. 여기서 P2P방식은 정보검색을 위하여 중개하는 서버(중앙서버)가 이용되는 중개서버 형태와 중개서버를 거치지 않고 이용자 간에 정보의 검색을 행하는 독립서버 형태가 있다. 여기서 중개서버 형태에는 중개서버에 MP3 음악파일을 저장하여 서비스하는 형태인 냅스터(Napster)방식과 중개서버는 단지 중개만 하고, 각자의 PC에 저장되어 있는 MP3 음악파일을 서비스하는 소리바다방식이 있다. 그리고 독립서버 형태의 대표적인 경우로서는 그누텔라(Gnutella)가 있다. 이러한 독립서버 형태인 그누텔라와 유사한 형태가 최근에 소리바다2이다. 메인서버 없이 수퍼 피어(Superpeer)를 통한 사용자 리스트 받기 기능을 추가하고 새로운 사용자 인터페이스(UI)를 채택한 '소리바나2'는 단순히 서버에 접속을 하는 peer의 역힐뿐만이 아니라 서버의 기능을 가지고 있는 것을 Superpeer라고 하고, 이러한 Superpeer들이 하나의 거대한 네트워크를 형성하는 소리바다2는 기존의 중앙서버에 접속하는 소리바다의 네트워크보다 훨씬 방대한 네트워크를 구성할 수 있다. 이 네트워크는 그누텔라(Gnutella)와 유사한 것이다. 이번 소리바다 2.0 출시는 법원이 소리바다 서비스 중지 가처분 결정을 내린 후 이를 해결하기 위한 것으로 보인다. 하지만 이번 소리바다2 서비스도 메인서버는 없지만, 사용자리스트와 이들이 보유하고 있는 음악파일을 검색할 수 있어 저작권 침해 방조 가능성이 있는지를 놓고 또다시 법정 공방이 벌어질 가능성이 있다. 한편, 소리바다는 이용자 약관에서 "소리바다 사용자들이 소유 및 공유하는 파일에 대해 어떠한 책임도 없음을 밝힌다."고 있으나, 이는 형법적(刑法的)로 아무런 효과가 없는 약관이다.

냅스터(Napster)가 미국 법원에 의해 저작권 침해혐의로 사이트 운영 중단명령을 받은 반면 2002년 3월 네덜란드 법원은 자국 파일교환 소프트웨어 업체 카자(Kazaa)의 서비스에 대해 별 문제가 없다는 판결을 내린 바 있다. 그러나 최근 일본에서는 '인터넷 파일교환은 불법'이라는 도쿄지방법원은 MMO재팬에 대해 인터넷 파일교환 서비스 '파일로그(File Rogue)'를 제공하지 말 것을 명령했고, 우리나라 성남지원은 '소리바다'에 대한 '음반복제 등 금지 가처분 결정'을 내림으로써 소리바다에 대하여 폐쇄조치로 이르게 했다.

우리나라의 소리바다보다 먼저 사회적 공방과 법적 문제로 번졌던 미국의 냅스터(Napster) 사건을 우선 살펴보기로 하자. 먼저 중앙서버의 관리운영자책임에 관하여 살펴보기로 하자. 냅스터 형태의 경우에는 중앙서버의 관리운영주체에 대하여 각 이용자의 저작권침해행위를 지원 조장하고 있는 측면을 감안한다면, 당해 중앙서버의 관리운영주체에 대하여, 교사 또는 방조에 의한 공동불법행위책임을 묻는 것이 가능하다고 생각된다. 미국법에서라면, 기여침해책임 또는 대위침해책임을 묻게 될 것이다. 그리고 각 이용자의 법적 책임과는 별도로, 중앙서버의 관리운영주체는 당해 시스템을 관리운영함으로써 각 이용자의 PC에서의 무허락의 복제물 작성을 행하고 있는 주체로서, 또는 이용자의 PC에 대하여 공중송신을 행하고 있는 주체로서, 직접적인 저작권침해행위를 물을 가능성도 경우에 따라서는 있는 것이 아닐까 생각할 수 있다고 본다. 미국연방항소법원은 기여침해책임(contributory copyright infringement)에 관하여, 냅스터사는 구체적인 권리침해물이 당해 시스템에서 이용 가능하였던 점을 실제로 인식하고 있었다는 점, 당해 침해물에 대한 접근을 차단하는 것이 가능하였던 점, 그런데도 당해 침해물의 제거를 하지 않았던 점이 인정되며, 이용자에 의한 직접침해행위에 이바지하는 사이트설비를 제공함으로써 이용자의 침해행위에 실질적으로 기여하고 있었다고 인정하는 취지의 판결을 내렸다. 이처럼 냅스터 형태의 경우에는, 중앙서버의 관리운영주체를 피고로 하는 법적 주장은 실제적으로 가능하다고 하여도, 그누텔라 형태에 관하여는 중앙서버의 관리운영주체가 존재하지 않기 때문에, 권리의 실효성을 확보하는 것이 상당히 곤란한 측면을 갖는다. 그누텔라 형태의 경우, 당해 P2P용 소프트를 공중에 배포한 주체를 명확하게 파악할 수 있는 것이라면 소송대상자로서 검토하는 것도 가능성으로서는 있다고 생각할 수 있을 것이다.

그리고 우리나라 소리바다의 최근 폐쇄조치에 대하여 'MP3 파일 공유는 저작권 침해'란 견해와 '인터넷상의 정보 교환 자유를 막는 행위'라는 견해로 양분되어 있나. 우신 인터넷상의 정보 교환 자유를 막는 행위라는 견해에 의하면, 디지털 시대에도 창작에 대한 권리는 존중되어야 하나 이용자들이 책이나 음반을 서로 돌려보고 듣는 것처럼 비영리적이고 개인적인 이용까지 저작권으로 제한되어야 하는가는 신중히 검토되어야 할 문제로 보고, 정보공유라는 인터넷의 긍정적 기능을 저작권 보호라는 이름으로 위축시키는 것은 바람직하지 않다고 본다. '소리바다' 문제는 온라인 세상의 변화를 오프라인 제도가 제대로 뒷받침하지 못한 데서 기인하고, 인터넷의 가능성을 최대한 살리면서 창작자들을 보호할 수 있는 새로운 제도가 필요하다고 본다. 이에 반하여 저작권 침해라는 견해에 의하면, '소리바다'가 사용하고 있는 특별한 기술 프로그램을 일반 불특정다수에게 무료로 제공한다면(공유) 사회적 자선행위로 받아들일 수 있지만 타인이 그 기술을 이용해 창작 음악을 계약상 동의 없이 무료로 배포시킨다면 저작자의 저작권을 침해라는 주장이다. 이번 '소리바다'의 문제의 해결은 저작권 보호와 정보의 공유라는 문제를 충족할 수 있는 해결점을 찾는 데 있다고 볼 수 있는데, 이에 대한 해결점은 다른 사람의 지적인 권리를 보호해 주면서, 정보의 공유를 찾아야 한다. 즉, '소리바다' 문제는 P2P 등 사이트 운영방식의 문제가 아니라 '저작권료 지불' 문제가 핵심이라고 지적하고 있으며, 일부 사이트 운영자들이 '저작권료 지불 의사'를 밝히고 있어 이번 결정을 계기로 사이트 유료화 속도가 더욱 빨라질 것으로 예상되고 있다. 그리고 이와 더불어 저작권 불법공유를 막을 새로운 기술개발이 시급하다. 또한 불법공유뿐만 아니라 저작권 보호에 관한 인식을 새로 다듬을 법령 개발과 강력한 단속이 필요하다고 본다.

결론적으로 인터넷상에서 MP3파일의 문제는 기술의 발전과 그에 따르는 부수적 문제로서 저작권침해문제인데, 이는 인터넷상에서 유용하게 배포시키는 시스템과 프로그램이 저작권법상으로 문제로 제기된다. 인터넷에 의하여 이용자의 수요에 대응하여 서버로부터 정보를 송신하는 형태(클라이언트 서버)는 어떤 의미에서는 종래의 매스미디어의 연장선상에 있는 정보유통형태로서, 종래의 매스미디어와 다른 점은 일반 개개인들도 거액의 투자 없이 공중에 대한 정보의 송신주체가 될 수 있다는 측면이었다. 이러한 MP3파일의 문제는 법이 기술을 따라가지 못함으로써 발생하는 문제이다. '소리바다 폐쇄'로 인터넷상의 저작물 보호라는 논란이 촉발된 가운데 급변하는 디지털기술시대에 콘텐츠 유통을 활성화하고, 문화개방에 적극적으로 대응하기 위해서는 지적재산권자의 권리를 보호할 수 있는 법·제도적인 보완이 필수적이라고 생각한다. 아울러 저작자와 사용자, 그리고 이를 중개할 수 있는 제3의 기관이 참여해 저작사용료를 책정하는 등 보다 현실적인 유료화 방안도 마련돼야 할 것으로 보인다. 특히 법·제도적으로는 온라인에서 유통되는 콘텐츠 전반을 포괄할 수 있는 법 제정이 필요하다 본다. 즉, 저작권법 개정안이나 온라인디지털콘텐츠산업발전법, 저작권법에 온라인 콘텐츠 관련 사항들이 부분적으로 포함돼 있으나 개개의 법으로는 새로 나타날 수 있는 제3의 콘텐츠를 규제하는데 역부족일 수 있다. 따라서 이러한 취지에 보게 되면 온라인에서 유통되는 콘텐츠를 규율하는 법 제정이 시급히 필요하다고 본다.

제6장
인터넷과 민사소송

제1절 인터넷과 국제적 민사분쟁

　인터넷의 여러 특징 가운데 하나가 바로 국내·국제의 구별을 의식할 수 없다는 점이다. 클릭(click) 한 번으로 의식할 새도 없이 순식간에 국경을 넘어 국제적인 법률관계에 들어간다. 상품의 판매나 호텔의 숙박 예약 등, 수많은 계약의 유인이 국경을 초월하여 제공되고 있다. 인터넷을 통하여 상품을 주문한 경우, 이 거래가 국제거래인지 국내거래인지 소비자는 거의 의식할 수 없어도, 주문한 내용과 다른 상품이 배달되어 계약을 취소하였는데도 대금이 인출되는 등에 따른 법적 분쟁은 국제적인 요소를 포함하고 있는 경우가 있다. 상품의 주문자와 매도인이 서로 다른 국가의 국민이라는 등의 사실로 인하여 민사상의 법률분쟁이 국제적인 요소를 포함하는 경우, 그 법적 해결을 함에 있어서는 우선 어느 국가의 법률에 의할 것인지, 어느 국가의 법원에서 구제를 받을 수 있는 것인지 등등의 국제적 민사분쟁에 특유한 문제점에 직면하게 된다. 이러한 문제들을 취급하는 법 분야로는 국제사법, 국제민사소송법 등이 있다. 이하에서는 인터넷을 매개로 삼아 이루어지는 상품의 매매, 호텔의 예약 등으로부터 발생하는 민사분쟁에 관하여 이러한 법 분야에서의 문제를 검토하고자 한다.

제2절 국제적인 민사분쟁의 해결을 위한 법적 구조

I. 재판관할과 준거법

민사분쟁이 한 국가 내에 머무르지 않고 국제적인 요소를 포함할 경우, 일반적으로 그 해결에는 2개 이상 국가의 법원 또는 법률이 관련을 갖게 된다. 그리고 이러한 국제적인 민사분쟁을 해결함에 있어서는 절차법과 실체법 모두에서 특유한 법률문제가 발생하게 된다. 우선 절차적으로 국제적 민사분쟁의 경우 관련된 여러 국가 중 어느 국가의 법원에 그 사건을 제소할 수 있는가, 또는 어느 국가의 법원이 특정 국제적 민사분쟁에 대하여 재판할 권한, 즉 국제재판관할이 있는가 하는 것이다. 다음으로, 관련된 여러 국가의 법률 중 어느 국가의 법률이 분쟁해결의 기준으로서 적용되는가하는 준거법결정이 문제가 된다. 국제적 재판관할과 준거법결정은 성질상 각각 별개의 문제이지만, 준거법의 결정은 재판관할을 가지고 실제로 재판을 행하는 국가(法廷地國)의 국제사법에 의한다는 점을 생각하면 양자는 밀접한 관련을 갖는다고 말할 수 있다.

이러한 기본적인 구조는 인터넷에 의한 국제적인 계약분쟁의 경우에서도 마찬가지인데, 인터넷에 의한 계약의 특징으로 인하여 몇 가지 점에서 새로운 검토를 할 필요가 있다.

II. 국제재판관할

1. 국제재판관할의 두 가지 유형

국제재판관할은 크게 두 가지로 나누어서 생각할 수 있다.

우선 국제적 요소가 있는 특정 분쟁에 관하여 어느 국가의 법원이 판단할 권한을 갖고 있는가의 문제로, 당사자로서는 어느 국가의 법원에 소를 제기할 것인가를 결정하는 기준이 되고, 소가 제기된 특정 국가의 법원으로서는 제소된 국제분쟁에 대하여 심리·판단할 권한이 있는지를 판단하는 기준이 된다.

또 다른 문제는 외국법원의 판결의 승인과 관련하여 문제가 된다. 외국법원에서 선고한 판결은 한국에서 당연히 효력을 갖는 것은 아니고 우리나라에서 요구하는 외국판결의 승인요건을 갖춘 경우에만 효력을 갖게 되는데, 대한민국의 법령 또는 조약에 따른 국제재판관할의 원칙상 그 외국법원이 그 사건에 대하여 국제재판관할권이 인정될 것이 승인요건으로 요구된다(민사소송법 제217조). 따라서 설사 외국법원이 국제재판관할이 있다고 판단하여 국제분쟁에 대하여 판결을 하였다 하더라도 우리나라의 국제재판관할에 대한 법령이나 원칙이 비추어 외국법원의 국제재판관할을 인정할 수 없는 경우에는, 그 외국법원의 판결은 우리나라에서 아무런 효력이 없다.

2. 국제재판관할 결정의 일반원칙

국제재판관할의 문제에 관하여는 국제법에 의하여 국제적으로 공통되는 룰이 규정되어 있을 것이 바람직하다. 그러나, 현재로서는 이와 같은 일반적인 원칙이 존재하지 않는다. 다만, 특정한 국가 사이에 조약에 의하여 공통된 재판관할의 룰이 마련되어 있는 경우가 있다. 유럽공동체(EC) 국가 간의 '민사 및 상사에 관한 재판관할 및 판결의 집행에 관한 조약(브뤼셀조약)' 및 브뤼셀조약의 적용범위를 확대하여 유럽자유무역연합(EFTA) 국가들까지 그 적용대상으로 하고 있는 루가노조약을 그 예로 들 수 있다. 우리나라의 경우 지금까지 이러한 다수 국가 간 조약이나 2개국 간 조약도 존재하지 않는다[다만, '국제항공운송에 관한 규칙의 통일에 관한 조약(와르소조약)' 제28조는 국제재판관할의 규정을 포함한다].

국제재판관할의 결정에 관하여 적용할 특별한 조약이 없는 경우에는(국제재판관할에 관한 문제는 한 국가의 민사재판권의 행사에 관계한다는 문제의 성질상) 각국이 독자적으로 그 국내법이 정하는 바에 따라 자국의 국제재판관할을 결정하게 된다. 분쟁당사자가 특정 국가 법원의 재판권에 대하여 복종할 의사가 있거나 국제재판관할에 대한 유효한 합의가 있는 경우에는 특별히 문제가 되지 않지만 그렇지 않은 경우에는 어떤 기준으로 국제재판관할을 인정할 것인가가 문제된다.

우리나라는 2001년 국제사법(구 섭외사법)을 전면개정하면서 국제재판관할에 대한 일반적인 원칙규정과 소비자계약, 근로계약에 대한 재판관할규정을 신설하였다.

법원은 당사자 또는 분쟁이 된 사안이 대한민국과 실질적 관련이 있는 경우에 국제재판관할권을 가진다. 이 경우 법원은 실질적 관련의 유무를 판단함에 있어 국제재판관할 배분의 이념에 부합하는 합리적인 원칙에 따라야 한다(국제사법 제2조 제1항). 법원은 국내법의 관할 규정을 참작하여 국제재판관할권의 유무를 판단하되, 위 제1항의 규정의 취지에 비추어 국제재판관할의 특수성을 충분히 고려하여야 한다(국제사법 제2조 제2항). 국제사법이 천명한 국재재판관할의 원칙은 실질적 관련원칙을 도입하되 구체적인 관할 유무를 판단함에 있어서는 민사소송법의 토지관할 규정 등 국내법의 관할규정을 참작하도록 한 것으로 대법원의 판례입장[1]을 수용한 것이다. 다만 국제사법의 규정은 재판관할결정에 대한 추상적인 원칙을 천명한 것이므로 구체적인 사건에서의 재판관할을 결정함에 있어서는 학설과 판례를 통한 해석이 필요하다.

Ⅲ. 준거법의 결정

계약의 당사자 또는 불법행위의 가해자·피해자가 각각 다른 나라에 주소를 가지고 있는 경우에는 그 당사자 간에 발생한 법률분쟁에 관하여 어느 국가의 법률이 적용되어야 할 것인가 하는 선택의 문제

---

1) 대표적인 것으로는 대법원 1995. 11. 21.선고 93다39607판결을 들 수 있는데, 위 사건에서 대법원은 ① 섭외사건의 국제재판관할에 관하여 조약이나 일반적으로 승인된 국제법상의 원칙이 아직 확립되어 있지 않고 우리의 성문법규도 없고, ② 따라서 섭외사건에 관한 법원의 국제재판관할 유무는 결국 당사자 간의 공평, 재판의 공정, 재판의 적정, 신속이라는 기본이념에 따라 조리에 의하여 결정함이 상당하며, ③ 이러한 경우 민사소송법의 토지관할규정 또한 위 기본이념에 따라 제정된 것이므로 위 규정에 의한 재판적이 한국에 있을 때에는 한국 법원에 국제재판관할이 있다고 봄이 상당하고, ④ 다만 위 ③의 단계에 따라 국제재판관할을 긍정하는 것이 조리에 반한다는 특별한 사정이 있는 경우에는 한국 법원은 국제재판관할이 없다고 판단한 바 있다.

가 발생하게 된다. 우리나라는 국제사법에서 이러한 법 선택에 관하여 규정하고 있다. 이 조항들에서는 전형적인 법률문제를 유형화하여 그에 해당하는 사건에 관하여 적용할 법률(준거법)을 정하는 형태로 규정되어 있다. 예컨대, 계약에 관하여는 섭외사법 제25조·제26조 등, 불법행위에 관하여는 제32조 등이 이에 해당한다. 따라서 준거법 결정에 앞서 대상 분쟁의 법률적 성격에 대한 해석·결정이 선행되어야 국제사법의 여러 규정 중 어떤 규정을 적용할지 결정할 수 있다. 또 특정 규정의 경우에도 추상적인 일반원칙의 형태로 규정되어 있는 경우 구체적으로 어느 국가의 법률이 준거법이 되는 것인지 판단하여야 한다. 이러한 국제사법의 해석문제는 예컨대, 불법행위책임의 문제인지 계약책임의 문제인지, 섭외사법 제25조의 당사자의 합의, 제32조 행위가 행하여진 곳 등이 구체적인 사건의 경우에 어느 국가의 법률을 지정하고 있다고 해석할 것인지 등에 관한 문제이다.

이와 같이 적용하여야 할 준거법이 결정된 경우에도 다시 그 적용을 함에 있어서 고려하여야 할 것으로서, 예컨대 공서양속의 문제가 있다. 준거법으로서 지정된 외국의 법률을 한국의 법원에 적용하는 경우, 그 외국법의 내용이 한국의 선량한 풍속 기타 사회질서에 반하는 경우에는 그 적용이 배제된다(국제사법 제10조). 계약에 관하여 공서양속에 반하는 전형적인 예로서 도박계약 등을 들 수 있다. 개개의 구체적인 사건에 적용되는 준거법이 외국법인 경우에는 그 적용 당시에도 고려하여야 할 특별한 문제를 발생시키는 경우가 있다.

실질법의 영역에서 계약자유의 원칙이 상당한 제한을 받는 것과 같은 취지로 국제계약의 준거법을 결정함에 있어서도 사회·경제적 약자를 보호하기 위한 특칙을 소비자계약과 근로계약에 대하여 두고 있다(국제사법 제27조, 제28조).

　이상과 같은 기본적인 구조를 염두에 두고 국제적인 인터넷 쇼핑에서 발생하는 민사분쟁에 관하여 검토하기로 한다.

Ⅳ. 국제적인 인터넷 쇼핑

　계약 분야에서는 전자거래의 광범위한 전개가 예측되고 있다. 생각할 수 있는 새로운 거래의 유형은 무궁무진하다고 하여도 과언이 아닐 것이다. 예컨대, 특정한 기업 사이에 계속적인 거래를 내용으로 하는 기본적인 계약관계를 전제로 하여, 개별 주문 등은 전자정보에 의하여 직접 상대방에게 입력함으로써, 계약에 필요한 모든 사무처리가 사람의 손을 빌리지 않고 컴퓨터에 의하여 이루어지는 시스템 등을 그 실례로 들 수 있다. 이러한 경우의 전자정보(데이터 메시지)에 대한 법적 취급에 관하여는 국제적인 모델법도 마련되어 있다(예를 들면, 전자거래에 관한 UNCITRAL 모델법). 이와 같은 유형의 거래에서는 인터넷과 같은 개방된 사이버스페이스의 이용보다는 특정기업 간 정보전달수단으로서의 전자적 정보의 개발과 시스템화가 중심을 이루고 있다. 이러한 거래가 일반적으로 특정한 당사자 사이에서 폐쇄된 사이버 넷을 이용하는 것임에 대하여, 인터넷 쇼핑은 쇼핑몰로 대표되는 바와 같이, 인터넷이라는 개방된 사이버스페이스를 이용하여 불특정의 일반소비자를 대상으로 하는 일종의 통신판매의 유형으로 특징 삼아도 무방할 것이다. 이와 같은 상품판매는 대량의 광범위한 정보를 일반소비자 쪽에서도 그 접근이 용이한 형태로 제공할 뿐만 아니라, 정보를 신속하게 전달한다는 인터넷의 특색을 이용한 것이며, 기본적으로는 소비자매매거래로서의 특징을 갖추고 있다. 불특정다수의 소비자를 대상으로 한 상품판매로서 소비자보호적인 기본시점이 요구된다. 이 점은 인터넷에 의한 정보전달이라는 특징에 더하여 국제재판관할, 준거법의 결정에 있어서도 고려되어야 할 특징이라고 말할 수 있을 것이다.

제3절 국제재판관할

I. 전송

인터넷을 통한 소비자매매에서 국제적인 민사분쟁이 발생한 경우, 한국의 법원에 제소하기 위해서는 그 사건에 관한 국제재판관할이 한국에 인정되어야 한다. 국제사법에 천명한 국제재판관할의 일반원칙에 의하면, 실질적 관련 유무를 원칙으로 하여 판단하되 구체적으로는 국내법의 관할규정을 참작하여 국제재판관할유무를 판단하게 되므로 결국은 민사소송법에서 정하는 토지관할규정에 따라 국제재판관할이 결정되는 경우가 대부분이다. 민사소송법이 정하는 토지관할규정에 의하면, 계약관계를 둘러싼 민사소송의 경우 피고의 주소지(민사소송법 제2조), 거소지 또는 의무이행지(민사소송법 제8조), 재산권소재지(민사소송법 제11조)나 당사자들이 합의한 법원(민사소송법 제29조)이 관할법원이 된다.

그러나 개정된 국세사법은 소비자가 직업 또는 영업활동 외의 목적으로 체결하는 소비자계약에 대하여는 사회·경제적 약자인 소비자 보호를 위해 국제재판관할에 대하여 특칙을 두고 있어, 인터넷에 의한 국제적인 소비자계약의 경우 특별한 사정이 없는 이상 위 특칙의 적용을 받게 되므로, 다음에서 이를 살펴보기로 한다.

Ⅱ. 소비자계약에 대한 국제재판관할

소비자계약의 성질을 갖는 국제적인 인터넷 쇼핑의 경우에는 소비자보호의 관점에서 특별한 관할을 고려하여야 한다는 주장이 제기되어 왔고, 같은 관점에서 국제재판관할에 관하여는 특히 유럽공동체(EC) 국가 간의 '민사 및 상사에 관한 재판관할 및 판결의 집행에 관한 조약'(브뤼셀조약) 및 루가노조약은 동산의 할부판매, 일정한 조건이 붙은 서비스의 제공을 목적으로 하는 소비자계약에 관하여, 소비자가 제기하는 소송인 경우에는 상대방의 주소 또는 소비자의 주소지국에 관할을 인정하는 한편, 소비자를 피고로 하는 소송에서는 그 관할을 소비자의 주소지국으로 한정하고 있다(제14조). 그리고 관할의 합의에 관하여도 분쟁발생 후의 합의에 의하는 경우, 부가적 합의의 경우, 또는 양 당사자의 공통주소지 또는 상시거소지가 있는 국가로 합의하는 경우로 제한하고 있다(제15조).[2)]

2001년 개정된 국제사법은 위와 같은 추세를 수용하여, 소비자보호를 위한 국제재판관할에 대한 특칙을 신설하였다.

---

2) 일본의 경우, 이와 같은 소비자보호를 배려한 특별한 국내재판적 규정이 없기 때문에, 현재의 통설인 재판적 규정을 전제로 한 입장에 의하면, 해석상으로도 이러한 특별한 국제재판관할을 인정하는 것은 곤란할 것이다. 그러나 인터넷에 의한 국제적인 소비자계약의 가능성이 크게 증대하는 중에, 그러한 계약으로부터 일본의 소비자에게 발생한 피해의 구제를 생각한다면, 입법은 물론, 해석론으로서도 소비자의 주소지의 관할을 인정하여야 하지 않을까 생각된다. 현실에서는, 앞서 검토한 의무이행지관할의 판단에 있어서, 소비자매매의 경우는 법정지로서의 공평성 등을 고려하여, 원칙적으로 매수인이 상품을 수령한 지를 관할원인된 이행지로 인정하는 등의 해석에 의하여, 이러한 배려를 반영시킬 수 있다고 생각한다.

소비자가 직업 또는 영업활동 외의 목적으로 체결하는 계약이 일정한 요건[3])을 충족시키는 경우 당사자가 준거법을 선택하더라도 소비자의 상거소가 있는 국가의 강행규정에 의하여 소비자에게 부여되는 보호를 박탈할 수 없으며(국세사법 제27조 제1항), 더불어 그러한 계약의 경우에 소비자는 그의 상거소가 있는 국가에서도 상대방에 대하여 소를 제기할 수 있고, 소비자의 상대방이 소비자에 대하여 제기하는 소는 소비자의 상거소가 있는 국가에서만 제기할 수 있다(국제사법 제27조 제4·5항) 재판관할결정의 기준이 되는 '상거소'는 '사람이 그의 생활의 중심을 가지는 장소'를 말하는 것으로 통상 일정한 장소에서 상당하나 기간 동안 정주한 사실이 인정되면 상거소로 인정될 것이고, 상거소가 존재하기 위해 반드시 정주의사(定住意思)가 필요하지 않으며, 법적 개념인 주소에 반하여 상거소는 상대적으로 사실상의 개념이다. 구체적인 상황에 따라 당사자의 체류기간, 체류목적, 가족관계와 근무관계 등 관련요소를 종합적으로 고찰하여 상거소의 존재 여부를 판단하게 된다.

이는 국제재판관할의 결정에 있어서 사회·경제적 약자를 보호하기 위한 규정으로 인터넷에 의한 전자상거래, 특히 B2C에서 매우 중요한 의미가 있다.

---

3) ① 소비자의 상대방이 계약체결에 앞서 그 국가에서 광고에 의한 거래의 권유 등 직업 또는 영업활동을 행하거나 그 국가 외의 지역에서 그 국가로 광고에 의한 거래의 권유 등 직업 또는 영업활동을 행하고, 소지자가 그 국가에서 계약체결에 필요한 행위를 한 경우
② 소비자의 상대방이 그 국가에서 소비자의 주문을 받은 경우
③ 소비자의 상대방이 소비자로 하여금 외국에 가서 주문을 하도록 유도한 경우

국제재판관할에 관한 기본적 구조는 각국의 법제에 따라서 서로 상이한 모습을 보인다. 위에 서술한 피고의 주소, 의무이행지 등과 같은 구체적인 관할원인을 중심으로 국제재판관할의 연결을 고려하는 한국법의 기본적 구조는 유럽대륙형의 제정법주의의 특징을 갖는 것이라 말할 수 있다. 이와는 달리, 보통법(common law)을 기반으로 삼고 있는 미국의 경우, 관할구역 내에 피고가 거주하지 않고 소환영장의 역내 송달이 불가능한 경우에는 특정의 법정지에서 당해 사건의 재판을 행하는 것이 적법절차(due process)의 관점에서 정당화할 수 있을 만큼의 '최소한의 관련성(minimum contacts)'이 있는지 여부의 검토를 중심으로 하는 구조로 대인관할권 확장의 원칙이 판례에 의하여 전개되어 왔다. 따라서 인터넷을 통한 온라인에서의 판매계약에 관하여도 인터넷상에서 상품판매 등의 광고를 하고, 계약의 유인을 제공하는 것이 특정의 법정지국(또는 州)에 관할을 발생시키기에 충분한 관련성을 갖는 것이라고 말할 수 있는지가 문제된다. 예컨대 Cybersell v. Cybersell, 130 F. 3rd 414(9th Cir. 1997) 판결에서는 특정의 州에서 접근(액세스) 가능한 사이트가 광고 등을 목적으로 하면서 고객과의 쌍방향 정보교환이 불가능한 일방향 사이트인 경우에는 관할의 기초가 되는 관련성을 갖기에는 충분하지 않다고 판단하였다. 미국의 판례에서는 소비자와의 정보교환이 가능한 interactive한 사이트로서, 상업적인 성질을 가지고 있을 것이 관할인정에 있어서 필요한 최소의 요건으로 해석되고 있는 것 같다[Zippo Mfg. Co. v. Zippo Dot Com, Inc. 952 F. Supp. 1119, 1124(W. D. Pa. 1997)]. 따라서 한국의 판매업자가 미국 내에서 인터넷 쇼핑 사이트를 개설한 경우 법정지주 내에서의 영업행위(doing business)가 있었다고 말할 수 있는지가 미국 법원에 관할이 인정되는지의 판단에 있어서 문제의 초점을 이루게 될 것이다. 우선, 개설한 사이트가 위에 서술한 요건을 충족하는 경우 그 주 내에서의 계약의 체결건수, 판매실적 등이 고려되고, 관할권 행사를 정당하다고 할 만큼의 의도적이고 계속적인 판매활동이 있었다고 인정되는지가 판단될 것이다.

Ⅲ. 소비자계약상 재판관할의 합의

1. 재판관할 합의

계약 당시 당사자 사이에 장래 분쟁이 발생할 경우를 대비하여 관할법원을 미리 합의하여 두는 것은 허용된다(민사소송법 제29조). 관할합의의 허용은 사적인 분쟁을 어떻게 해결하는가에 관하여 분쟁당사자에게 인정되어야 한다는 사적 자치의 자유로부터 도출되는 것이며, 국제재판관할에 관하여도 기본적으로는 마찬가지이다. 관할합의는 법정관할 이외에 당사자의 합의에 의한 관할을 부가하는 부가적 합의와 합의한 관할 이외에서의 소송을 허용하지 않는 전속적 합의로 나뉜다. 전속적 관할의 합의는 약관상으로 미리 당사자의 일방만에게 편리한 법원을 전속적 관할로 하는 조항을 기재하고 있는 것과 같은 경우로서, 타방 당사자에게 뜻하지 않은 불이익을 발생시킬 위험 등의 문제점을 가지고 있다. 소비자계약의 경우에는 소비자보호라는 관점에서도 문제가 된다. 특히 국제재판관할의 경우에는 외국을 전속적 관할국으로 함으로써 실제로 재판을 받는 것이 불가능하게 될 위험도 있고, 국내토지관할의 경우에 비하여 소비자에게 미치는 불이익이 대단히 크다고 말할 수 있을 것이다.

대법원은 미합중국 뉴욕시법원을 전속적 관할법원으로 한 관할합의의 유효성을 다툰 사건의 판결(대법원 1997. 9. 9. 선고, 96다20093)에서 외국법원을 전속적 관할로 하는 합의가 유효하기 위한 요건을 판시하고 있다. 즉, "대한민국 법원의 관할을 배제하고 외국의 법원을 관할법원으로 하는 전속적인 국제관할의 합의가 유효하기 위하여는, 당해 사건이 대한민국 법원의 전속관할에 속하지 아니하고, 지정된 외국법원이 그 외국법상 당해 사건에 대하여 관할권을 가져야 하는 외에, 당해 사건이 그 외국법원에 대하여 합리적인 관련성을 가질 것이 요구된다고 할 것이고, 한편 전속적인 관할합의가 현저하게 불합리하고 불공정한 경우에는 그 관할합의는 공서양속에 반하는 법률행위에 해당하는 점에서도 무효라 할 것이다."라고 판시한 바 있다.

2. 소비자계약상 국제재판관할 합의에 대한 특칙

개정 국제사법은 같은 취지에서 국제재판관할합의에 관하여도, 소비자계약의 경우에는 ① 분쟁이 이미 발생한 경우, ② 소비자에게 이 조에 의한 관할법원에 추가하여 다른 법원에 제소하는 것을 허용하는 추가적 관할합의의 경우에만 그 효력을 인정하고 있다. 국제사법이 소비자계약에 있어서의 재판관할합의에 대하여 위와 같은 특칙을 마련하고 있는 것은 사회·경제적 약자인 소비자의 보호를 위해 소비자가 가급적 소비자의 상거소지에 국제재판관할을 인정하기 위한 것이다.

3. 합의방식상의 문제점

인터넷에 의한 계약의 경우에 검토를 요하는 것으로서 관할의 합의는 서면에 의한다고 하는 방식요건을 들 수 있다. 민사소송법 제26조 제2항은 국내적 관할합의에 관하여 합의가 서면에 의할 것을 규정하고 있다. 이 규정은 양 당사자의 서명이 있는 서면에 의하여 합의가 이루어질 것을 요하는 것으로 해석되고 있다. 전자서명이 일반적으로 법적 절차상 서명요건을 충족한다고 해석되는 단계라면 별문제이지만, 현 단계에서는 인터넷 쇼핑의 경우 매도인이 인터넷상에 게시한 계약조건 중에 관할합의가 포함되어 있었던 경우에는 통상적으로 전자서명을 하는 경우가 드물기 때문에 이 요건을 충족시키지 못할 것은 분명하다. 그런데, 국제적인 관할합의에 대하여 일본의 최고재판소 판례는 "적어도 당사자 일방이 작성한 서면에 특정국의 법원이 명시적으로 지정되어 있고, 당사자 간의 합의의 존재와 내용이 명백하면 충분하다."고 하여, 이 요건을 완화하고 있다. 이 경우, 서명이 요건으로 되는 것은 아니고 합의가 서면상 명백하면 충분하다고 해석되고 있다. 따라서 넷상에 약관이 표시되어 있는 경우에 그 약관에 기재된 관할합의가 이 서면성의 요건을 충족하는지가 문제된다. 민사소송법은 '도면, 사진, 녹음테이프, 비디오테이프 기타 정보를 나타내기 위하여 작성된 물건으로서 문서가 아닌 증거도 증거방법, 즉 준문서로 인정하고, 이에 대한 증거조사방법을 대법원규칙으로 정하도록 하고 있다(민사소송법 제374조). 따라서 넷상의 전자적 기재라 하더라도 지면상으로 출력된 것은 물론, 플로피 디스켓 등에 다운로드되어 법정에 제출 가능한 준문서의 상태가 되면, 적법한 증거방법으로

서면성이 인정되어야 할 것이다. 말할 것도 없으나, 출력된 서면이나 준문서에 표시되는 관할합의가 실제로 계약시점에 넷상에 계약조건으로서 제시되어 있던 것과 동일한지 등의 문제는 그 문서들의 성립 및 내용의 眞否의 문제로서, 서면성과는 별개의 문제이다.

제4절 적용법률 – 준거법

　국제적인 민사분쟁의 해결에 어느 국가의 법률이 적용되는가는 법정지가 된 국가의 국제사법에 따라 결정된다고 앞에서 서술한 바 있다. 국제적인 인터넷 쇼핑에서 발생한 민사분쟁은 우선 기본적으로는 계약을 둘러싼 법률문제로서, 대다수의 경우 소비자계약으로서의 성질을 가지며, 게다가 인터넷을 매개로 하여 이루어진다는 특징을 띠고 있다. 한국의 국제사법(구 섭외사법)에 의하면 인터넷 쇼핑과 같은 국제계약과 관련하여 발생한 분쟁에 적용되는 준거법은 어떻게 결정되는지를 검토한다.

　한편, 인터넷 쇼핑에서 발생하는 민사분쟁 가운데, 예컨대 애당초 계약 자체가 사기행위여서 불법행위로서 책임이 추궁되는 경우, 또는 특히 그러한 경우로서 계약 상대방 이외의 프로바이더, 몰 개설자 등의 책임을 추궁하는 경우에는 계약의 내용만을 가지고 준거법을 판단하는 것이 아니라, 계약에 수반되는 행위 전체를 불법행위로 하여 준거법을 생각하게 된다.

Ⅰ. 계약의 준거법의 결정에 관한 기본원칙

계약에 관하여 적용되는 준거법은 국제사법 제25조 등에 의하여 결정된다. 국제사법 제25조는 두 개의 원칙을 규정하고 있다. 원칙상 계약의 경우 당사자자치에 따라 당사자 쌍방의 명시적·묵시적 합의에 따라 정해진 법률을 계약의 준거법으로 정하고, 당사자가 명시적·묵시적으로 합의를 하지 않은 경우에는 계약과 가장 밀접한 관련이 있는 국가의 법에 의하도록 하고 있다. 따라서, 예컨대 계약서상의 특별한 조항에 의하여 준거법을 정하고 있는 경우에는 본문에 의하여 그 정해진 법률이 적용된다. 이와 같은 명시적인 합의가 없는 경우에도 곧바로 단서에 의하는 것은 아니고, 당사자 간에 준거법에 관한 묵시적인 합의가 있었는지 여부를 살펴보아야 한다. 이러한 묵시적 의사의 존부에 관한 탐구는 두 가지 방향에서 고려할 수 있다. 첫째는 당사자 간의 계약 체결 당시의 여러 사정상 명시는 되어 있지 않으나 당사자가 공통으로 그 적용을 전제로 하여 인식하고 있었던 법률이 있었는지를 탐구하는 방향으로서, 예컨대 계약의 체결 당시의 여러 정황에 의하여 당사자 공통의 의사를 추정한다는 방향이다. 이는 계약해석의 원칙으로 우리 국제사법은 명문으로 묵시적 합의사항의 고려를 인정하고 있다. 둘째는 이러한 개별적인 사례에서의 당사자의 내심적인 의사의 탐구가 아니라, 계약의 내용의 유형에 따라 당사자가 공통의 전제로 삼았으리라고 생각되는 법률을 탐구하는 방향이다. 예컨대, 현행 국제사법상 근로계약의 경우에는, 특히 반대의 의사가 표시되어 있지 않는 한, 계속하여 노무의 급부를 하여야 할 장소의 법률이 전제로 되어 있었다고 본다(제28조 제2항). 이 방법은 당사자의 실제의 의사를 추정한다기보다 개별적인 계약유형에 따른 밀접한 관련을 갖는 법률을 지정하고, 특히 그에 반하는 의사가 인정되지 않는 경우에는 그에 따르는 의사를 추정한나는, 결과적으로는 객관적인 연결에 가까운 방법이라 말할 수 있디.

Ⅱ. 국제사법의 규정

1. 인터넷거래의 성격

쇼핑몰에 홈페이지를 개설하고, 인터넷을 매개로 하여 불특정다수의 소비자에 대하여 판매광고를 함으로써 넷상에서 주문을 받는 형태의 계약은 이른바 소비자계약으로서의 성질을 가진다고 생각하여도 무방할 것이다. 인터넷 쇼핑과 관련하여 한국소비자보호원에 의뢰된 소비자피해 상담건수는 계속 증가하고 있으며, 통신판매, 전화에 의한 판매 등과 마찬가지로, 소비자보호제도의 필요성이 절실한 계약유형이라 말할 수 있을 것이다. 이러한 필요에 따라 국제적으로도 사법적인 차원에서, 예컨대 cooling off와 같은 특별한 보호규제제도를 채용하는 국가가 많다. 그러나 그러한 보호제도의 구체적인 내용은 각국의 국내법제에 따라 상이한 모습을 띤다. 이러한 까닭에 국제적인 소비자계약의 경우에 어느 국가의 소비자보호법제가 적용되어야 할지가 문제된다.

2. 소비자계약의 준거법

소비자가 직업 또는 영업활동 외의 목적으로 체결하는 계약의 경우, 당사자가 준거법을 선택하지 아니한 경우에는 제26조의 규정에도 불구하고 소비자의 상거소지법에 의한다(국제사법 제27조 제2항). 또 소비자계약의 방식은 제17조 제1항 내지 제3항의 규정에 불구하고 소비자의 상거소지법에 의한다(같은 조 제3항).

결국 소비자계약의 경우 방식과 효력에 대한 준거법은 당사자가 준거법을 선택하지 않는 이상 다른 계약과는 달리 항상 소비자의 상거소지법에 준거법이 된다.

Ⅲ. 국제사법 개정 이전의 논의

계약관계를 구축하는 기반이 되는 법질서를 계약당사자가 스스로 선택할 자유를 인정하는 당사자자치의 원칙은 국제적으로도 계약에 관한 준거법선택의 원칙으로서 널리 인정되어 있다. 특히 다수의 자와 반복하여 동종 거래를 계속하고자 하는 경우, 계약처리의 편의상 미리 약관 등으로 특정한 국가의 법률을 준거법으로서 규정하여 두는 예가 많다. 이와 같은 부합계약상의 준거법조항에 의하여 무조건적으로 개개 계약당사자 사이에 준거법에 관한 합의가 성립한다고 해석하는 것은 문제를 초래하는 경우도 있다. 그러나 대량의 계약처리를 일률적으로 행할 필요성을 고려한다면, 부합계약이라는 사실 하나만으로 그 준거법 합의를 일반적으로 무효라고 보아야 할 이유는 없을 것이다. 예컨대 매도인의 주된 영업소가 소재하는 국가의 법률을 준거법으로 하는 등과 같이, 계약과 합리적인 관련이 있는 국가의 법률이 선택되어 있는 경우에는 준거법에 관한 합의의 성립을 문제로 삼을 필요는 없을 것이다. 문제는 선택된 준기법이 거래의 실제와 합리적 관련성을 결여함으로써 일방 당사자에게 지나치게 가혹한 경우이며, 선택된 준거법의 적용단계에서 공공질서의 위배 여부 등에 의하여 대처하는 것이 가능한 경우도 있다고 생각된다. 따라서 인터넷 쇼핑에 있어서 매도인이 넷상에서 매매의 계약조건을 기재하고, 그곳에 준거법 조항이 포함되어 있었던 경우, 매수인 측이 그 조건을 충분히 인지하면서 주문을 한 것이라면 원칙적으로 그 준거법을 합의한 것으로 해석하여도 무방할 것이다.

그러나 소비자계약에 대하여도 이와 같은 당사자자치의 원칙을 일률적으로 인정하게 되면, 매도인 측이 소비자보호를 도모할 법제도를 어떠한 국가의 법률에 의하도록 할 것인지를 일방적으로 조정할 수 있도록 허용하는 결과가 된다. 그리하여 약관에 의한 거래에 대하여 기본적으로는 당사자자치의 원칙을 적용함으로써 준거법에 관한 합의의 유효성을 인정한다 하더라도, 다른 한편으로는 소비자에게 가장 적합한 국가의 법률에 의한 소비자보호의 적용을 확보할 것 또한 요구되는 것이다. 근래의 국제적인 조약, 선진 각국의 국제사법입법 등에 있어서는 이러한 관점에서 새로이 소비자계약에 관하여 특별한 준거법 선택의 원칙(rule)이 검토되어 왔다. 이러한 입법례의 현저한 특징으로서는, 한편으로 당사자자치의 원칙을 유지하면서, 소비자의 상거소지 법률의 강행규정에 의하여 소비자보호에 대한 침해행위를 허용하지 않는다는 전반적인 경향을 지적할 수 있다[예컨대, 유럽공동체(EC)의 '계약채무의 준거법에 관한 조약' 제5조, 헤이그국제사법 회의 14회기(1980년)에서 채택된 '특정 종류의 소비자매매의 준거법에 관한 결의(조약안)' 제5조, 스위스국제사법 제120조, 독일민법시행법 제29조, 오스트리아국제사법 제41조 등]. 이러한 예에서는 계약 당시 소비자가 현존하고 있던 국가의 법률에서 정하고 있는 소비자보호를 보장하고자 하는 시점에서, 소비자의 상거소지법에의 준거법 연결을 원칙으로서 규정하고자 하는 경향을 볼 수 있었다.

과거 우리나라의 국제사법의 전면개정이 있기 전 소비자의 보호에 관하여는 다음과 같은 논의가 있었다. 한국에서 재판이 행하여지는 경우, 법정지인 한국의 소비자보호법제의 기본적 질서에 반하는 합의 준거법의 적용을 법정지의 공공질서라는 관점에서 국제사법 제5조에 근거하여 배제함으로써 상술한 바와 같은 배려를 부분적으로 달성하는 것은 가능하다고 생각되었다. 따라서, 예컨대 한국에 주소를 갖는 소비자가 소비자매매계약에 관하여 외국의 매도인을 한국 법원에 제소하면, 계약약관에서 매도인의 주소지국법이 준거법으로 규정되어 있어도, 그 법의 내용이 한국 소비자보호법제의 기본질서에 반한다면, 그 준거법의 적용을 공서약속규정에 의하여 배제할 수 있다는 것이다. 그러나, 예컨대 관할합의에 의하여 한국의 국제재판관할이 배제되는 등의 사유로 다른 국가가 법정지가 되는 경우에는 법정지의 공공질서에 따라 한국법에 의한 보호는 고려할 수 없게 된다.

현행 국제사법 제27조에서는 이러한 경우에도 계약 당시 소비자의 상거소지 법률에 의한 보호가 보장될 수 있도록, '강행법규에 의한 관할의 특별연결'이라는 방법을 채용하고 있다. 어떠한 국가가 법정지로 되든, 또 어떠한 법률이 계약준거법으로 되든, 계약 당시 소비자의 상거소지국의 소비자보호가 이루어질 수 있는 국제적인 법적용 시스템을 만들어 내고자 하는 점에 그 특징이 있다고 하여도 무방할 것이다. 구체적으로는, 소비자계약의 준서법을 기본직으로 소비자의 상서소지로 규정하고, 딩사자 긴에 합의된 준거법이 있는 경우에도, 소비자의 상거소지법이 규정하는 보호를 침해할 수 없다고 규정한다. 과거 우리나라의 경우, 현재와 같은 국제사법의 규정이 없었을 때에는, 그 해석에 따라, 이러한 외국의 준거법 결정에 관한 대응을 고려하지 않을 수 없다는 한계를 안고 있다. 그래서 해석론으로 소비자계약에 관하여는 당사자의 의사추정이라는 형태로 소비자의 계약 시 상거소지법을 준거법으로 해석하고, 당사자가 명시적인 준거법 합의를 행하고 있는 경우도, 이를 준거법의 강행규정에 반하지 않는 한도에서 합의한 실질법적 합의로 해석하는 견해 등이 제안되었다. 그러나 이러한 견해는 당사자 의사의 추정이라는 형태로 명시적인 준거법 합의를 실질법적 합의로서 해석하는 처리가 가능한지에 대한 비판이 있었다.

결국 과거 섭외사법의 규정 하에서는, 한국이 법정지로 되는 한도 내에서는, 한국의 소비자보호에 관한 강행규정에 반하는 준거법 규정에 관하여는, 그것이 한국 소비자보호법제의 기본질서에 반하는 한도에서 공서칙에 의한 해석처리를 행하고, 한편으로 당사자가 명시적인 준거법 합의를 행하고 있지 않은 경우는 소비자계약의 준거법을 당사자 의사의 추정으로서 소비자의 계약 시 상거소지로 해석하는 수밖에 없었던 것이다. 이러한 해석상의 문제점을 고려하여 국제사법이 2001년 4월 7일 전면 개정되면서 제27조에 명문의 규정을 두어 이를 입법적으로 해결하게 되었다.

Ⅳ. 당사자 간에 명시적인 준거법 합의가 없는 경우
   – 묵시적 합의의 추정

국제사법의 개정 전 당사자 간에 준거법에 관하여 명시적인 합의가 없다고 인정되는 경우에는 섭외사법의 규정상 제9조 단서에 의하여 행위지법, 즉 계약의 체결지법이 준거법으로 되어 있다. 그러나 전술한 바와 같이, 국제사법의 개정으로 당사자 간의 묵시적 의사를 탐구하여야 한다. 법률의 규정에 따라 우선 개별적으로 당사자의 내심의 의사, 즉 묵시적 합의를 추정하여야 하고(제25조) 묵시적 합의의 추정도 할 수 없는 경우에는 최밀접관련법을 결정한다(제26조).

예컨대 매도인의 사이트에 표시되어 있는 계약조건에는 준거법 조항이 포함되어 있지 않더라도, 다른 계약조건의 내용이나 사용되고 있는 법률용어 등에서 당사자가 특정 국가의 법률을 전제로 하고 있다고 해석되지 않는지 등을 검토하게 된다. 그러나 인터넷 쇼핑 등과 같은 부합적인 소비자계약의 경우, 일반적으로 계약조건에 관하여는 이를 표시하는 일부터 시작하여 모든 주도권이 매도인 측에 주어져 있고, 소비자 측에는 이에 응할지 아닐지의 선택밖에 남아 있지 않는 상황임을 고려한다면, 이러한 방향에서는 결과적으로 매도인이 표시한 조건을 중심으로 의사의 추정이 이루어지게 된다. 이러한 점에서 소비자이익의 보호라는 관점에서는 문제가 발생할 수 있는바, 매도인과 매수인이 동일한 국가의 법률을 준거법으로 인식하고 있었던 사실이 특별히 명백한 경우는 별론으로 하고, 소비자계약의 경우에는 내심적 의사의 추정이라는 방법을 일반화하는 데 신중하여야 한다고 생각된다. 오히려 준거법의 연결 당시부터 소비자보호를 중시하는 것이라면, 계약의 내용으로부터 객관적으로 도출되는 밀접한 관련을 갖는 국가의 법률로서, 이를 준거법으로 삼는 것이 양당사자에게 모두 타당하다고 이해되는 국가의 법률을 당사자의 가정적 의사로 생각하는 방법이 더욱 적절할 것으로 생각된다.

이러한 경우 그와 같은 객관적인 준거법의 연결이 가능한지 여부가 문제되었다. 계약 일반에 관하여 객관적 연결을 고려하는 것이 불가능한 점은 일찍이 인식되어 있었으나, 계약을 유형화하여 특정 유형에 관하여 공통의 객관적인 밀접한 관련성을 탐구하려는 노력은, 그 해석방법이 다양하기는 하지만, 지금까지도 계속하여 시도되어 왔다. 특히 이러한 노력의 결과로 소비자매매와 같은 계약유형에 관하여 소비자보호의 관점에서 준거법을 소비자의 상거소지에 연결하는 입법론이 유럽 등의 입법례에서 나타나게 되었고 우리나라도 이를 받아들여 입법화하게 된 것이다.

다른 고찰방식으로서, 계약의 준거법 결정에 관하여 근래 유럽의 입법에 있어서 유력한, 계약을 특징짓는 급부의 내용에 주목하는 방법(이른바 특징적 급부론)을 들 수 있다. 예컨대, 쌍무계약에서는 금전의 지급에 대한 반대급부가 계약을 특징짓는 것으로 보고, 준거법 연결 당시에도 이에 주목함으로써 일반적으로 특징적 급부를 하여야 할 채무자의 상거소지국의 법률을 준거법으로 생각하는 것이다. 그러나 이 방법은 소비자매매계약의 경우, 상품의 인도급부를 하여야 할 매도인의 상거소지국의 법률을 원칙적인 준거법으로 하게 되기 때문에, 연결방법으로서 일반적인 타당성을 부여하기에는 의문이 든다. 특징적 급부론의 주창자나 지금까지의 입법례에서는 특징적 급부를 하여야 할 채무자의 상거소지국법에 연결되어 있으나, 프랑스, 벨기에의 판례에서는 특징적 급부를 이행하여야 할 곳의 법률에 연결하는 경향도 눈에 띄고 있다. 특징적 급부론이 원래 계약이 갖는 사회적, 경제적 의의의 측면에 주목하는 입장에 연유하는 것인 점에서 보아도, 급부행위를 행하여야 할 채무자의 상거소지국에 한하지 않고, 계약의 종류에 따라서는 특징적 급부가 실제로 이행되는 국가의 사회경제질서를 중시하여야 할 경우도 생각할 수 있다. 특히, 소비자보호라는 사회질서상의 이익을 감안한다면, 소비자매매의 경우에 상품의 실제 인도지, 또는 소비자의 상거소지의 사회적 이익도 무시할 수 없는 것으로 생각된다. 이에 대하여, 특징적 급부의 내용이 예컨대 호텔의 숙박 등과 같이 채무자에 의한 특정 장소에서의 서비스 제공과 같은 경우에는 소비자계약이더라도 그 이행지의 법률에 대한 연결이 타당할 것이다. 특징적 급부에 주목한다는 점에서 그 급부의무자의 상거소지에 대한 연결이 당연히 귀결되는 것도 아닌바, 검토의 여지는 있다고 생각된다.

V. 대한민국법의 강행적 적용 조항

개정 국제사법은 공서조항 외에도 추가로, 우리나라의 강행규정을 강행적으로 적용하는 조항을 신설하였다. 즉 입법목적에 비추어 준거법에 관계없이 해당 법률관계에 적용되어야 하는 대한민국의 강행규정은 국제사법에 의하여 외국법이 준거법으로 지정되는 경우에도 이를 적용한다(국제사법 제7조).

우리나라의 경우 소비자 보호와 관련된 법규정은 대부분이 강행규정의 성격을 갖고 있으므로 인터넷매매와 같이 국제적소비자계약관계에 대한 분쟁에 외국법이 준거법으로 지정되는 경우에도 우리나라의 소비자 보호와 관련된 입법취지를 살릴 수 있을 것으로 기대한다.

제5절 인터넷에 관한 특별한 고려

　지금까지 검토한 바에 의하면 인터넷을 매개로 한 계약은 예컨대 국제적인 카탈로그 판매 등의 경우와 특별히 다른 점은 없다고 할 수 있을 것이다. 전자거래에서도 특정 당사자 사이의 전자정보 그 자체에 의하여 직접 컴퓨터 처리가 이루어지는 유형의 거래계약의 경우와 달리, 인터넷 쇼핑의 경우에는 일단 가시적인 통상의 언어로 변환되어 계약의 처리가 이루어지는 것으로서, 인터넷은 언어화된 정보(당사자의 의사)를 전달하는 하나의 수단으로서 이용되고 있는 데 지나지 않는다고도 말할 수 있다. 그러한 한도에서는 법적 처리에 있어서도 특별한 구조를 요하지 않는다고 말할 수 있을 것이다. 그러나 인터넷을 매개로 하여 행하여진 계약으로서, 특히 주의를 요하는 것은 교환된 정보(당사자의 특정시점에서의 의사)의 증명에 관한 문제이다. 앞에서 관할합의의 서면성의 요건에 관하여 부언하였듯이, 넷상의 정보라도 이를 출력하거나, 혹은 플로피 디스크에 다운로드하는 것으로 소송상의 준문서로 하여, 당사자의 의사를 증명하는 증거방법으로서 형식적으로 부적격이 되는 일은 없다. 그러나 어느 특정 시점에서 당사자 간에 합의된 조건내용이 그와 같이 준문서화된 내용과 일치되어 있는지는 항시 문제가 될 수 있다. 특히, 준거법에 관하여는 명시적 합의가 존재하였는지, 그 내용은 어떠한 것이었는지 등에 관하여, 또 명시적인 준거법 합의가 없이 당사자의 내심적 의사추정의 방법에 의하는 경우에도, 추정의 근거가 되는 계약조건 등에 관하여, 소송에서는 증명을 요구하게 된다. 그 경우, 준문서상의 표시와 실제 계약시점에서의 당사자의 의사나 조건이 일치하는지가 문제된다. 현재 전자서명법의 개정으로 우리나라 국내에 있어 이러한 계약해석의 문제는 인증기관의 인증으로 해결할 수 있는 입법화가 이루어져 있다. 그러나 국제거래에서는 우리나라와 같은 공증인증기관을 둔 입법례는 독일의 경우뿐이고 국제거래의 대다수를 차지하는 미국 등의 영미법계 국가는 이러한 공적인증기관제도를 두지 않고 있어 문제가 된다. 따라서 준문서화하는 당시에도 그 시간의 특정과 사후에 변조 등이 없었다는 것의 증명에는 특히 유의하여 둘 필요가 있다고 말할 수 있을 것이다.

백윤철

서울대학교 대학원졸업(법학박사)

경희대학교·동양대학교 교수
연세대학교·경찰대학교 강사
대법원 조사위원 등
현) 대구사이버대학교 교수
　　사단법인 한국인터넷법학연구소 이사장

『프랑스 지방자치법』
『법률정보접근방법론』
『법학의 기초와 법정보학』
『대학필수한자』
『최신판례헌법』
『법학개론』
『헌법재판』
『헌법학개론』
『헌법요해』
『정보산업법전』
『비교법률용어사전』
『사이버헌법론』
『인터넷법학』
『인터넷과 전자상거래법』
『개인정보보호』
『사회복지법제』
『사회보장론』

김상겸 —————————————————————————————

독일 프라이부르크대학교 졸업(법학박사)

동의대학교 교수
사법시험·입법고시 능 국가고시 및 공무원시험 시험위원
현) 동국대학교 법과대학 교수
　　개인정보분쟁조정위원회 위원장
　　중앙행정심판위원회 위원
　　법제처 법령해석심의위원회 위원 등

『공학법제』(공저)
『경제법』(공저)
『공학도를 위한 법학입문』

고기복 ···

동국대학교 대학원졸업(법학박사)

동국대학교, 덕성여자대학교 강사
현) 동국대학교 겸임교수

『공학법제』(공저)

인터넷법학

초 판 인 쇄 | 2011년 9월 30일
초 판 발 행 | 2011년 9월 30일

지 은 이 | 백윤철 · 김상겸 · 고기복
펴 낸 이 | 채종준
펴 낸 곳 | 한국학술정보㈜
주　　　소 | 경기도 파주시 문발동 파주출판문화정보산업단지 513-5
전　　　화 | 031) 908-3181(대표)
팩　　　스 | 031) 908-3189
홈 페 이 지 | http://ebook.kstudy.com
E - m a i l | 출판사업부 publish@kstudy.com
등　　　록 | 제일산-115호(2000. 6. 19)

ISBN　　978-89-268-2649-2 93360 (Paper Book)
　　　　978-89-268-2650-8 98360 (e-Book)